Verena Maria Holl

Politische Legitimation in der Demokratie

Verena Maria Holl

Politische Legitimation in der Demokratie

Eine Studie zur Hochschulpolitik anhand der Theorien von Rawls und Dewey

DE GRUYTER

Zugleich Inaugural-Dissertation zur Erlangung des Doktorgrades der Philosophie an der Ludwig-Maximilians-Universität München, 2017, bei Prof. Dr. Dr. h.c. Julian Nida-Rümelin, Staatsminister a.D.

ISBN 978-3-11-056676-5
e-ISBN (PDF) 978-3-11-056745-8
e-ISBN (EPUB) 978-3-11-056708-3

Library of Congress Cataloging-in-Publication Data
A CIP catalog record for this book has been applied for at the Library of Congress.

Bibliografische Information der Deutschen Nationalbibliothek
Die Deutsche Nationalbibliothek verzeichnet diese Publikation in der Deutschen Nationalbibliografie; detaillierte bibliografische Daten sind im Internet über http://dnb.dnb.de abrufbar.

© 2018 Walter de Gruyter GmbH, Berlin/Boston
Druck und Bindung: CPI books GmbH, Leck
♾ Gedruckt auf säurefreiem Papier
Printed in Germany

www.degruyter.com

Inhalt

Einleitung*

Hochschulpolitik in Deutschland befindet sich schon immer in einem Spannungsfeld zwischen grundgesetzlich garantierter Freiheit von Wissenschaft und Forschung (Art. 5 Abs. 3 GG) und der Legitimationspflicht gegenüber der Bürgerschaft, die mit Steuergeldern die Hochschulen zu einem Großteil finanziert und für die Hochschulen sowohl Motor ihrer gesellschaftlichen Entwicklung als auch Teil ihrer kulturellen Verfasstheit und zentrale Ausbildungsstätte sind. Ausgedrückt in einer wissenschaftsethischen Sichtweise: im Spannungsfeld zwischen der Wahrung der Wissenschaftsfreiheit im Kernethos epistemischer Rationalität und dem Ethos wissenschaftlicher Verantwortung.[1] In dieser Verantwortung gegenüber der Bürgerschaft bedarf ihr Agieren in Prozessen und Verfahren politischer Legitimation. In den letzten beiden Jahrzehnten, insbesondere aber im letzten Jahrzehnt,[2] haben sich die Rahmenbedingungen verändert und ein besonderes Legitimationsvakuum entstehen lassen, das die Frage nach der politischen Legitimation verstärkt und von Neuem relevant werden lässt. Ein an ökonomische New Public Management-Modelle angelehntes Paradigma des Markts hat Einzug gehalten und die Beziehung des Staats zu den Hochschulen einem grundlegenden Wandel unterworfen, verbunden mit Änderungen im Selbstverständnis von Hochschulen und in ihren Beziehungen untereinander.[3] Abschnitt 1.3 wird im Detail verdeutlichen, warum gerade das Politikfeld der Hochschulpolitik aktuell dieses verstärkte Legitimationserfordernis aufweist. Im Kern dominiert eine extreme Wettbewerbsorientierung sowohl in den Bereichen Lehre und Bildung als auch insbesondere in der Forschungspolitik mit dem prominentesten Beispiel für eine neue Dynamik und das stark veränderte Verhältnis von Grundfinanzierung zur einzuwerbenden Drittmittelfinanzierung – der Exzellenzinitiative.[4] Das Verhältnis des Staats zu den staatlichen Hochschulen[5] hat sich hierbei zugunsten eines hohen Grads institutioneller Hochschulauto-

---

* Aus Gründen der besseren Lesbarkeit wird in diesem Buch in der Regel die männliche Form verwendet. Damit sind stets auch weibliche Personen gemeint.
1 Vgl. hierzu Abschnitt 1.1.
2 Als symptomatischer Punkt kann die Exzellenzvereinbarung von Bund und Ländern vom 18. Juli 2005 gesehen werden, die die Voraussetzungen zur Durchführung der Exzellenzinitiative festlegt. Vgl. Gemeinsame Wissenschaftskonferenz (2005).
3 Vgl. Jansen (2010), S. 39.
4 Vgl. Hartmann (2006), Marettek (2016), S. 19 – 21 und aktuell IEKE (2016), S. 2.
5 Lediglich die staatlichen Hochschulen stehen hier im Fokus der Betrachtung. Zum Wintersemester 2014 / 2015 gab es 292 staatliche Hochschulen in Deutschland. Vgl. Statistisches Bundesamt (2016a) und Statistisches Bundesamt (2016b).

https://doi.org/10.1515/9783110567458-001

nomie verändert und hat die Hochschulen zu einem übersteigerten Konkurrenzdenken untereinander geführt. Gleichzeitig wurde die koordinierende Rolle der zuständigen Landeswissenschaftsministerien zurückgedrängt. Gewisse intuitive normative Überzeugungen rufen uns in Erinnerung, dass dem Erfordernis nach *politischer Legitimation* in der Hochschulpolitik gerade in Zeiten verstärkter institutioneller Autonomie von Hochschulen im Wettbewerb weiterhin Rechnung getragen werden muss. Umso mehr mit Blick darauf, wie in Zukunft Hochschulen und ihre wissenschaftliche Forschung im Sinne von Innovation und Reflexion noch wesentlicher für die Weiterentwicklung unseres bürgerschaftlichen Gemeinwesens verantwortlich sind.[6] Der Empfehlung, Legitimation allein aus institutioneller Performance zu ziehen, nachdem sich angeblich sowohl das politische als auch das philosophische Legitimationsparadigma aufgelöst haben,[7] kann aus Sicht der politischen Philosophie keinesfalls gefolgt werden. Vielmehr ist es ihre Aufgabe, Hinweise für die Art und Weise im Sinne eines *Modus* der legitimen Gestaltung von Politik in der Demokratie zu liefern. Denn grundphilosophische Intuitionen im Sinne von wohlüberlegten Urteilen[8] legen uns eindringlich nahe, dass politische Gestaltungsprozesse und Entscheidungsverfahren ohne Legitimation nicht auskommen. Im Sinne des Rawlsschen Überlegungsgleichgewichts müssen bei der Begründung von normativen Aussagen stets jene grundlegenden Intuitionen mit einbezogen werden.[9] Sie dienen als philosophischer Ausgangspunkt, als „vorläufige Fixpunkte"[10]: „Alles Begründen hat nicht nur ein Ende, sondern auch einen Anfang, und dieser liegt in denjenigen normativen Überzeugungen, die wir für gewiss halten."[11] Von diesem Ausgangspunkt unserer intuitiven wohlüberlegten Urteile gilt es, einen Reflexionsprozess anzustoßen und diese mit abstrakten Konzeptionen und allgemeinen Grundsätzen

---

6 Vgl. Hinsch (2016), S. N4.

7 Vgl. Küchler (1998).

8 „Wohlabgewogene Urteile sind einfach solche, die unter Bedingungen gefällt werden, die den Gerechtigkeitssinn zur Geltung kommen lassen, unter denen also die gewöhnlicheren Entschuldigungen und Erklärungen für Irrtümer nicht gelten. (...) Des weiteren sind die Grundsätze, die diese Urteile bestimmen, nicht willkürlich. Vielmehr sind sie von derselben Art wie die Kriterien eines jeden wohlabgewogenen Urteils" (Rawls (1975), S. 67).

9 Das Überlegungsgleichgewicht stellt eine akzeptierte Methode in der politischen Philosophie dar, um durch individuelle Reflexion zu einer Gesamtkonzeption zu kommen (dies war Rawls' erklärtes ursprüngliches Ziel in der Theorie der Gerechtigkeit, vgl. Rawls (1975), S. 70). Ob die Methode allerdings auch geeignet ist, eine so entwickelte Konzeption anderen Personen näherzubringen, ist durchaus umstritten. Vgl. Wolf (1997), S. 56 – 57 für Überlegungen in diese Richtung und auch Pogge (1994), S. 163 – 164.

10 Rawls (1975), S. 37.

11 Nida-Rümelin (2009c), S. 210.

abzuwägen.[12] Oder in den Worten von Rawls selbst, die eigenen „Grundsätze und Argumente mit einigen anderen bekannten Auffassungen [zu] vergleichen"[13], um als Ziel der Reflexion und Rekonstruktion im Überlegungsgleichgewicht ein „kohärente[s] Prüfungsergebnis"[14] zu erhalten.[15] Doch auch erzielte Ergebnisse machen es immer wieder erforderlich, der Reflexion mit unseren wohlerwogenen Urteilen ausgesetzt zu sein. Diese Herangehensweise im Sinne des Rawlsschen Überlegungsgleichgewichts liegt dem Buch mit Blick auf politische Legitimation am Beispiel der Hochschulpolitik zugrunde.

Das Buch versteht politische Legitimation *normativ* und nicht empirisch-deskriptiv wie in den Sozialwissenschaften, wo insbesondere Weber, für den sich legale Herrschaft durch technische Verfahren legitimiert,[16] prägend ist.[17] Der Begriff der politischen Legitimation wird als passend angesehen, da hier nicht das Endprodukt in Form legitimer Institutionen, sondern legitime Gestaltungsprozesse und Entscheidungsverfahren im Mittelpunkt stehen. Das Forschungsinteresse liegt mit Blick auf politische Legitimation auf den Prozessen und Verfahren, bei denen das Legitimationserfordernis in der Hochschulpolitik tatsächlich besteht; das heißt – und dies verdeutlicht die wissenschaftsethische Sicht – nicht auf den Punkten, die zum Beispiel den Prozess der wissenschaftlichen Erkenntnisgewinnung betreffen. Es wird zudem eine Fokussierung auf die Punkte vorgenommen, die unter den neuen Rahmenbedingungen das Legitimationserfordernis gegenüber der Bürgerschaft besonders zu Tage treten lassen. Dies betrifft auf der einen Seite eine gewisse *einvernehmliche Koordinierung und strategische Gesamtplanung* Forschung *und* Lehre betreffend und auf der anderen Seite eine Einbindung der *Gesamtgesellschaft* im Sinne kooperativer Verantwortung. Es geht also um die Legitimation der Hochschulpolitik gegenüber der Bürgerschaft sowohl in ihrer Rolle als Steuerzahler (staatsparadigmatischer Blick) als auch als Gesellschaft (zivilgesellschaftsparadigmatischer Blick). Dies bedeutet zugleich, dass der Fokus dieses Buchs *nicht* auf dem Legitimationserfordernis *innerhalb* der

---

12 Vgl. Wolf (1997), S. 56.

13 Rawls (1975), S. 69.

14 Özmen (2013), S. 71.

15 „Dieser Zustand tritt (...) ein, wenn jemand verschiedene ihm vorgelegte Vorstellungen geprüft hat und entweder seine Urteile einer von ihnen angepaßt hat oder aber an seinen anfänglichen Überzeugungen (und der ihnen entsprechenden Vorstellung) festhält" (Rawls (1975), S. 68).

16 Vgl. auch Peter (2013), S. 596. Der „Legitimitätsglaube" an politische Institutionen und deren Führer dient bei Weber (1947) als Erklärung für die Stabilität politischer Regime. Für Weber können dabei entweder Tradition, das Charisma des Herrschers oder das Vertrauen in die Legalität Quelle der Legitimität sein. Vgl. Peter (2010), S. 2.

17 Wenn auch Peter (2010), S. 4 zu bedenken gibt, dass die Grenzen zwischen deskriptiven und normativen Legitimitätskonzepten nicht bei allen Autoren ganz scharf zu erkennen sind.

Hochschulen liegt und in diesem Kontext auftauchende Forderungen nach demokratischen Verfahren innerhalb der Hochschulen (im Sinne von Partizipation der Betroffenen, Verhältnis der Akteure zueinander, wie Senat-Hochschulrat) nicht fokussiert betrachtet werden.[18] Der Blick liegt auf der Bürgerschaft, gegenüber der das Legitimationserfordernis verstärkt besteht.

Die Frage nach der Legitimation kann durchaus als „Dauerproblem"[19] bezeichnet werden. Dieses Buch fokussiert nicht politische Legitimation im Allgemeinen, sondern in einem spezifischen Politikfeld, nämlich der Hochschulpolitik insbesondere im letzten Jahrzehnt. Genau in der *normativen Fundierung im Hinblick auf diese praktische Fruchtbarmachung* wird der wissenschaftliche Beitrag gesehen.[20] Das Buch bettet sich dabei in die Disziplin der normativen politischen Theorie bzw. politischen Philosophie (in der Folge einheitlich: politische Theorie[21]) ein, die sich mit der Betonung des Attributs ‚normativ' insbesondere von ihren empirischen Schwesterdisziplinen Politikwissenschaft und Soziologie unterscheidet.[22] Eine ausgeprägte Stärke der politischen Theorie liegt darin, den Blick auf konkrete zur Entscheidung anstehende Fälle zu richten,[23] wobei der Bildungsbereich allgemein eine bleibende Würdigung erfährt. Bereits Platon befasste sich in seiner *Politeia* mit der Rolle von Bildung hinsichtlich seiner Vorstellung des Staats und bis heute ist der Bildungsbereich Thema der Philosophie.[24] Der Bereich der Hochschulpolitik im Speziellen weist darüber hinaus einen besonders hohen Forschungsbedarf auf.[25] Gerade normative Fundierungen im Hinblick auf eine praktische Fruchtbarmachung erscheinen angebracht in Ergänzung zur rein empirischen Hochschulforschung. Haverhals betont diese Notwendigkeit normativ-geleiteter Untersuchungen in Zeiten einer ‚modernen

---

18 Die unter dem Schlagwort Demokratisierung geführte Diskussion um die Beteiligung der diversen Akteure innerhalb der Hochschulen stellt noch eine andere Facette dar, die den Rahmen der Betrachtung dieses Buchs sprengen würde.

19 Habermas (1976), S. 39.

20 Vgl. Nida-Rümelin (2011), S. 310, der das Vermögen und die Aufgabe der Philosophie betont, Orientierung für die Praxis zu geben.

21 Diese Art der normativen politischen Theorie macht gerade auch die politische Philosophie aus: „Die politische Theorie ist eine Disziplin zwischen Politikwissenschaft und Philosophie" (Nida-Rümelin (2010a), S. 25). Eine weitergehende Differenzierung wird hier nicht vorgenommen.

22 Vgl. Rechenauer (2003), S. 42, der für ein Kontinuum der Arbeitsteilung mit der Politikwissenschaft plädiert.

23 Vgl. Schaub (2009), S. 182, der dies auf den öffentlichen Vernunftgebrauch von Rawls bezieht.

24 In der Folge insbesondere Rousseau (2010) (1762 im Original), Humboldt (1956) (1809 / 1810), Dewey (1964) (1916) und aktuell die bildungsphilosophischen Ausarbeitungen von Nida-Rümelin wie Nida-Rümelin (2013) und Nida-Rümelin (2014).

25 Vgl. Wissenschaftsrat (2014b) und Kaube (2014).

Universität' und den Mehrwert, den jede normative philosophische Arbeit über das Hochschulwesen liefern kann – ein Bereich, der bisher unter den aktuellen Rahmenbedingungen stark vernachlässigt wurde.[26]

Vorliegendes Buch möchte dem Selbstverständnis und der Stärke politischer Theorie entsprechend einen Beitrag dazu leisten, den Diskussions- und Verständigungsprozess anzuregen und – ganz im Sinne der hier verstandenen Aufgabe politischer Theorie – Gedankenschärfe liefern. Das Setzen der dazu notwendigen Ziele sollte keiner akademischen Disziplin überlassen werden, aber noch viel weniger marktparadigmatisch orientierten Akteuren wie dem Centrum für Hochschulentwicklung. Auf die Frage der konkreten inhaltlichen Ziele, die hinter der Hochschulpolitik stehen, will dieses Buch keine Antwort geben. Die Anregungen sind als *Anregungen* zu verstehen. Doch eins der Ziele wird es sein, zu verdeutlichen, welchen Mehrwert gerade die politische Theorie für die Ableitung praktischer Implikationen liefert und wie lohnenswert es sein kann, eine normative Fundierung für die legitime Gestaltung von Politik in der Demokratie vorzunehmen. Gerade im Politikfeld der Hochschulpolitik, das in seiner Beschaffenheit neben dem Kernethos epistemischer Rationalität insbesondere dem Ethos der Verantwortung der Gesellschaft gegenüber verpflichtet ist, ist dies *in den öffentlichen Diskurs zurückzugeben*. Das heißt, die aufgeworfenen Anregungen sollen den Diskurs unterstützen, der aus Sicht der Autorin aufgrund der Bedeutung der Hochschulpolitik – bezogen auf Lehre, Forschung und Nachwuchsförderung vereint in gesellschaftlicher Verantwortung gleichermaßen – dringend notwendig ist.

Das Buch möchte Gedankenschärfe liefern im Sinne der Praxis des Gründe-Gebens und Gründe-Nehmens.[27] Dies erscheint so wichtig, denn auch wenn über die grundsätzliche Notwendigkeit politischer Legitimation intuitiv Einigkeit herrscht, ist für das ‚wie' eine normative Richtschnur der politischen Theorie unbedingt vonöten. Hierzu bilden die beiden Paradigmen der Beurteilung von John Rawls und John Dewey die zur Notwendigkeit von politischer Legitimation in der Hochschulpolitik passende zweite Komponente des Rawlsschen Überlegungsgleichgewichts als *allgemeine Konzeptionen*, die neben unseren konkreten Intuitionen notwendig sind, um den Reflexionsprozess über politische Legitimation in der Demokratie anzustoßen: Diese „beiden Seiten des praktischen Denkens" ergänzen sich und „müssen so lange aneinander angepaßt werden, bis

---

26 Vgl. Haverhals (2007), S. 420, die dies auf die Universitätsbildung bezieht.
27 Vgl. ausführlich Nida-Rümelin (2009e) und darin insbesondere Nida-Rümelin (2009d).

sie sich zu einer kohärenten Auffassung zusammenfügen."[28] Methodisch könnte der Einbezug dieser beiden Paradigmen ein Schritt auf dem Weg zu einem *weiten* Überlegungsgleichgewicht sein – ein Überlegungsgleichgewicht, das in der Reflexion mehrere, auch konkurrierende Konzeptionen berücksichtigt und nicht nur das eigene Naheliegende.[29] In der Theorie hat dies für Rawls grundsätzlich vor einem engen Überlegungsgleichgewicht Vorrang, wie er in seinem Aufsatz *The Independence of Moral Theory* darstellt.[30] In diesem Buch werden diese beiden Paradigmen von Rawls und Dewey allerdings nicht in einer harten Gegenüberstellung betrachtet. Vielmehr stellt gerade die Verbindung der beiden Ansätze im Sinne einer Anreicherung Rawls' durch Dewey den Mehrwert mit Blick auf politische Legitimation in der Hochschulpolitik dar. Abweichend von der Chronologie wird daher zunächst Rawls und dann Dewey behandelt.

Die leitende Frage dieses Buchs lautet dabei: *Wie kann auf der Grundlage der Theorien von John Rawls und John Dewey politische Legitimation gegenüber der Bürgerschaft erreicht werden und welche praktischen Implikationen lassen sich hieraus für das Beispiel der Hochschulpolitik in veränderten Rahmenbedingungen ableiten?*

Der *späte John Rawls* fokussiert mit seinem politischen Liberalismus die staatliche Ordnungsfunktion und politische Praxis und zeigt mithilfe seines öffentlichen Vernunftgebrauchs einen Weg auf, wie die Einigung in politischen Angelegenheiten trotz unterschiedlicher umfassender Ansichten und Prägungen – hier: Positionierungsstrategien im Wettbewerb – gelingen kann. Gerade für ein Politikfeld, das grundsätzlich konsens-orientiert ist,[31] eignet er sich mit seinem deliberativen Ansatz mit Blick auf politische Entscheidungsverfahren und

---

28 Rawls (1998), S. 118. Denn: „Eine vollständige philosophische Konzeption haben wir jedoch nur, wenn solche Tatsachen [hier unsere Intuition: Hochschulpolitik bedarf politischer Legitimation in der Demokratie] in kohärenter Weise durch Begriffe und Grundsätze verbunden worden sind, die uns nach gebührender Überlegung akzeptabel erscheinen" (Rawls (1998), S. 209). Dass dies einiger Adjustierungen bedarf, stellt Hahn (2000), S. 16 heraus.
29 Vgl. Pogge (1994), S. 162: „Ein Überlegungsgleichgewicht, das durch Reflexion nur auf die eigenen vorgängigen Überzeugungen zustandekommt, ist *eng*. Ein Reflexionsprozeß der auch die von anderen – in der eigenen und in fremden Denktraditionen – vertretenen moralischen Konzeptionen berücksichtigt und ihnen auf die eigenen Überzeugungen einzuwirken erlaubt, führt zu einem *weiten* Überlegungsgleichgewicht." [Hervorhebung im Original].
30 Rawls (1974), S. 8: „we are interested in what conceptions people would affirm when they have achieved wide and not just narrow reflective equilibrium, an equilibrium that satisfies certain conditions of rationality." Auf die Schwierigkeit einer genauen Umsetzung des weiten Überlegungsgleichgewichts weist Hahn (2000), S. 54–55 hin.
31 Gerade in den Gremien der akademischen Selbstverwaltung. Vgl. Bieletzki (2012), S. 163. Vgl. auch Lange (2010), S. 74 sowie allgemein Nida-Rümelin (2005), S. 841.

Gestaltungsprozesse sehr gut.[32] Politische Legitimation gründet bei Rawls in *allgemeiner Zustimmbarkeit* im Sinne von Akzeptabilität und nicht faktischer Akzeptanz bzw. Zustimmung.[33] Diese kann nur erreicht werden, wenn Personen Argumentationsschritte und Begründungen unter Gebrauch ihrer Vernunft grundsätzlich nachvollziehen können und sie dies gegenseitig voneinander wissen. Rawls bringt das in seiner politischen Konzeption mit der allgemeinen Zustimmbarkeit durch den öffentlichen Vernunftgebrauch zum Ausdruck und ist zugleich realitätsnah, indem er das spezifisch Legitime eben genau in Verfahren sieht: Übereinstimmung kann für Rawls in allen Einzelfällen nur schwer erreicht werden – passend für die aktuelle Wettbewerbs-Situation in der Hochschulpolitik. Fairness und Kooperation liegen seinem Ansatz zugrunde und machen das Deliberative im Gegensatz zum rein Prozeduralen aus.[34] Rawls' politischer Liberalismus ist zudem kein umfassender Liberalismus, sondern einer, der sich auf verschiedene Probleme anwenden lässt – in dem vorliegenden Buch auf das deutsche Hochschulwesen.[35] Rawls selbst sieht es als Aufgabe der (praktischen) Philosophie, „(...) sich mit politischen Fragen auf verschiedenen Ebenen der Allgemeinheit und der Abstraktheit [zu befassen], die alle wichtig und von Bedeutung sind."[36] Er fokussiert sich dabei bewusst auf die politische Konzeption im Sinne der Grundstruktur und der damit umfassten staatlichen Institutionen. Versuche, ihn im Bereich der Bildung anwendbar zu machen, existieren durchaus.[37] Doch wurde ihm mit Blick auf ebendiese politische Fokussierung auch Kritik entgegengebracht.[38] Hochschulpolitik erschöpft sich auf jeden Fall nicht in der engen politisch staatsbürgerlichen Sicht auf Entscheidungsverfahren und

---

32 Larmore (2006), S. 368 beschreibt die Werke des späten Rawls über den öffentlichen Vernunftgebrauch als komplexes Modell deliberativer Demokratie und verweist zudem auf Cohen (1998), der aufbauend auf Rawls seine Theorie deliberativer Demokratie entwickelt hat. Auch zum Beispiel Becker et al. (2009), S. 259 sehen Rawls als Vertreter einer Deliberationstheorie der Demokratie. Vgl. Cohen (2006), S. 161 ff. für eine Charakterisierung deliberativer Demokratie.

33 Dieser Hinweis ist an dieser einleitenden Stelle wichtig. Er gilt für das komplette Buch.

34 Peter (2010), S. 17 sieht die deliberative Herangehensweise mit Bezugnahme auf Gründe als einen Weg einer prozeduralen Konzeption demokratischer Legitimität.

35 Vgl. Rawls (1998), S. 25, 27, wo Rawls sich selbst von Kant und Hume abgrenzt.

36 Rawls (1998), S. 62.

37 Vgl. Martin (2011), der untersucht, inwiefern Bildungsphilosophen unter anderem auf Basis von Rawls' politischer Konzeption die Relevanz ihrer philosophischen Expertise in die Bildungspolitik einbringen dürfen, Brighouse (2000), der auf Rawls' Gerechtigkeitsprinzipien und ihre Aussagefähigkeit für Bildungsinstitutionen blickt und Callan (1996), der Rawls' politischen Liberalismus hinsichtlich seiner Implikationen für politische Bildung und Erziehung diskutiert.

38 Vgl. Johnston (2012) und Weber (2008).

Gestaltungsprozesse. Politische Deliberation in der Hochschulpolitik verlangt eine enge Bindung an Gesellschaft und die Verantwortung ihr gegenüber.

Hierzu erfolgt in vorliegendem Buch als Anreicherung von John Rawls der Einbezug von *John Dewey*. Dewey rückt die Öffentlichkeit ins Zentrum seiner Demokratietheorie: Demokratie ist für ihn ein gesellschaftliches und nicht nur ein politisches Projekt.[39] Er geht über den Bereich der politischen Entscheidungs-findung hinaus[40] und verdeutlicht, dass der Fokus auf legitime Verfahren und Regeln nicht weit genug geht, da sich politische Legitimation nicht im vernünf-tigen Zustandekommen von Entscheidungen im Sinne des öffentlichen Ver-nunftgebrauchs erschöpft. Die Idee sozialer Demokratie ist sein Kern. Daher sind alle Formen der menschlichen Assoziation mit einzubeziehen und – im Sinne des Pragmatismus – in einer kooperativen Praxis zu leben, da ansonsten ein ge-meinsames demokratisches Ethos nicht entstehen kann.[41] Dewey betrachtet die konkreten Folgen des Handelns für die Lebenspraxis mit Blick auf die gesamte Gesellschaft – Theorie und Praxis sind nicht zu trennen und die Rückbindung von Verfahrensweisen an die Öffentlichkeit ist stets angebracht. Gerade vor dem Hintergrund neuer Rahmenbedingungen, unter denen die Bedeutung der Wis-senschaft für die Weiterentwicklung der Gesellschaft gestiegen ist und zugleich die Hochschulen als Ausbildungsstätten immens an Bedeutung zugenommen haben, ist die zivilgesellschaftliche Komponente wichtiger denn je. Der soziale Kontext und die Öffentlichkeit im Sinne einer Gemeinschaft muss für politische Legitimation in der Hochschulpolitik unbedingt mitberücksichtigt werden.[42] Gleichsam ergänzen sich Rawls und Dewey: Rawls akzentuiert die politisch in-stitutionellen Verfahrensweisen, die unter dem öffentlichen Vernunftgebrauch zustande gekommen sind, und Dewey betont, dass ebendiese institutionellen Arrangements zur Sphäre der Öffentlichkeit passen müssen.

Am Ende wird sich zeigen, dass eine lebendige Öffentlichkeit die Basis po-litischer Legitimation bildet und auf ihr aufbauend gemeinsam akzeptierte Re-geln, getragen von einem Konsens über das zugrundliegende Ethos, Gestal-tungsprozesse und Entscheidungsverfahren in der Hochschulpolitik prägen sollen. Zudem ermöglicht und erfordert eine grundsätzliche Kontingenz und Weiterentwicklung gleichsam die wissenschaftliche Mentalität zu leben. Mit Blick

---

39 Vgl. Hampe (2016), S. 44.
40 Vgl. Jörke (2003), S. 203.
41 Vgl. Dewey (1996), S. 125.
42 Nida-Rümelin (1999), S. 18 kritisiert unter anderem den Rawlsschen Urzustand, indem er die Wichtigkeit von „besonderen Bindungen an die politisch-kulturelle Gemeinschaft" betont. Eine idealtypische Rekonstruktion der moralischen Motivation der Handelnden unter realen Bedin-gungen kann nicht als gegeben angesehen werden. Vgl. Nida-Rümelin (1999), S. 196–197.

auf die praktischen Implikationen illustriert das Buch eine revitalisierte Öffentlichkeit über Wissenschaftsregionen und eine Organisation legitimer Entscheidungsverfahren und Gestaltungsprozesse durch wissenschaftsadäquate Regeln und parlamentarische Verantwortung.

Gegliedert ist das Buch in drei Kapitel: Das folgende *Kapitel* 1 erläutert das Erfordernis politischer Legitimation in der Hochschulpolitik in Deutschland. Dies umfasst sowohl das vorhandene Spannungsfeld aus Sicht der Wissenschaftsethik (Abschnitt 1.1) als auch einen kurzen historischen Abriss (Abschnitt 1.2). Beide zeigen, dass die Frage nach der Legitimation grundsätzlich diesem Politikfeld immanent ist. Abschnitt 1.3 verdeutlicht daraufhin mithilfe der Paradigmen von Markt, Staat und Zivilgesellschaft, inwiefern sich die Situation in der deutschen Hochschulpolitik grundlegend verändert hat und das Legitimationserfordernis nun verstärkt zutage tritt. *Kapitel* 2 stellt die Theorien zunächst von John Rawls (Abschnitt 2.1) und dann von John Dewey (Abschnitt 2.2) in den Mittelpunkt. Innerhalb dieser beiden Abschnitte findet sich je eine Untergliederung in Einführung des jeweiligen Theoretikers (Abschnitte 2.1.1 und 2.2.1), Anwendungsverhältnisse zur Frage nach der politischen Legitimation (Abschnitte 2.1.2 und 2.2.2) sowie die darauf aufbauenden normativen Anforderungen an politische Legitimation, die Gestaltungsprozesse und Entscheidungsverfahren prägen sollen (Abschnitte 2.1.3 und 2.2.3). Die Abschnitte 2.1.4 und 2.2.4 ziehen je ein Zwischenfazit im Hinblick auf die praktische Fruchtbarmachung in der Hochschulpolitik und zwar schwerpunktmäßig bezogen auf die *jetzige* Situation. Abschnitt 2.3 fasst die normativen Anforderungen für politische Legitimation nach Rawls und Dewey zusammen,[43] bevor *Kapitel* 3 darauf aufbauend praktische Implikationen für die *zukünftige* Gestaltung der Hochschulpolitik ableitet.

---

43 Und stellt den Beitrag Julian Nida-Rümelins in dieser Kombination dar.

1 Das Erfordernis politischer Legitimation am Beispiel der Hochschulpolitik

Das Erfordernis politischer Legitimation im Politikfeld der Hochschulpolitik steht im Mittelpunkt dieses ersten Kapitels. Dazu wird eine integrative wissenschaftsethische Sichtweise herangezogen, um das Spannungsfeld aufzuzeigen, in dem sich das Thema Legitimation in der Hochschulpolitik ganz grundsätzlich bewegt (Abschnitt 1.1). Danach erfolgt ein empirischer Blick zurück auf zwei markante Stationen der deutschen Hochschulpolitik, der deutlich macht, dass das Erfordernis politischer Legitimation in diesem Spannungsfeld nicht grundsätzlich neu ist (Abschnitt 1.2). Anschließend wird die veränderte Situation der deutschen Hochschulpolitik kurz geschildert, die das Legitimationserfordernis gerade jetzt verstärkt verdeutlicht (Abschnitt 1.3).

1.1 Grundsätzliches Spannungsverhältnis aus Sicht der Wissenschaftsethik

Eine integrative wissenschaftsethische Sichtweise ist hilfreich, um das grundsätzliche Spannungsverhältnis der Hochschulpolitik zu verstehen, in dessen Zusammenhang sich die Frage nach der politischen Legitimation stellt. Hierzu muss der Blick sowohl auf das Kernethos epistemischer Rationalität als Basis und Kern als auch auf das Ethos wissenschaftlicher Verantwortung als seine notwendige Ergänzung gerichtet werden.[1]

Kernethos epistemischer Rationalität als Basis eines wissenschaftsethischen Verständnisses

Entstanden im Kampf um Autarkie ist dieses Wissenschaftsethos historisch als „Befreiung von der Vormundschaft traditioneller Autoritäten und der Abwehr zukünftiger Eingriffe durch Abgrenzung"[2] zu sehen und bis heute wirksam. Als normative Handlungsregel prägt es das Agieren innerhalb der Wissenschaftsgemeinschaft: Seine Basis bildet ein „erstaunlich hohe[s] Maß an Konsens"[3] über Grundsätze, unter denen wissenschaftliche Erkenntnis zustande kommt, im Sinne

---

1 Vgl. dazu insbesondere Nida-Rümelin (2005).
2 Nida-Rümelin (2005), S. 835.
3 Nida-Rümelin (2005), S. 841.

https://doi.org/10.1515/9783110567458-002

von Regeln wissenschaftlichen Arbeitens, Interagierens und Diskutierens. Hierbei gelten die Kennzeichen der Wohlbegründetheit und kritischen Prüfung von Argumentationen genauso wie wechselseitige Wertschätzung, Anerkennung bzw. Abwertung ausgetragen im wissenschaftlichen Diskurs.[4] Gekennzeichnet ist dieses Ethos von Kollegialität, Kooperation[5] und vor allem vom grundsätzlichen Gemeinbesitz wissenschaftlichen Wissens dem Ethos der Aufklärung entsprechend.[6] Ein gewisser Wettbewerb um Anerkennung durch die wissenschaftliche Gemeinschaft gehört ebenso dazu.[7] Dennoch: „Es gilt dem Gemeinwohl aller, im Endeffekt dem Erkenntnisfortschritt zum Nutzen der gesamten Gemeinschaft zu dienen."[8] Oder anders ausgedrückt: „Die Wahrheitssuche um ihrer selbst willen."[9] Auch wenn es dabei für den Einzelnen zum Teil vorteilhaft sein kann, dieses Ethos nicht zu befolgen (= „Spezifikum normativer Regeln"[10]), ist es trotzdem „in hohem Maße funktional, das heißt die allgemeine Einhaltung seiner konstitutiven Regeln ist für den wissenschaftlichen Erkenntnisfortschritt nützlich, ja möglicherweise notwendig."[11] Seine Bedeutung für wissenschaftliche Interaktion ist vergleichbar mit der Bedeutung von Kommunikationsregeln für die allgemeine Verständigung. Daher ist es elementar, dass dieses Kernethos stets gewahrt bleibt.[12]

Institutionell schlägt sich dieses Abwehrethos in Deutschland in Art. 5 Abs. 3 GG nieder, der durch den Wortlaut „Kunst und Wissenschaft, Forschung und Lehre sind frei" die Wissenschaftsfreiheit im Verfassungsrang als ein *Individualrecht* sichert.[13] Dieser Artikel ist in Deutschland historisch erkämpft worden.[14] Wie Scholz in seinem Grundgesetzkommentar des besagten Absatzes verdeutlicht, enthält Art. 5 Abs. 3 GG eine institutionelle Garantie mit der Gewährleistung von Universität und akademischer Selbstverwaltung als Teilgewährleistungen der

---

4 Vgl. Nida-Rümelin (2005), S. 839–841.

5 Vgl. Nida-Rümelin (2015), S. 69.

6 Nida-Rümelin (2005), S. 837 akzentuiert diese Besonderheit des zentralen ersten Prinzips des wissenschaftlichen Ethos und verweist an dieser Stelle auf Merton (1957) sowie Merton (1985).

7 Vgl. Münch (2011), S. 236–237.

8 Münch (2011), S. 268.

9 Nida-Rümelin (2014), S. 49.

10 Nida-Rümelin (2005), S. 841.

11 Nida-Rümelin (2005), S. 842.

12 Vgl. Nida-Rümelin (2005), S. 842.

13 Vgl. Bultmann (2011), S. 156.

14 Die Freiheit von Wissenschaft und Forschung genießt seit jeher in Deutschland einen besonderen Schutz. Schon die Paulskirchenverfassung von 1848 schreibt in § 152 fest: „Die Wissenschaft und ihre Lehre ist frei."

Freiheit von Wissenschaft, Forschung und Lehre.[15] Im Folgenden spezifiziert er, dass sich der Staat im Bereich legitimer Selbstverwaltung auf bloße Rechtsaufsicht beschränkt und die Struktur der Selbstverwaltung nicht vorgegeben ist.[16] Universitäten sind sich selbst verwaltende „Körperschaften des öffentlichen Rechts im Sinne von Korporationen."[17]

Dieses Modell der akademischen Selbstverwaltung im Verhältnis zwischen Staat und Hochschulen soll die Selbstregulierung durch die Wissenschaftsgemeinschaft wissenschaftsadäquat sicherstellen und politische Einwirkungsmöglichkeiten institutionell begrenzen.[18] Die Hochschulselbstverwaltung beinhaltet dabei „eine eigenständige Grundordnungsgewalt einschließlich der Kompetenz zur Wahrnehmung der Verwaltungsaufgaben bezüglich der Aufgaben in Forschung und Lehre"[19]. Konkret bedeutet dies, dass die Professorenschaft insgesamt einen sehr großen Einfluss innerhalb der akademischen Selbstverwaltung hat. Dies geht mit einer starken Autonomie der einzelnen Professoren (vor allem Ordinarien- bzw. Lehrstuhlinhaber) bezogen auf Fragen von Forschung und Lehre einher, die dem Einflussbereich der akademischen Selbstverwaltung vorenthalten ist.[20] Früher wurden die Entscheidungen in akademischen Senats- und Fakultätsräten gefällt, Rektoren und Dekane waren im Besonderen dem Prinzip der Kollegialität verpflichtet. Das heißt, insbesondere in Bezug auf die Mittelverteilung wurden kaum konfliktträchtige Entscheidungen getroffen, schon allein deshalb, da die Möglichkeiten gar nicht unbedingt vorhanden waren: „Kollegialität lief letztlich auf einen institutionalisierten Nichtangriffspakt unter Professoren hinaus (...)"[21]. Dies ist an dieser Stelle lediglich als Hintergrundinformation zu verstehen, da die Hochschulen als demokratisch verfasste Einrichtung mit innerhochschulischen Partizipationsregeln hier nicht im Betrachtungsfokus liegen.

Wie folgt lässt sich zusammenfassen: Es geht bei der Wahrung des Kernethos epistemischer Rationalität darum, die Eigengesetzlichkeiten des wissenschaftlichen Agierens anzuerkennen: „Der wissenschaftliche Fortschritt soll sich frei von staatlicher Inhalts- und Zielbestimmung aus seinen forschungsimmanenten Bedingungen heraus entfalten."[22] Die Garantie der freien, eigenständigen Wissen-

---

15 Vgl. Scholz (2013), Rdnr. 4 [Hervorhebung im Original].
16 Vgl. Scholz (2013), Rdnr. 144 [Hervorhebung im Original].
17 Lange (2010), S. 73.
18 Vgl. Krausnick (2012), S. 96.
19 Lange (2010), S. 73.
20 Vgl. Lange (2010), S. 74. Vgl. Bunia (2016) für einen interessanten Artikel über das deutsche Lehrstuhlprinzip als eigentliches Reformhindernis aktuell. Vgl. auch Wissenschaftsrat (2014a).
21 Lange (2010), S. 74.
22 Mallmann / Strauch (1970), S. 3.

schaft sichert als Grundsatznorm einen autonomen Bereich, innerhalb dessen Grenzen der Staat die Eigengesetzlichkeiten der Wissenschaft zu respektieren hat:

> „‚Autonomie' ist dabei (...) *nicht* im Sinne von „Verfassungsautonomie" (der Hochschulen) oder gar von „Selbstverwaltung" zu verstehen; es zielt (...) vielmehr auf den Ausschluss heteronomer, wissenschaftsfremder Bindungen, jeglicher Instrumentalisierung für ausserwissenschaftliche [sic!] Zwecke im Wissenschaftsbereich."[23]

Wissenschaftsfreiheit gehört zum politischen Gemeinwesen dazu, ist nicht separat von ihm, sondern als ein „‚Raum der Freiheit' (...) *in* ihm"[24] zu sehen. Es ist im Kontext zu betrachten, in welcher Art von Institution die einzelnen Wissenschaftler eingebettet sind: „Die Garantie der Wissenschaftsfreiheit ist *keine Grundnorm für alle und alles in der Universität.*"[25] Oder wie Hinsch anführt:

> „Wissenschaftsfreiheit, verstanden als individuelle Freiheit der Forscher, und Hochschulautonomie als institutionelle Voraussetzung dieser Freiheit (...) ist keine bloße Stütze von Elfenbeintürmen, sondern wesentliche Voraussetzung erfolgreicher Wissenschaft. (...) Artikel 5 begründet jedoch keinen politikfreien Raum uneingeschränkt autonomer Wissenschaft. Es gäbe keine moderne Wissenschaft ohne staatliche Finanzierung."[26]

Und auch die Wissenschaftsethik verlangt nach einer Ergänzung des Kernethos epistemischer Rationalität:

> „Da moderne Industriegesellschaften eine wissenschaftlich-technisch gestützte Zivilisation aufgebaut haben, ist der Wirkungskreis wissenschaftlicher Forschung und ihrer Anwendung heute immens. Es gibt *a limine* eine umfassende gesellschaftliche und politische Verantwortung der Wissenschaft (...). Diese Verantwortung kann das gesellschaftliche Subsystem Wissenschaft nicht allein tragen."[27]

> „Angesichts der hohen öffentlichen Aufwendungen für Forschungsvorhaben und Wissenschaftsinstitutionen kann eine weitgehende Autonomie der Wissenschaft nur dann gerechtfertigt werden, wenn diese im Hinblick auf ihre gesellschaftlich-politische Gesamtverantwortung wahrgenommen wird."[28]

---

23 Mallmann / Strauch (1970), S. 2 [Hervorhebung im Original].
24 Mallmann / Strauch (1970), S. 3 [Hervorhebung im Original].
25 Mallmann / Strauch (1970), S. 19 [Hervorhebung im Original].
26 Hinsch (2016), S. N4.
27 Nida-Rümelin (2005), S. 843.
28 Nida-Rümelin (2005), S. 845.

Ethos wissenschaftlicher Verantwortung als notwendige Ergänzung des Kernethos – integrative Wissenschaftsethik

Ein institutionell gestütztes Kooperationsgefüge zwischen Wissenschaft und Gesellschaft „läßt sich nur aufrechterhalten und ausbauen, wenn es von einem erweiterten Wissenschaftsethos der Verantwortung begleitet und getragen ist."[29] Dies bringt mit sich, dass eine Beschränkung auf das gerade beschriebene Kernethos epistemischer Rationalität zu kurz greift und nach einer Erweiterung um ein kooperatives Verantwortungsethos gegenüber Staat und Zivilgesellschaft verlangt, um die Wissenschaft in ihrer Gänze in einer integrativen wissenschaftsethischen Sicht zu erfassen.[30] Zivilgesellschaft wird dabei mit Nida-Rümelin definiert als „jede kooperative und solidarische Praxis, die nicht staatlicherseits verordnet ist und keinen ökonomischen Interessen folgt."[31] Schon Humboldt hatte betont, dass Zusammenwirken und Kooperation ein wesentlicher Bestandteil wissenschaftlicher Wahrheitssuche sein muss – Einsamkeit und Freiheit allein reichen nicht aus.[32]

Nimmt man zu Analysezwecken die folgenden drei Dimensionen von Wissenschaft als Grundlage,[33]

1.) Wissenschaft als ein „Gesamt der *Theorien* und Hypothesen, das im Laufe der Zeit einem steten Wandel unterworfen ist."

2.) Wissenschaft als „spezifische Form der *Praxis*, einer Praxis, die etwa zu bestimmten Versuchsanordnungen führt, die den Erkenntnisprozeß je nach Disziplin in ganz unterschiedlicher Weise steuert, die innerwissenschaftliche Kommunikation sicherstellt und die – in zunehmendem Maße – auch direkt auf die belebte und unbelebte Natur einwirkt."

3.) Wissenschaft als „ein *gesellschaftliches Subsystem*, dem ein Gutteil der Bevölkerung in hochindustrialisierten Gesellschaften angehört, das Berufsfelder anbietet, Bürokratien beschäftigt, Institutionen etabliert, öffentliche Mittel beansprucht, einen wesentlichen Beitrag zur volkswirtschaftlichen Produktivität leistet, die internationale Konkurrenzfähigkeit mitbestimmt, etc."

so lässt sich feststellen, dass seit der Antike die Bedeutung der Praxis (2.) und die Entwicklung der Wissenschaft zu einem bedeutenden gesellschaftlichen Subsystem (3.) immer gewichtiger geworden sind.[34] Dies verdeutlicht auch, warum

---

29 Nida-Rümelin (2005), S. 851.
30 Vgl. auch die notwendige Berücksichtigung sowohl des theoretischen als auch des pragmatischen Kontextes der Wissenschaft. Vgl. Gatzemeier / Villers (2007), S. 231 ff.
31 Nida-Rümelin (2011), S. 298.
32 Vgl. Humboldt (1956), S. 377.
33 Nida-Rümelin (2005), S. 843–844 [Hervorhebungen je im Original].
34 Vgl. Nida-Rümelin (2005), S. 844.

das Grundethos aller Wissenschaft, das traditionelle interne Kernethos epistemischer Rationalität, unzureichend wurde und nach einer Ergänzung um ein externes Ethos wissenschaftlicher Verantwortung verlangte.[35] So existiert mit Blick auf (2.) verstärkt ein Handlungscharakter von Wissenschaft und bringt beispielsweise bei experimentellen Tierversuchen eine unmittelbare Handlungsverantwortung mit sich, die epistemische Rationalität an ihre Grenzen bringt und ergänzend praktische Rationalität verlangt.[36] Für vorliegendes Buch ist aber insbesondere die dritte Dimension der Wissenschaft als gesellschaftliches Subsystem von Relevanz (3.), das ein Geflecht aus Kooperationsverpflichtungen mit insbesondere Landes-, aber auch Bundesministerien, außeruniversitären Forschungseinrichtungen, Stiftungen, vermittelnden Instanzen wie der Deutschen Forschungsgemeinschaft und Drittmittelgebern allgemein in sich birgt. Nida-Rümelin betont, dass die Wissenschaft keinen Sonderstatus gegenüber anderen gesellschaftlichen Subsystemen beanspruchen kann, dieser Aspekt der Kooperation von Wissenschaft und Gesellschaft in Deutschland als Bestandteil des Wissenschaftsethos eher unterentwickelt ist und zu Legitimationsproblemen gegenüber der Öffentlichkeit führt.[37]

Auch Marginsons drei Bedeutungen von Öffentlichkeit machen die Öffentlichkeits-bedingung von Hochschulen deutlich. Auf diese sei an dieser Stelle zurückgegriffen.[38] Sie betreffen *a)* die Art und Weise der Finanzierung (und die sich daraus ergebenden Verpflichtungen), *b)* die Beschaffenheit des Outputs als die erstellten Güter (wer profitiert? für wen wird Verantwortung übernommen? wie werden die Güter verteilt?) in enger Verknüpfung zu a), sowie *c)* die Frage nach einem offenen Diskurs innerhalb der Wissenschaft einerseits und einem Beitrag zum Austausch mit der Öffentlichkeit andererseits.[39] In Deutschland bildet die *öffentliche Finanzierung* durch die Grundausstattung in den Länderhaushalten die Grundlage für das Handeln der öffentlichen Hochschulen (a).[40] Dies bedeutet –

---

35 Vgl. Nida-Rümelin (2005), S. 844–847.

36 Vgl. Nida-Rümelin (2005), S. 851. Vgl. auch Nida-Rümelin (2014), S. 150.

37 Vgl. Nida-Rümelin (2005), S. 851–852. „Das Ethos der Autonomie (...) hat sich besonders in Deutschland mit einer Attitüde der »*splendid isolation*« verbunden (...)" (Nida-Rümelin (2005), S. 852).

38 Vgl. die Verwendung bei Marginson (2006), S. 48, wenn auch mit Blick auf öffentliche Universitäten in den USA. Marginson fasst die ursprünglich vier Kategorien von Calhoun (2006) zusammen. Diese Zusammenfassung wird für vorliegende Stelle als sinnvoll angesehen (staatliche Finanzierung und sich daraus ergebende Verpflichtungen unter Berücksichtigung der akademischen Selbstverwaltung) und übernommen.

39 Vgl. Marginson (2006), S. 51.

40 Auch wenn es eine deutliche Dynamik mit Blick auf die Einnahmearten Grundfinanzierung und Drittmittel gibt. Vgl. hierzu FN 147.

mit Blick auf die Frage „who governs"[41] – es handelt sich um staatliches Handeln.[42]

> „Da sich die Wissenschaft nur zu einem geringen Teil über den Markt finanziert und im übrigen den Charakter eines kollektiven, d. h. unteilbaren und öffentlichen Gutes hat, ist sie ein Produkt, das von der Gesamtheit der Bürgerschaft finanziert und produziert wird und daher legitimer Gegenstand öffentlicher Beurteilung ist."[43]

Blickt man darauf, wie der Output der Hochschulen beschaffen ist, welche Güter sie produzieren und wie wertvoll diese sind, so kann die Charakterisierung ‚öffentlich' klar ausgesprochen werden (b). Auch wenn nicht alle Güter originär öffentlich, sondern zum Teil durchaus privat sind (zum Beispiel profitiert die lokale Wirtschaft von gut ausgebildeten Absolventen und zudem sind Drittmittelprojekte im Rahmen der angewandten Wissenschaft für viele Unternehmen nicht mehr wegzudenken[44]), so muss doch von *öffentlichen Gütern als Kollektivgütern* in Form von Bildung und wissenschaftlicher Erkenntnis gesprochen werden.[45] In Bezug auf die Bedeutung des Wissens, das Hochschulen als wertvolle Ergebnisse ihrer Arbeit für die Öffentlichkeit generieren, wovon sie profitiert,[46] haben Universitäten sogar ein gewisses Wissensmonopol hinsichtlich des wissenschaftlichen Wissens.[47] Dies üben die Universitäten zum Beispiel durch das Promotionsrecht aus.[48] Zur Frage, ob ihre Arbeit in offener Art und Weise ausgetragen wird (c), soll an dieser Stelle auf das im vorangegangenen Abschnitt dargestellte Ethos epistemischer Rationalität verwiesen werden, in dessen Kern die freie und offene Debatte innerhalb der wissenschaftlichen Gemeinschaft steht. Doch nicht nur intern soll die Arbeit in freier Diskussion erfolgen, sondern der Wissenschaft kann vor allem dann Öffentlichkeit zugesprochen werden, wenn sie *aktiv mit der Gesellschaft in Austausch* tritt (zum Beispiel durch Vorträge oder

---

41 Calhoun (2006), S. 11.

42 Vgl. Lange (2010), S. 73.

43 Vgl. Nida-Rümelin (2005), S. 846.

44 Vgl. Musharbash / Kohlenberg (2013).

45 Vgl. Pasternack / Wissel (2010), S. 40 und Künzel (1999), S. 183.

46 Vgl. Calhoun (2006), S. 31.

47 Vgl. Biesta (2007), S. 468.

48 Das Thema Promotionsrecht ist immer wieder in der Diskussion, insbesondere angestoßen von Hochschulen für angewandte Wissenschaften. Vgl. Schmitt (2013), S. N5. In Hessen können seit März 2016 deutschlandweit einzigartig Hochschulen für angewandte Wissenschaften das Promotionsrecht für forschungsstarke Fachrichtungen beantragen. Vgl. Hessisches Ministerium für Wissenschaft und Kunst (2016). Auch die außeruniversitären Forschungseinrichtungen sind beim Promotionsrecht auf Kooperationen mit den Universitäten angewiesen.

Tagungen).[49] Hochschulen sollen in den vorgenannten Aspekten öffentlich sein. Im Laufe des Buchs wird im Rückgriff auf Rawls und vor allem Dewey der Aspekt der Öffentlichkeit noch differenziert relevant werden.

Wissenschaft hat auf jeden Fall eine Gesamtverantwortung gegenüber der Gesellschaft. Diese Verantwortungswahrnehmung kann nicht nur vom individuellen Forscher, sondern muss auch kollektiv erfolgen.[50] Die sich aus dieser Verantwortung ergebenden kooperativen Anforderungen,[51] die die Wissenschaft in ihrem gesamtgesellschaftlichen Auftrag zu erfüllen hat, sind sowohl bedeutsam für den Staat als auch für die Zivilgesellschaft an sich.[52] Zusammengenommen bilden diese beiden Aspekte die öffentliche Verantwortung der Hochschulen und lassen das *grundsätzliche* Legitimationserfordernis offen zu Tage treten.

Zwischen diesen beiden Polen – akademische Selbstverwaltung (durch das zentrale Kernethos epistemischer Rationalität) auf der einen Seite und von den Hochschulen zu erfüllende kooperative Anforderungen bezogen auf Staat und Zivilgesellschaft (ausgedrückt im Ethos wissenschaftlicher Verantwortung) auf der anderen Seite – existiert ein *Spannungsfeld*, das es zu berücksichtigen gilt. *Institutionell* zieht dies nach sich, dass öffentliche Hochschulen in Deutschland eine gewisse Doppelnatur aufweisen. Sie sind – entstehend aus dem Kernethos epistemischer Rationalität – Körperschaft des öffentlichen Rechts als Korporation (lediglich Rechtsaufsicht der Länder) auf der einen und staatliche Anstalt im Sinne nachgeordneter Behörde auf der anderen Seite.[53] Neben der Rechtsaufsicht der Länder für den ersten *Bereich der akademischen Selbstverwaltung* brachten die nicht unmittelbar wissenschaftlichen Bereiche, in denen staatliche Aufgaben von den Hochschulen erfüllt werden, das heißt insbesondere bezogen auf Haushalts-, Wirtschafts- und Personalverwaltungsangelegenheiten, *ursprünglich* eine weitreichende Fachaufsicht der Länder mit sich und unterlagen damit klar den staatlichen Regulierungen.[54] Rechtlich wurde diese ‚Janusköpfigkeit' in § 58 Abs. 1 S. 1 des Hochschulrahmengesetzes dahingehend fixiert, dass Hoch-

---

49 Öffentlichkeit der Wissenschaft zeigt sich auch darin, dass der Doktortitel erst dann geführt werden darf, wenn die Dissertation öffentlich publiziert, das heißt der Öffentlichkeit zugänglich gemacht wird.
50 Vgl. Nida-Rümelin (2005), S. 855–856. Er nennt hierzu neben der juridischen Form kollektiver wissenschaftlicher Verantwortungswahrnehmung auch das Institut der Ethikkommissionen.
51 Vgl. Nida-Rümelin (2005).
52 Die Autorin ist sich durchaus bewusst, dass die Verantwortlichkeiten gegenüber Staat und Gesellschaft im Zusammenhang zu sehen sind. Es soll an dieser Stelle die systematische Betrachtung anhand der idealtypischen Paradigmen des Staats und der Zivilgesellschaft gegenüber dem Paradigma des Markts vorbereitet werden.
53 Vgl. Lange (2010), S. 73–74.
54 Vgl. Lange (2010), S. 73–75.

schulen zugleich als Körperschaften des öffentlichen Rechts und staatliche Einrichtungen zu sehen sind.[55] Der *Kooperationsbereich*, der sowohl Interessen des Staats als auch der Hochschulen in sich trägt, zum Beispiel bei Studienangelegenheiten, der Hochschulentwicklungsplanung oder auch Berufungsverfahren (wenn eine Hochschule nicht mit der Dienstherreneigenschaft ausgestattet ist), verdeutlicht das enge Nebeneinander.[56] Da es sich ebenso um staatliches Handeln handelt, ist das *Demokratieprinzip* aus Art. 20 Abs. 2 GG für die Hochschulen bindend. Aus politiktheoretischer Sicht bedeutet dies, dass sich die Frage nach Legitimation stellt. Dabei bezieht sich das Legitimationserfordernis grundsätzlich auf alle Tätigkeiten der Hochschulen, „die sich als amtliches Handeln mit Entscheidungscharakter darstellen"[57], das heißt mit Grundrechtsbindung ausgestattet sind. Dadurch, dass die Wissenschaft als ein „Produkt (...) von der Gesamtheit der Bürgerschaft finanziert und produziert wird"[58], ist sie notwendigerweise nah an der Gesellschaft und für die selbige ein „legitimer Gegenstand öffentlicher Beurteilung."[59] Krausnick beschäftigt sich unter anderem mit der Frage des Verhältnisses der durch Art. 5 Abs. 3 GG geschützten akademischen Selbstverwaltung und der trotzdem notwendigen demokratischen Legitimation:

> „Wie dargelegt, stellt sich das Handeln der Hochschulen auch dann, wenn es im Wege der Selbstverwaltung erfolgt, zumeist als amtliches Handeln mit Entscheidungscharakter dar und bedarf daher demokratischer Legitimation. Diese setzt (...) voraus, dass das Volk, vermittelt durch Landesparlament und Landesregierung, Einfluss auf prinzipiell jede Einzelfallentscheidung aller (...) Hochschulen hat. Dieser Einfluss ist nur gewährleistet, wenn das Volk effektiv kontrollieren kann, ob sein Wille von den Hochschulen umgesetzt wird."[60]

> „Akademische Selbstverwaltung bedeutet also wie jede funktionale Selbstverwaltung im Vergleich zur hierarchischen Ministerialverwaltung eingeschränkte demokratische Legitimation."[61]

Er stellt auf der einen Seite einen „Befund des Gleichrangs von Selbstverwaltung und Demokratie" fest, auf der anderen Seite legt er dar, dass in keiner Landesverfassung festgehalten ist, „dass die akademische Selbstverwaltung eine recht-

---

55 Nach der 4. Novelle des Hochschulrahmengesetzes 1998 nur noch „in der Regel".
56 Vgl. Krausnick (2012), S. 162–163 für diesen dritten Bereich neben dem staatlichen und dem Selbstverwaltungsbereich. Er weist darauf hin, dass dieser in der Praxis der größte Bereich ist.
57 Krausnick (2012), S. 188.
58 Nida-Rümelin (2005), S. 846.
59 Nida-Rümelin (2005), S. 846.
60 Krausnick (2012), S. 200.
61 Krausnick (2012), S. 201.

fertigungsbedürftige Ausnahme vom Demokratieprinzip darstellt."[62] Schließlich kann die Wissenschaft keinen Sonderstatus gegenüber anderen gesellschaftlichen Subsystemen einnehmen.[63] Die beiden Prinzipien Selbstverwaltung und Demokratieprinzip müssen auf irgendeine Art und Weise in Übereinstimmung gebracht werden.[64] Im Sinne einer integrativen Wissenschaftsethik kann es als ihre Kernaufgabe angesehen werden, zu versuchen, diesem Spannungsverhältnis gerecht zu werden[65] – gerade wenn es darum geht, der Frage nach der Legitimation von Gestaltungsprozessen und Entscheidungsverfahren auf den Grund zu gehen. Wie der folgende Absatz verdeutlicht, bestanden diese Reibungspunkte schon historisch.[66]

1.2 Blick in die Historie der deutschen Hochschulpolitik

Wie im vorangegangenen Abschnitt 1.1 deutlich wurde, befinden sich die deutschen Hochschulen inmitten eines – mithilfe der integrativen Wissenschaftsethik dargestellten – Spannungsverhältnisses zwischen der Hochschule an sich, deren Kernethos zur Sicherstellung des wissenschaftlichen Erkenntnisgewinns stets gewahrt bleiben muss, und den kooperativen Anforderungen, die sie in Bezug auf Staat und Zivilgesellschaft zu erfüllen hat. Im vorliegenden Abschnitt soll der Blick zurück auf zwei markante Stationen in der Geschichte der deutschen Hochschulpolitik gerichtet werden, um aufzuzeigen, dass die Problematik des Nebeneinanders von akademischer Selbstverwaltung und staatlicher Regulierung schon länger besteht. Dies verdeutlichen die ursprüngliche Idee der Universität im Sinne der Humboldtschen Gelehrtenrepublik und die Forderungen nach mehr Demokratie in den 1960er-Jahren.

---

62 Krausnick (2012), S. 201.
63 Vgl. hierfür auch Nida-Rümelin (2005), S. 846.
64 Vgl. Krausnick (2012), S. 201 ff. sowie S. 499.
65 Vgl. Nida-Rümelin (2005), S. 850.
66 Nach Ende des Nationalsozialismus skizziert Jaspers (1980), S. 11 in seiner Idee der Universität die doppelte Herausforderung, der sich Universitäten stellen müssen, nämlich auf der einen Seite Orte der freien Forschung und Lehre zu sein sowie auf der anderen Seite aber auch den Anforderungen und Bedürfnissen des Staats gerecht zu werden, wobei er dies vor allem auf die Wahrnehmung ihrer Ausbildungsfunktion bezieht.

Humboldtsche Gelehrtenrepublik

Die von Wilhelm von Humboldt konzipierte Gründung der Berliner Universität im Jahr 1810 war die institutionelle Ausprägung der sogenannten „Idee der Universität"[67]. Der Fokus lag vor allem auf einem großen Vertrauen in Wissenschaft „als etwas noch nicht ganz Gefundenes und nie ganz Aufzufindendes"[68] – unter anderem gekennzeichnet durch ein kooperatives Zusammenwirken der Wissenschaftler[69] –, der Verknüpfung und gegenseitigen Befruchtung von Forschung und Lehre sowie auf Professoren mit großer Autonomie. Die durch Wissenschaft entstehende Bildung jedes Einzelnen war für Humboldt dabei der Hauptzweck.[70] Da es im Interesse des Staats sei, auf Dauer einen Kulturstaat entstehen zu lassen,[71] war es für Humboldt nur rational, der Institution Universität die notwendigen Prinzipien der Freiheit zuzugestehen. Doch betonte er zugleich:

> „Die Universität nämlich steht immer in enger Beziehung auf das praktische Leben und die Bedürfnisse des Staates, da sie sich immer praktischen Geschäften für ihn, der Leitung der Jugend, unterzieht (...)"[72].

Tätig werden sollte der Staat aber lediglich durch seine dienstrechtliche Aufsicht. Ansonsten solle er – so Humboldts Auffassung – von staatlichen Forderungen und einengenden Auflagen grundsätzlich Abstand nehmen,[73] um das freie Wirken nicht zu gefährden, und dabei vielmehr einsehen, dass er „immer hinderlich ist, sobald er sich einmischt"[74]. Führe sich der Staat vor Augen, dass er durch diese Zurückhaltung gerade die individuelle Reifung stärke – um im Endeffekt zu einem Kulturstaat zu gelangen –, so wird er gerade von sich aus „immer bescheidener eingreifen"[75]. Die Aufgabe der Finanzierung war davon aber ausgenommen, denn

---

67 Anrich (1960). Zurückgehend auf Kant und unter Beteiligung von Schelling, Fichte, Schleiermacher, Steffens und eben Humboldt, auf den die Diskussion oft fokussiert wird.

68 Humboldt (1956), S. 379. Die reine Vermittlung von Wissen schrieb Humboldt hingegen den Gymnasien zu, die dabei „den höheren wissenschaftlichen Anstalten gehörig in die Hände arbeiten" (Humboldt (1956), S. 381).

69 Vgl. Humboldt (1956), S. 377.

70 Vgl. für ein Plädoyer zur Aktualität von Persönlichkeitsbildung durch Forschung Schwan (2011) und Nida-Rümelin (2009a).

71 Vgl. Haverhals (2007), S. 423.

72 Humboldt (1956), S. 384.

73 Vgl. Pasternack / Wissel (2010), S. 9, die in diesem Zusammenhang die Humboldtsche „Universität als eine staatlich unterhaltene staatsferne Veranstaltung" charakterisieren.

74 Humboldt (1956), S. 378.

75 Humboldt (1956), S. 379.

diese musste in seiner Konzeption sehr wohl vom Staat vorgenommen werden.[76] Gleichwohl war daraus im Humboldtschen Sinne kein Recht auf politische Außenbestimmung abzuleiten.[77] Dies betont auch Nida-Rümelin:

> „Lehrende und Studierende sollten sich als Kooperationspartner in der Wahrheitssuche begegnen, sich wechselseitig grundsätzlich als Gleiche anerkennen und sich der Wahrheitssuche verpflichten. Dies sollte die Persönlichkeit der Studierenden formen und sie damit auch für Aufgaben außerhalb der Akademia vorbereiten. Der Staat sollte diese Universitäten alimentieren, ohne damit ein Recht auf inhaltliche Steuerung zu erwerben."[78]

Der Doppelcharakter der Universität – einerseits als selbstständige Korporation und andererseits als staatliche Anstalt mit wissenschaftlicher Verantwortung – war bei Humboldt prägend,[79] im Vordergrund ging es ihm aber um die Entfaltung einer freien Persönlichkeit durch Bildung und Wissenschaft.[80] Ein anderes Beispiel, das dies verdeutlicht: Humboldt sah das Berufungsrecht in den Händen des Staats, gleichzeitig betonte er, dass der Staat nach der Berufung vor allem dafür zu sorgen habe, dass sich die Berufenen der freien Wissenschaft widmen könnten.[81] Autonomie war dabei klar auf den individuellen Wissenschaftler bezogen und nicht auf die Institution.

Reformdebatten der 1960er-Jahre

Der demokratietheoretische Blick auf das Hochschulwesen war dann vor allem wieder in den Hochschulreformdebatten der 1960er-Jahre präsent. Bis dahin herrschte grundsätzlich noch die aus der Kaiserzeit gebliebene konservative Ordinarienuniversität vor.[82] Blickt man auf jene Reformdebatten, so rücken folgende Forderungen in den Mittelpunkt der Diskussion:
- Erweiterung des Hochschulzugangs hin zur Massenuniversität
- engere Verknüpfung von Forschung und Bildung

---

76 Vgl. Gumbrecht (2006), S. 921. Im Original schreibt Humboldt „daß, da es nun einmal in der positiven Gesellschaft äußere Formen und Mittel für jedes irgend ausgebreitete Wirken geben muß, er die Pflicht hat, diese auch für die Bearbeitung der Wissenschaft herbeizuschaffen (...)" (Humboldt (1956), S. 378).

77 Vgl. den Hinweis von Gumbrecht (2006), S. 925.

78 Nida-Rümelin (2009b), S. 300 mit Verweis auf Humboldt (1956), S. 377–378.

79 Vgl. Zechlin (2002), S. 36.

80 Künzel (1999), S. 181 hebt dies nochmals hervor als Neuheit in Aufklärung und Liberalismus.

81 Vgl. Humboldt (1956), S. 380.

82 Vgl. Kapfinger / Sablowski (2010), S. 262. Vgl. zu Kennzeichen der Ordinarienuniversität Pasternack / Wissel (2010), S. 13 ff. Formal ersetzt wurde das Ordinarienprinzip mit Einführung der Gruppenuniversität Ende der 1960er / Anfang der 1970er-Jahre.

- Demokratie innerhalb der Hochschule[83]
- Ergänzung innerer Demokratisierung mit Beteiligung außer-universitärer gesellschaftlicher Gruppen
- Forderung nach mehr Autonomie – als Voraussetzung einer inneren Demokratisierung
- Forderung nach innerhochschulischer Demokratisierung im Zusammenhang mit Forderung einer Demokratisierung in der Gesellschaft.

Im Hinblick auf das hier interessierende Legitimationserfordernis gegenüber der Bürgerschaft als Steuerzahler und Zivilgesellschaft lässt sich anmerken: Die *Verknüpfung der Universitäten mit der Gesellschaft* rückte in das Zentrum der Aufmerksamkeit. So betonte zum Beispiel 1961 die Hochschulschrift „Hochschule in der Demokratie"[84] im Zuge der Gruppenuniversitätsdiskurse konkret die Beteiligung anderer außeruniversitärer gesellschaftlicher Gruppen. Innere Demokratisierung sollte ergänzt werden „durch eine Veröffentlichung, Rationalisierung und Demokratisierung der Willensbildung über wissenschaftspolitische Fragen in den gesellschaftlichen Gruppen und Institutionen, die ein legitimes Interesse an der Mitbestimmung der grundsätzlichen Schwerpunkte und Prioritäten in den Forschungs- und Bildungsbereichen haben, von denen ihre Arbeit und ihr Leben mitgeprägt werden"[85]. Die „umfassende gesellschaftliche Verantwortung der Wissenschaft (...), für die Mehrung ihres gesellschaftlichen Nutzens"[86] wurde akzentuiert. Die Forderung nach *mehr Autonomie* existierte auf der anderen Seite ebenfalls als Schlüsselbegriff, doch in anderer Bedeutung als aktuell in der veränderten Situation (vgl. nachfolgender Abschnitt 1.3). Die Studenten verbanden Autonomie stets mit der Forderung nach mehr Demokratie und wurden von anderen Hochschulgruppen unterstützt.[87] Die Unabhängigkeit der Universität in Staat und Gesellschaft und die innere Demokratisierung (demokratische Selbst-

---

83 Klassisch zwischen der Gruppe der Professoren und den anderen akademischen Statusgruppen (vor allem Mittelbau und Studierende). Vgl. Bultmann (2011), S. 157. Vgl. Habermas (1969), S. 221–222 als beispielhafte Ausführung zu den Vorteilen von hochschulinterner Demokratisierung.

84 Sozialistischer Deutscher Studentenverbund (SDS) (1961).

85 Nitsch et al. (1965), S. 111.

86 Bultmann (2011), S. 158.

87 Unter dem Motto „mehr Autonomie als Abwehrkonzept gegen Staatseingriffe" (Turner (2001), S. 215). Vgl. auch Szondi (1973), S. 84–85 für die Unterstützung seitens der Professoren, die Reform der Hochschulen mit der Gesellschaft zu verknüpfen.

verwaltung) waren für sie sich gegenseitig bedingende Voraussetzungen – und dabei stets im Interesse der gesamten Gesellschaft.[88]

Doch obgleich die Forderung nach mehr Autonomie vom Staat einen hohen Stellenwert eingenommen hat und die Balance zur staatlichen Verantwortung gerade in der Umsetzung in den Landeshochschulgesetzen stets ein Thema war,[89] wurde an der staatlichen (Detail-) Steuerung zunächst nichts allzu Grundlegendes geändert. Zu Beginn der 1980er-Jahre wurden erste Forderungen nach Wettbewerbs- und Marktprinzipien in der Bildungspolitik allgemein – und der Hochschulpolitik im Speziellen – laut,[90] und mit den „Empfehlungen zum Wettbewerb im deutschen Hochschulsystem" vom Wissenschaftsrat 1985 offiziell.[91] Doch erst im Laufe der 1990er-Jahre verdeutlichte sich in Deutschland eine Modernisierung in der Hochschulpolitik – und zwar neoliberaler Prägung.[92] So waren die aufkommenden Reformgedanken marktparadigmatisch geprägt und die Legitimationsbedingungen begannen sich zu ändern.[93] Wie nachfolgender Abschnitt 1.3 verdeutlicht, entstand dabei eine essentielle Legitimationslücke, die dringend nach theoretischer Fundierung durch die politische Theorie verlangt.

1.3 Aktuell veränderte Situation der deutschen Hochschulpolitik in einer paradigmatischen Betrachtungsweise

Auf die Reformdebatten der 1960er-Jahre nach einer stärkeren Demokratisierung der Hochschulen folgte die staatliche Detailsteuerung durch die zuständige Landesministerialbürokratie als prägendes Element. Wenn auch immer wieder kritisiert, so bot dieser Zustand immerhin eine demokratische Kontrolle im Sinne einer gesellschaftlichen Rückkopplung. Denn die zuständigen Landesparlamente sowie Landesministerien konnten sich doch mehr oder weniger direkt auf eine

---

88 Vgl. Bultmann (2011), S. 258. Er spricht von der „Mehrung ihres [= die Wissenschaft] gesellschaftlichen Nutzens" und „nicht lediglich als Bedienung einer Nachfrage, die von außen an die Hochschulen herangetragen wird."

89 Vgl. Turner (2001), S. 215.

90 Turner (2001), S. 188 macht dies ungefähr am Bonner Regierungswechsel 1982 / 1983 fest.

91 Wissenschaftsrat (1985).

92 Die Empfehlungen des Wissenschaftsrats (Wissenschaftsrat (1993)) verdeutlichen das symbolisch. Wenn auch selbstverständlich nach 1990 die ungleichen Verhältnisse der Hochschulen in den alten und den neuen Bundesländern ein Thema waren, rückte der Wissenschaftsrat in diesem Papier die wiedervereinigungs-unabhängigen Defizite der deutschen Hochschulen in den Vordergrund.

93 Vgl. Knie / Simon (2010), S. 33.

demokratische Legitimation beziehen. Zusammen mit den Gremien der akademischen Selbstverwaltung konstituierten die staatlichen Organe die politische Steuerung der Hochschulen.[94] An dieser Art der Detailsteuerung erhob sich ab Anfang der 1990er-Jahre jedoch Kritik und es folgte eine Zeit dynamischer neoliberaler Veränderungen im deutschen Hochschulsystem.

Der folgende Abschnitt verdeutlicht, dass sich die Situation in der deutschen Hochschulpolitik grundlegend verändert hat und sich das Legitimationserfordernis gegenüber dem Bürger als Steuerzahler und als Zivilgesellschaft von Neuem und verschärft stellt. Nach einer paradigmatischen Systematisierung des Blicks auf Markt, Staat und Zivilgesellschaft werden die Veränderungen dargestellt. Dabei wird deutlich, dass gerade in Zeiten eines dominanten Marktparadigmas die Paradigmen von Staat und Zivilgesellschaft zwingend zu berücksichtigen sind, um politische Legitimation in der Hochschulpolitik zu erreichen.

Paradigmen von Markt, Staat und Zivilgesellschaft als Idealtypen sozialer Interaktion

Paradigmen werden in diesem Buch – angelehnt an Nida-Rümelin – als idealtypische Handlungslogiken im Sinne von normativen Maßstäben verstanden, obgleich der Wissenschaftstheoretiker Kuhn, der den Begriff der Paradigmen prägte, ihn anders verwendet hat.[95] Nida-Rümelin unterscheidet dabei drei Idealtypen sozialer Interaktion:[96] die Konzeption der Zivilgesellschaft im Mittelpunkt, abgegrenzt von der Interaktion des Markts auf der einen und vom Idealtypus bezogen auf Recht und Gesetz auf der anderen Seite. Die Differenzierung in die drei Paradigmen ergibt sich dabei vor allem mit Blick auf den Motivationshintergrund einer Handlung:[97] Beim *Paradigma ökonomischer Praxis* (im Folgenden „*Marktparadigma*") liegt das dominierende Motiv in der Optimierung der eigenen ökonomischen Interessen auf einem freien Markt in wirtschaftlicher Praxis. In diesem Paradigma geht es nicht um Kooperation, sondern um ökonomische Effizienz, Konkurrenz und eigenorientierte Rationalität. Die Beteiligten sehen sich gegenseitig in erster Linie als Wirtschaftssubjekte. Das primäre Motiv liegt beim *Paradigma politischer Praxis* („*Staatsparadigma*") in der Rechtstreue, für den Einzelnen geht es als loyaler Staatsbürger um die Erfüllung staatlich auferlegter

---

94 Vgl. Haberecht (2009), S. 32–33.
95 Vgl. Nida-Rümelin (2009g), S. 261, der darauf hinweist, dass für Kuhn die Unvergleichbarkeit Teil des Paradigmenbegriffs ist und an dieser Stelle selbst den Begriff der Handlungslogiken verwendet.
96 Vgl. Nida-Rümelin (1999), S. 188–189.
97 Vgl. hierzu im Folgenden Nida-Rümelin (2011), S. 298–301.

Bürgerpflichten. Dies impliziert ein Erzwingen von Aktivitäten durch den Staat im Sinne der staatlichen Ordnungsfunktion. Im Mittelpunkt stehen staatliche Institutionen und die politische Praxis. Das *Paradigma zivilgesellschaftlicher Praxis* (*„Zivilgesellschaftsparadigma"*) ist als zivilgesellschaftlich orientierte Politik[98] geprägt von Solidarität, freiwilliger Kooperation und Unterstützung, ohne vom Staat erzwungen oder primär im eigenen ökonomischen Interesse zu sein. Der Einzelne ist in dieser Betrachtungsweise nicht nur Bürger als Teil der politischen Gemeinschaft, sondern vielmehr aktives Mitglied der Gesamtgesellschaft mit all ihren kulturellen und sozialen Gemeinschaften, aus denen sich diese zusammensetzt. Hier wird Zivilgesellschaft verstanden als „jede kooperative und solidarische Praxis, die nicht staatlicherseits verordnet ist und keinen ökonomischen Interessen folgt"[99]. Sie umschließt damit nicht nur die Aktivitäten nicht-staatlicher Vereinigungen und Organisationen, sondern „alle Formen der bürgerschaftlichen Kooperation"[100]. Özmen charakterisiert hierzu passend die Mitglieder der Zivil- oder Bürgergesellschaft nicht als reine Mitglieder, sondern „als Akteur in einem Netzwerk der Kooperation, das durch Freiwilligkeit, Öffentlichkeit und Gemeinschaftlichkeit charakterisiert ist und ihm damit bestimmte Verhaltensweisen und Pflichten auferlegt."[101] Diese drei Paradigmen dienen in vorliegendem Buch als *Idealtypen* im Sinne von normativen Maßstäben, die aus unterschiedlichen Winkeln auf das Feld der Hochschulpolitik blicken.[102] Oder anders formuliert: die das Grundproblem der Begründung auf eigenständige Weise lösen und dabei verschiedene systematische Perspektiven heranziehen, die sich „in wichtigen Hinsichten voneinander unterscheiden und deshalb beispielhaft (...) für ein spezifisches Verständnis der politischen Philosophie [sind]."[103]

Im hochschulpolitischen Dreieck zieht Clark die drei Dimensionen Staat, Markt und akademische Oligarchie heran.[104] Das in Abschnitt 1.1 dargestellte „Mischungsverhältnis von staatlicher Steuerung und akademischer Autonomie"[105] kommt zum Ausdruck.[106] In Clarks Dreieck findet sich keine Kategorie, die

---

98 Vgl. für diesen Ausdruck Nida-Rümelin (1999), S. 186.
99 Nida-Rümelin (2011), S. 298.
100 Nida-Rümelin (1999), S. 188.
101 Özmen (2013), S. 111.
102 Nida-Rümelin (2011), S. 301 weist darauf hin.
103 Özmen (2013), S. 69.
104 Vgl. Clark (1983), S. 143: „State authority", „Market", „Academic oligarchy". Angewendet bei Kreckel (2004), der allerdings anstelle von Oligarchie den abstrakteren Begriff der akademischen Autonomie verwendet.
105 Kreckel (2004), S. 188.
106 Dies ist im Unterschied zum Beispiel zu den USA zu sehen, wo das Hochschulwesen nicht so sehr vom Staatsparadigma geprägt ist, sondern sich der Staat auf eine Art Steuerung aus der

als ‚Gesellschaft' oder ‚Zivilgesellschaft' bezeichnet wird. Dies ist aber notwendig, denn ‚öffentlich' betrifft sowohl ‚Staat' als auch ‚Zivilgesellschaft' und beide Komponenten konstituieren zusammen den öffentlichen Aspekt von Hochschulen und damit ihr grundsätzliches Legitimationserfordernis. Aus diesem Grund soll das Clarksche Dreieck für das vorliegende Buch neu aufgespannt werden, wie nachfolgende Abbildung schematisch zeigt:

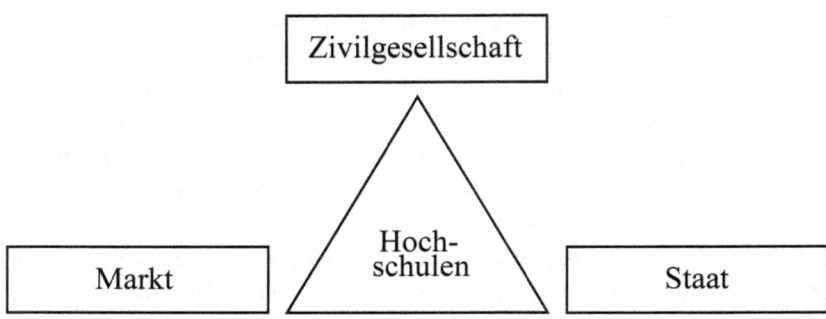

Abbildung 1: Hochschulpolitisches Dreieck (Quelle: eigene Darstellung)

Auf diese Art und Weise kann der „Doppelcharakter" der staatlichen Hochschulen erhalten bleiben: als finanziert vom Staat, aber in Aufgabenerfüllung autonom und sich dabei als Akteur in der Zivilgesellschaft, als Gemeinschaft der Zukunft der Bürgerschaft verpflichtet verstehend.[107] Dieses Vorgehen wird auch von anderen gestützt, die zur Verortung der Hochschulen ebenfalls das Dreieck Staat – Markt – Zivilgesellschaft heran ziehen.[108]

Dominanz des Marktparadigmas verschärft Frage nach politischer Legitimation
Blickt man nun auf die hochschulpolitischen Veränderungen insbesondere angestoßen durch die Reformprozesse Hochschulautonomie, Bologna-Reform und Exzellenzinitiative, so zeigt sich, dass das Paradigma ökonomischer Rationalität mit einem Fokus auf Wettbewerb zwischen den Einrichtungen und

---

Ferne beschränkt. Vgl. Braun / Merrien (1999), S. 17, 25. Dafür lässt sich im amerikanischen System eine stärkere Markt- und Wettbewerbsorientierung beobachten, die mit einer Zivilgesellschaftskomponente (letztere vor allem aufgrund der Bedeutung von Stiftern und Spendern) durchmischt ist.
107 Vgl. Brix (2002), S. 28 – 29.
108 Vgl. unter anderem auch Zechlin (2002), S. 31.

der hochschulindividuellen Profilierung immer stärker in den Vordergrund gerückt ist und sich die Frage politischer Legitimation verschärft stellt. Hinter diesen Veränderungen steht eine Orientierung am Steuerungsmodell des sogenannten *New Public Managements*, das Einfluss auf die verschiedenen Bereiche staatlicher Aufgabenerfüllung genommen und dabei vor dem Hochschulsektor nicht halt gemacht hat. Konzeptionell orientiert es sich an den Ansätzen der neoliberal geprägten Neuen Institutionenökonomik wie der Transaktionskosten-[109] oder der Prinzipal-Agent-Theorie[110], die einen primär ökonomischen Blick auf Institutionen werfen und dabei dem Marktmechanismus die zentrale Stellung einräumen.[111] Die Rolle des Staats ist darauf beschränkt, lediglich die Bedingungen bereit zu stellen, damit sich Markt und Wettbewerb entfalten können.[112] Die neoliberale Konzeption öffentlicher Verwaltung führt auf Hayek und Friedman zurück.[113] Aus Sicht der politischen Theorie ist der Libertarismus zu nennen,[114] in dem für kollektive Rationalität kein Raum existiert und stattdessen der freie Markt zum Paradigma gesellschaftlicher Ordnung wird, mit der Folge, dass demokratischen Entscheidungsverfahren und Institutionen eine untergeordnete Rolle zugewiesen wird.[115] In Deutschland hatte das Modell – nach ersten Modell-Projekten aus den Niederlanden – Anfang der 1990er-Jahre zunächst auf kommunaler Ebene inspiriert von den Bewegungen des New Public Managements als Neues Steuerungsmodell der Kommunalen Gemeinschaftsstelle für Verwaltungsmanagement Verbreitung gefunden,[116] wobei sich relativ schnell herausstellte, dass die Übertragung auf Kommunalverwaltungen alles andere als unproblematisch war – bis hin zu Aussagen eines Scheiterns.[117] Dennoch vollzog sich der neoliberale Paradigmenwechsel – unter internationalem Wettbewerbsdruck[118] – als schleichender Prozess auch in anderen Politikfeldern, wobei

---

109 Vgl. Richter et al. (2003), S. 59–61.

110 Drei Grundmechanismen sind in der Prinzipal-Agent-Theorie prägend: Die Schaffung von Anreiz-, Informations- und Kontrollsystemen. Vgl. Ebers / Gotsch (2006), S. 265–266.

111 Die Formel, die Lorenz (2012), S. 601 für die Charakterisierung des Markts im Neoliberalismus anführt, ist: „free market = competition = best value for the money = optimum efficiency".

112 Vgl. Lösch (2008), S. 222.

113 Vgl. Hayek (1960) und Friedman (1962). Für eine Analyse der Universitätsstruktur aus Sicht der ökonomischen Theorie vgl. auch Buchanan / Devletoglou (1970).

114 Vgl. Nozick (1976).

115 Vgl. Nida-Rümelin (1999), S. 92–93.

116 Vgl. für die Kernelemente KGSt (1993), S. 3.

117 Vgl. Bogumil / Grohs (2009), S. 139 und Kuhlmann (2006).

118 Vgl. Zeuner (2006), S. 139.

Deutschland gerade in der Hochschulsteuerung als „latecomer"[119] bezeichnet wird.[120] Die Hinter- und Beweggründe drehen sich um den Anstieg der Studierendenzahlen und die teilweise starke Unterfinanzierung der Hochschulen[121] sowie deren Strukturprobleme in Verbindung mit dem Wunsch nach mehr Transparenz und öffentlicher Verantwortung[122] – stets unter dem globalen Blickwinkel, mit den Hochschulen im internationalen Wettbewerb mithalten zu können.[123] Bei der Umsetzung in der Hochschulpolitik hat der Marktmechanismus allerdings mehr zu einem Pseudo-Markt geführt.[124]

Hochschulautonomie – mächtige Hochschulleitungen und Pseudo-Aufsichtsstrukturen durch Hochschulräte

Grundsätzlich hat eine stark gewachsene *Hochschulautonomie* zentrale Veränderungsprozesse mit sich gebracht, die unter dem Schlagwort „deregulierte Hochschule"[125] im Wesentlichen die Anforderung an die Hochschulen stellt, wie große Dienstleistungsunternehmen zu handeln und sich wissenschaftsstrategisch im Wettbewerb zu positionieren.[126] Dieser Wettbewerb im Sinne des New Public Managements ist ein inhaltlich anderer als der traditionelle „Wettbewerb der besten Ideen". Dieser wird vielmehr von einem „Wettbewerb um knappe Mittel" überlagert,[127] welcher die Akteursgemeinschaft des Hochschulwesens insgesamt im Kampf um öffentliche Mittel in Zeiten begrenzter Ressourcen aus-

---

119 Schimank / Lange (2009), S. 51.

120 Die Bezeichnung eines Paradigmenwechsels verwenden neben Münch (2011), S. 13 (mit Bezug auf Kuhn (1976)) zum Beispiel auch Haberecht (2009), S. 31 und Bultmann (2011), S. 157.

121 Vgl. Schimank / Lange (2009), S. 57.

122 Vgl. Schwan (2011), S. 31–32 und Schimank / Lange (2009), S. 56–57.

123 Vgl. Lange (2010), S. 71. Vgl. für die Strukturprobleme Wissenschaftsrat (1993), S. 18, der unter anderem betont, dass sich die Steuerungsdefizite weniger auf die Forschung als vielmehr auf die Lehre beziehen.

124 Denn der Input besteht weiterhin zu einem Großteil aus öffentlichen Geldern (wenn auch der Anteil institutioneller Grundfinanzierung im Verhältnis gesunken ist, vgl. FN 147) und der Output aus Kollektiv-/ öffentlichen Gütern in Form von Bildung und wissenschaftlicher Erkenntnis, wobei der Staat als „Nachfrager wissenschaftlicher Dienstleistungen" (Schubert / Schmoch (2010), S. 252) in diesem Quasi-Markt angesehen wird.

125 Erhardt et al. (2008). Vgl. auch Müller-Böling (2000).

126 Initiiert und propagiert vor allem vom Centrum für Hochschulentwicklung in Gütersloh als eine gemeinsame Gründung von Hochschulrektorenkonferenz und Bertelsmann-Stiftung und damit mit ähnlicher Rolle wie die Kommunale Gemeinschaftsstelle für Verwaltungsmanagement im kommunalen Bereich.

127 Vgl. Kreckel (2003), S. 91.

einandergerissen hat.[128] Jede einzelne Hochschule ist nun als Institution ein Akteur im Wettbewerb.[129] Festgehalten wurden diese Veränderungen in novellierten Hochschulgesetzen.[130] Die staatliche Aufgabe soll sich – in unterschiedlich starker Ausprägung je nach Bundesland – im Wesentlichen auf die Schaffung von Rahmenbedingungen fokussieren und den autonomen, eigenverantwortlichen Hochschulen selbst eine Aufgabenerfüllung im gesamtgesellschaftlichen Interesse ermöglichen. Gleichsam wurde im Sinne des Staatsparadigmas von vornherein nie bestritten, dass der Staat „weiterhin in der Letztverantwortung für das Ergebnis"[131] stehe und den autonomen Hochschulen hierfür im Sinne von Kontraktmanagement Anreize setzen solle.[132]

Doch hat sich infolge dieses Zwangs zur Positionierung und wettbewerblichen Profilbildung im Besonderen für die *Hochschulleitungen* ein deutlicher Rollenwandel vollzogen. Aus einem Repräsentanten als primus inter pares ist ein der Idee nach mächtiger Präsident / Rektor geworden, der als Entscheidungsträger und Wissenschaftsmanager Aufgaben-, Führungs- und Ressourcenverantwortung innehat.[133] Dies betrifft insbesondere den Bereich eines adäquaten Berufungsmanagements. Die Möglichkeit, Berufungsverfahren für wissenschaftliches Personal weitgehend eigenständig durchführen zu können, ist ein wesentlicher Bestandteil der Strategiebildung und damit Positionierung im Wettbewerb. Damit geht einher, dass die staatlich legitimierte Ebene an Einfluss eingebüßt hat.[134] Insgesamt wird die Notwendigkeit professionalisierter Management- und Leitungsebenen in den letzten Jahren immer stärker betont.[135] Als Aufsichts- und Kontrollfunktion gegenüber der Hochschulleitung wurden im Zuge der Novellierungen der Landeshochschulgesetze zur Stärkung der Hochschulau-

---

128 Pasternack / Wissel (2010), S. 58 weisen darauf hin, dass eine grundsätzliche Konkurrenzsituation des Hochschulwesens um öffentliche Mittel gemeinsam mit anderen öffentlichen Einrichtungen schon seit längerer Zeit existiert.
129 Vgl. Krausnick (2012), S. 316 – 322 für eine gute Unterteilung in „spezifisch wissenschaftlichen Wettbewerb" und „wirtschaftlichen Wettbewerb".
130 Der Rahmen wurde durch die 4. Novelle des Hochschulrahmengesetzes 1998 gesetzt, die die bundesweite Umsetzung der zuvor bundesländerspezifischen Pilotprojekte zum neuen Steuerungsmodell ermöglichte. Vgl. Lanzendorf / Pasternack (2008), S. 51 ff. und Dohmen / Krempkow (2015) für bundesländerspezifische Vergleiche.
131 Vgl. Erhardt et al. (2008), S. 4.
132 Vgl. Erhardt et al. (2008).
133 Auf die Unterschiede von Rektorats- und Präsidialverfassung und den zum Teil nochmals bundeslandspezifischen Besonderheiten diesbezüglich wird an dieser Stelle nicht eingegangen. Vgl. für eine Erörterung am Beispiel Nordrhein-Westfalens Knauff (2005).
134 Vgl. Dohmen / Krempkow (2015), S. 27– 29 für eine Differenzierung verschiedener bundeslandspezifischer Regelungen.
135 Vgl. zum Beispiel Wissenschaftsrat (2013b), S. 12 und IEKE (2016), S. 20 f.

tonomie – mit Ausnahme von Bremen – *Hochschulräte* eingesetzt.[136] Nach Entlassung aus der Detailsteuerung durch die Ministerialbürokratie mit Rückbindung an Parlament und an den Souverän Volk sollte der Legitimationslücke durch externen zivilgesellschaftlichen Einfluss entgegengewirkt werden. Grundsätzlich kann hierin genau die „Chance [gesehen werden], den zivilgesellschaftlichen politischen Raum als ‚Unterbau' des Staates zu revitalisieren und dadurch der Politik und in weiterer Folge auch dem Staat neue Kraft zu verleihen."[137] Doch wurden die Hochschulräte von vornherein als Gremium von Einzelpersönlichkeiten und nicht als Interessensvertreter bestimmter Organisationen gesehen und schon gar nicht mit direkter demokratischer Legitimation bedacht.[138] Blickt man auf die Besetzung dieser Hochschulräte – gerade zum Beispiel auf den hohen Anteil von Wirtschaftsvertretern, wie insbesondere bei Technischen Universitäten und Hochschulen für angewandte Wissenschaften[139] –, so darf hier zu Recht bezweifelt werden, dass dies zu einer Stärkung der Zivilgesellschaftskomponente beigetragen hat.[140] Vertreter aus der Politik finden sich dabei nicht systematisch.[141] Vielmehr zeigt sich hier die marktparadigmatische Dynamik, insbesondere in der Mehrzahl der Bundesländer, wo die Hochschulen nicht verpflichtet sind, offen zu legen, aus welchen Unternehmen ihre Drittmittel kommen und ein Zusammenhang zur Hochschulratsbesetzung nicht ausgeschlossen werden kann. Da oft eine informelle Nähe gerade der Hochschulratsvorsitzenden zu den Hochschulleitungen besteht und eine Einmischung oder ein Durchkreuzen der

---

136 Kompetenzen und Aufgaben sowie die Zusammensetzung variieren zwischen den Bundesländern. Vgl. Bogumil et al. (2013), S. 87–98, Hellermann (2013) und Gerber et al. (2009). Hervorzuheben gilt es Brandenburg, wo lediglich ein Landeshochschulrat für das ganze Bundesland existiert. Dieser verfügt über eine explizite Doppelfunktion, da er ausdrücklich die Hochschulen „in grundsätzlichen Angelegenheiten" und das Land „in strategischen Fragen der Landeshochschulplanung" beraten soll (§ 75 BbgHG).

137 Zechlin (2002), S. 41.

138 Vgl. Borgwardt (2013), S. 8–9.

139 Vgl. Heinze (2013), S. 19–20.

140 Vgl. Haberecht (2009), S. 37: „Und welcher Mehrwert an gesellschaftlicher Anbindung durch die Manager von Unternehmen entsteht, bleibt (...) unklar." Vgl. auch Seckelmann (2010) unter Akzentuierung der Wahrung der Wissenschaftsfreiheit.

141 Vgl. Bogumil et al. (2013), S. 95. Hervorzuheben ist an dieser Stelle das Modell in Berlin, wo in den sogenannten Kuratorien nach § 64 BerlHG das für Hochschulen zuständige Mitglied des Senats den Vorsitz führt und daneben die Senatsmitglieder für Inneres und für Finanzen sowie ein weiteres Mitglied des Senats wie auch Mitglieder des Abgeordnetenhauses vertreten sein sollen. Jedoch machen alle Berliner Hochschulen von einer Experimentierklausel zur Nutzung alternativer Modelle Gebrauch. Immerhin ist aber das für Hochschulen zuständige Mitglied des Senats in den Kuratorien bzw. Hochschulräten vertreten.

Pläne eher selten ist,[142] kann die Aufsicht mehr als *Pseudo-Aufsicht* tituliert werden – und wohl kaum die durch den Wegfall ministerialer Steuerung entstandene Lücke schließen. Und wenn, dann sicherlich nicht im Gesamtinteresse eines Bundeslandes, das eine Gesamtstrategie im Sinne des Steuerzahlers und des Gemeinwohls im Blick hat, sondern vielmehr die marktparadigmatische Profilierungsnotwendigkeit der einzelnen Hochschule verstärkend.[143]

Denn staatsparadigmatisch gesehen kann das jeweilige Landesministerium in Person des zuständigen Abteilungsleiters nicht mehr die *koordinierende*, ausgleichende Rolle zwischen verschiedenen Hochschulen wahrnehmen, wie beispielsweise bei der so essentiellen Berufungspolitik. Dies ist keinesfalls als Plädoyer für Detaileinmischung zu verstehen, jedoch führt der ‚Kampf um die besten Köpfe‘ zu einer übermäßigen Konkurrenz gerade unter *benachbarten* Einrichtungen. Der Wissenschaftsrat hat hierzu in all seinen Länderbegutachtungen beobachtet, dass das „Bemühen um Profilbildung, Autonomie und Wettbewerb jeweils einzelner Institutionen (...) zu einer spürbaren Entfremdung und Sprachlosigkeit gerade zwischen benachbarten Hochschulen geführt"[144] hat. Entfremdung kann sich dabei in scheinbar unkoordinierten ähnlichen Schwerpunktsetzungen benachbarter Hochschulen wie im Aussterben kleinerer Fächer innerhalb einer Region zeigen. Ob diese *Entfremdungstendenzen* und die mit ihnen verbundenen Folgen noch im regionalpolitischen Sinne sind, darf stark bezweifelt werden. Ein Rektor sprach 2013 gar von einer „Kannibalisierung der Hochschulen untereinander"[145]. Ob das *Steuergeld* im Sinne der öffentlichen Finanzierung und damit der demokratischen Legitimation eingesetzt wird, ist ebenfalls zu hinterfragen. Denn Landeshochschulentwicklungsplanungen zur koordinierten wissenschaftlichen Strategiebildung, hervorgegangen aus aussagekräftigen Hochschulentwicklungsplänen, werden bisher in den Bundesländern nicht durchgehend konsequent umgesetzt, dabei sind sie gerade zur koordinierten Steuerung in Zeiten autonomer Hochschulen für die Politik von großer Bedeutung.[146]

---

142 Vgl. die Ergebnisse von Bieletzki (2012), S. 159.
143 Vgl. die Diskussion um die Zurücknahme von Hochschulrats-Kompetenzen bei den Novellierungen der Hochschulgesetze in Nordrhein-Westfalen und Baden-Württemberg. Vgl. Irle (2015), S. 10 – 11.
144 Prenzel (2014), S. 3.
145 Radtke (2013), S. 4.
146 Gerade um proaktiv abschätzen zu können, zum Beispiel welche Auswirkungen Wettbewerbe (wie Exzellenzcluster, Sonderforschungsbereiche) für die Fakultäten der betreuten Hochschulen haben könnten. Vgl. Marettek / Holl (2012), S. 17 – 19.

Die Exzellenzinitiative als symptomatisches Beispiel der wettbewerbsorientierten Forschungspolitik

Grundsätzlich hat sich im Zuge der Hochschulautonomie das Verhältnis von finanzieller Grundausstattung der Hochschulen zu *wettbewerblich* eingeworbenen sogenannten Zweit- und Drittmitteln stark verändert.[147] Leistungsorientierte Mittelvergaben und Zielvereinbarungen im Rahmen der Finanzierung durch die Haushalte der Bundesländer als Träger der Hochschulen[148] sowie diverse Pakte als Projektförderung durch den Bund[149] haben der Hochschulpolitik eine neue Dynamik verliehen. Dies ist im deutschen System ein wesentliches Unterscheidungsmerkmal zu den außeruniversitären Forschungseinrichtungen (Fraunhofer-Gesellschaft, Helmholtz-Gemeinschaft, Max-Planck-Gesellschaft und Leibniz-Gemeinschaft als die vier großen), die durch den *Pakt für Forschung und Innovation* über finanzielle Planungssicherheit in ihrer Grundfinanzierung durch vereinbarte regelmäßige Mittelaufwüchse von Bund und Ländern genießen.[150] Hierbei werden die Budgets nur zu einem geringen Teil wettbewerblich vergeben, wohingegen bei den Hochschulen der Drittmittel-Anteil stark zugenommen hat.[151] Die Abhängigkeit von Drittmitteln wird als dysfunktional herausgestellt, insbesondere was den immens hohen *Akquise-Aufwand* unter Vernachlässigung der eigenen Forschungsarbeit sowie die Unterwerfung unter als zum Teil nicht wissenschaftsadäquat empfundene *Bewertungskriterien* angeht,[152] die vor allem in Geistes- und Sozialwissenschaften zu Kritik führen.[153] Diese bewirkt beispiels-

---

147 Vgl. zur Einnahmeentwicklung der Hochschulen Speiser (2016), S. 9–10: Die Einnahmeentwicklung der Hochschulen von 1998–2013 ist mit +163 Prozent insgesamt positiv (jährlich +3,3 Prozent). Die Grundfinanzierung nahm von 1998–2013 eine Entwicklung von +143 Prozent (jährlich +2,4 Prozent) und die Drittmittel von +288 Prozent (jährlich +7,3 Prozent). Der Anteil der Grundfinanzierung an den Gesamteinnahmen sank von 86 Prozent auf 75 Prozent, im gleichen Zeitraum erhöhte sich der Anteil der Drittmittel an den Gesamteinnahmen der Hochschulen von 14 Prozent auf 25 Prozent. Insbesondere der Bund ist als Drittmittelgeber relevanter geworden.
148 Vgl. für eine Zusammenfassung des sogenannten 2-Säulen-Modells bestehend aus Zielvereinbarungen und leistungsorientierter Mittelvergabe Zabler (2010), S. 11–13.
149 Neben der *Exzellenzinitiative* sind der *Hochschulpakt* und der *Qualitätspakt Lehre* zu nennen. Im Juni 2016 wurden von Bund und Ländern auf Basis des reformierten Artikel 91b GG die *Exzellenzstrategie*, das *Programm zur Förderung des wissenschaftlichen Nachwuchses* und die Förderinitiative *Innovative Hochschule* beschlossen. Vgl. Bundesministerium für Bildung und Forschung (2016a).
150 Vgl. Bundesministerium für Bildung und Forschung (2016c).
151 Vgl. IEKE (2016), S. 11–13 sowie FN 147 dieses Buchs.
152 Vgl. Schimank (2014).
153 Pörksen spricht von der Verwandlung der „Autoren-Existenz des wortmächtigen Individualforschers allmählich in die Indikatoren-Existenz des Wissenschaftsmanagers, der seine Erfolge mit riesigen Drittmittelsummen und Spezialveröffentlichungen feiert. (...) Heroen geistes- und

weise, dass mit den gewählten Wettbewerbskriterien wie Gesamtsumme der Drittmittel nicht die wissenschaftliche Qualität, sondern vielmehr die Ermöglichung von Forschung belohnt wird.[154] Die umstrittene Abhängigkeit von manchen Drittmittelgebern – insbesondere aus der Privatwirtschaft – ist an dieser Stelle noch gar nicht weiter thematisiert.[155]

Die 4,6 Milliarden Euro von 2006 – 2017,[156] die die 2006 gestartete *Exzellenzinitiative* in das Hochschulsystem gebracht hat, haben die Mentalität in und unter den Hochschulen stark verändert.[157] Konkurrenz und Profilierungsdruck zeigen sich symptomatisch an dieser Initiative von Bund und Ländern fokussiert auf die universitäre Spitzenforschung, die die kompetitiven Grundmuster, die durch die Hochschulautonomie entstanden sind, enorm verstärkt. Sie ist *das* Symptom einer über die letzten beiden Jahrzehnte entstandenen wettbewerbsorientierten Hochschulpolitik und kann als das bislang extremste Beispiel und gleichzeitig als deren besonders tiefgreifende Veränderung angesehen werden. Gefördert werden in einer ersten Förderlinie *Graduiertenschulen* zur Förderung des wissenschaftlichen Nachwuchses und in einer zweiten *Exzellenzcluster* zur Förderung der Spitzenforschung. Zusätzlich konnten sich die Universitäten in einer dritten

---

sozialwissenschaftlicher Forschung (...) [haben] keine Drittmittel eingeworben, sondern vor allem Bücher geschrieben (...)" (Pörksen (2015), S. 58).

154 Vgl. Alt (2010), S. N5 für eine kritische Stimme zur leistungsorientierten Mittelvergabe insbesondere dahingehend, wie wissenschaftliche Tätigkeit anhand bestimmter Indikatoren quantifiziert werden soll: „Drittmittel und Zitationsindizes messen Ausstoß, nicht aber Originalität und Kreativität." Münch weist kritisch auf eine „Zielverschiebung" hin, die externen Anforderungen einen Vorrang vor den originären internen Zielen in Forschung und Lehre einräumt. Vgl. Münch (2011), S. 18.

155 Vgl. Musharbash / Kohlenberg (2013).

156 Davon entfallen 1,9 Milliarden Euro auf die erste Förderphase (2006 – 2011) und 2,7 Milliarden Euro auf die zweite Förderphase (2012 – 2017). Vgl. Deutsche Forschungsgemeinschaft e.V. (2016). Vom Bund werden 75 Prozent und vom jeweiligen Bundesland der geförderten Hochschule 25 Prozent getragen. Vgl. Gemeinsame Wissenschaftskonferenz (2009). Im Juni 2016 haben sich Bund und Länder darauf geeinigt, im Nachfolgeprogramm *Exzellenzstrategie* jährlich 533 Millionen in den nur noch zwei Förderlinien *Exzellenzcluster* und *Exzellenzuniversitäten* zur Verfügung zu stellen. Es wird erstmals verfassungsrechtlich genutzt, was die Neuerung des Artikels 91b GG bietet. Hochschulen können „in Fällen überregionaler Bedeutung" dauerhaft gemeinsam von Bund und Ländern gefördert werden, vorausgesetzt die wissenschaftliche Evaluierung alle sieben Jahre läuft erfolgreich. Vorgesehen sind elf Exzellenzuniversitäten bzw. Universitätsverbünde zur Förderung; 2025 sind in einem wettbewerblichen Verfahren vier neue Exzellenzuniversitäten bzw. -verbünde möglich. Vgl. Bundesministerium für Bildung und Forschung (2016a) und Gemeinsame Wissenschaftskonferenz (2016).

157 Vgl. Nida-Rümelin (2009a), S. 358 – 359 für die damalige Alternatividee einer ‚Elite-Universität' nach dem Vorbild der Stiftung Preußischer Kulturbesitz, gemeinsam finanziert von Bund und Ländern unter Zustiftung durch die deutsche Wirtschaft.

Förderlinie mit einem *Zukunftskonzept zum projektbezogenen Ausbau der universitären Spitzenforschung* um eine übergreifende Förderung bewerben.[158] Nach den Förderentscheidungen 2012 werden bis heute 45 Graduiertenschulen, 43 Exzellenzcluster und 11 Zukunftskonzepte gefördert.[159] Die Konzentration auf einige wenige im Wettbewerb erfolgreiche Universitäten verkörpert gleichzeitig ein bewusstes Setzen auf Differenzierung,[160] anstelle die Grundfinanzierung der Hochschulen insgesamt zu erhöhen.[161] So dominiert ein Antrags- und Wettbewerbsmodus unter den Hochschulen. Es scheinen dem Wettbewerb zwischen den Hochschulen kaum noch Grenzen gesetzt zu sein, um Alleinstellungsmerkmale aufzuweisen und sich sichtbar zu positionieren.

In der Bewertung werden die *Graduiertenschulen* durchaus als Erfolgsmodell gesehen.[162] Das Problem fehlender Perspektiven des zahlreichen akademischen Nachwuchses haben sie allerdings gemeinsam mit den Exzellenzclustern verstärkt.[163] In den *Exzellenzclustern* gelang eine Verbindung von Wissenschaftlern, insbesondere in Kooperation mit außeruniversitären Forschungseinrichtungen, ohne die große Erfolge fast nicht erreicht werden konnten. Damit ist zu einem gewissen Teil die sogenannte ‚Versäulung‘ zwischen Universitäten und außeruniversitären Einrichtungen aufgeweicht worden.[164] Grundsätzlich werden die Exzellenzcluster positiv gesehen und die Forschung der geförderten Bereiche hat in hohem Maße profitiert. Andererseits ist unter dem Schlagwort des ‚Staubsaugereffekts‘ die Konkurrenz und Problematik zwischen Siegern und Verlierern innerhalb einer Einrichtung immer deutlicher geworden, insbesondere hinsichtlich einer notwendigen Anschlussfinanzierung nach Auslaufen der Förderung.[165] Dies wirkt nachteilig für bestimmte Disziplinen, denn gerade kleine, nicht so publikationsintensive Bereiche konnten nicht in dem Maße profitieren wie andere.[166]

---

158 Voraussetzung für die Förderung in der dritten Förderlinie sind mindestens eine Graduiertenschule und ein Exzellenzcluster.

159 Vgl. Deutsche Forschungsgemeinschaft e.V. (2016).

160 Vgl. Neidhardt (2010), S. 57.

161 Vgl. Knie / Simon (2010), S. 35.

162 Vgl. IEKE (2016), S. 28.

163 Vgl. Hirschi (2011), S. N5. Auch die IEKE (2016), S. 27 weist auf die Problematik der Perspektiven des wissenschaftlichen Nachwuchses hin.

164 Vgl. IEKE (2016), S. 31.

165 Oder wie Zürn mit Blick auf diejenigen formuliert, die das Spiel nicht mitspielen wollen: „Die dominant philosophischen Köpfe, die nicht bereit sind, ihre ganze Zeit auf die Hervorbringung von Schein zu verwenden, sondern weiter am Sein arbeiten möchten, geraten allzu leicht auf die Verliererseite" (Zürn (2010), S. N5).

166 Vgl. Schmitt (2016), S. N4, dass gerade für die Geisteswissenschaftler auch in der Exzellenzstrategie die Anreize nicht disziplinadäquat gesetzt werden.

Die *Zukunftskonzepte* betreffend herrscht durchaus Konsens, dass allein schon das Schreiben des Antrags einen „Mobilisierungsschub' in den Universitäten"[167] ausgelöst hat und für die einzelnen Einrichtungen im Nachdenken über eigene Stärken und Schwächen im Sinne der Profilierung im Wettbewerb positiv empfunden wurde. Die dritte Förderlinie steht wie keine andere für die Dynamik, die die Exzellenzinitiative in das deutsche Hochschulsystem gebracht hat.[168] Ob eine erhöhte Sichtbarkeit der deutschen Universitäten international auf die Exzellenzinitiative zurückzuführen ist, lässt sich bisher nicht eindeutig bejahen.[169] Aus Sicht politischer Legitimation sind vor dem Hintergrund der verwendeten Steuergelder insbesondere vier Aspekte hervorzuheben: Zunächst ist die Grundsatzfrage zu stellen, ob die universitäre Spitzenforschung *tatsächlich* verbessert oder nicht vielmehr die „Kunst der Ankündigung"[170] prämiert wurde. Zweitens wurde mit Blick auf Gestaltungsprozesse und Entscheidungsverfahren insbesondere nach der ersten Förderrunde Kritik laut, die *Bewertungskriterien* seien nicht einheitlich herangezogen worden und die verfahrenstechnischen Standards nicht unbedingt transparent, wissenschaftsgeleitet und frei von politischen Einflussnahmen gewesen.[171] Die *Konkurrenz-Situation* gerade zwischen benachbarten Hochschulen wurde drittens durch die Exzellenzinitiative eher noch verstärkt und hat dazu geführt, Doppelstrukturen in regional benachbarten Einrichtungen weiter auszubauen, da keine der Einrichtungen bereit war, aufgrund wachsender Konkurrenz und Profilierungsnotwendigkeiten zurückzustecken. Gerade weil für deutsche Verhältnisse viel Geld in die Exzellenzinitiative gesteckt wurde, darf sich der Bürger als Steuerzahler berechtigterweise fragen, ob derartige Doppelstrukturen – gerade in teuren Forschungsbereichen – angebracht sind. Viertens hat der Druck in Bezug auf Wettbewerb und Zeit die Einrichtungen in eine „Zerreißprobe"[172] gebracht, so dass dies für die politische Legitimation relevante *originäre Arbeit* in Forschung und Lehre kaum als förderlich angesehen werden kann.[173] Wurde dabei nicht einfach nur das eigentliche Problem einer soliden Grundfinanzierung der Hochschulen für Forschung und Lehre verdeckt?

---

167 Schwan (2011), S. 52.

168 Vgl. IEKE (2016), S. 2.

169 Vgl. IEKE (2016), S. 18, 34.

170 Kielmansegg (2010). Vgl. auch Marettek (2016), S. 52.

171 Vgl. Möllers (2009), S. 63. Vgl. für kritische Stimmen zu einem Regionalproporz Steinfeld (2006) und Wiarda (2007).

172 Marettek (2016), S. 21.

173 Vgl. Spiewak (2016), S. 32 für die Aussage basierend auf einer Umfrage des Deutschen Zentrums für Hochschul- und Wissenschaftsforschung, dass das „Verfassen von Gutachten, die Drittmittelakquise und das Management mittlerweile 27 Prozent der Arbeitszeit eines deutschen Forschers aus[macht]. Für die Forschung selbst bleiben nur 23 Prozent."

Profilierungsstreben mit Fokus auf Forschung und ständiger Wettbewerb zu Lasten qualitativ hochwertiger Lehre

Gerade durch die exzessiven Verwaltungsaufwendungen, die das Mammut-Projekt Exzellenzinitiative verschlang, wurde extrem viel Konzentration auf die Forschungsförderung und ihre Verwaltung gelegt, so dass die Lehre nicht davon profitierte,[174] sondern sogar Nachteilen ausgesetzt war.[175] Exzellente Forscher sollten durch minimale Lehrverpflichtungen gehalten werden[176] und das Thema qualitativ hochwertige Lehre stand insgesamt lange Zeit nicht oben auf der Agenda. Von der ohnehin stagnierenden Grundfinanzierung aus den Länderhaushalten wird sogar noch ein nicht unerheblicher Anteil für die Overhead-Kosten aufgewendet, die sich aus der Verwaltung der gestiegenen Drittmitteleinnahmen sowie benötigter Infrastruktur und Unterhalt ergeben – und für die Daueraufgabe Lehre steht nicht genug Geld zur Verfügung.[177] Wenngleich gefördert durch den *Hochschulpakt 2020* zur Schaffung zusätzlicher Studienplätze,[178] der allerdings 2023 ausläuft und eine Verstetigung von dessen Mitteln bisher nicht in Aussicht steht,[179] und den *Qualitätspakt Lehre* zur Verbesserung der Betreuung der Studierenden und der Lehrqualität an Hochschulen,[180] in welchem die Mittel auch wettbewerblich vergeben wurden, zeigt sich, dass die Schwerpunktsetzung eine andere ist. Die Internationale Expertenkommission zur Evaluation der Ex-

---

174 Auch von den internationalen Experten wurde Verwunderung darüber ausgedrückt, „dass die Exzellenzinitiative keinen Bezug auf das Humboldt'sche Bildungsideal der Einheit von Lehre und Forschung nimmt bzw. die Beiträge exzellenter Forschung auf die Lehre (und umgekehrt) nicht explizit hervorhebt. In der Exzellenzvereinbarung II kommt der Begriff Lehre nur ein einziges Mal vor: Als Fördervoraussetzung für Zukunftskonzepte werden ‚[...] *innovative Konzepte für forschungsorientierte Lehre*' als Bewertungskriterien angeführt" (IEKE (2016), S. 24).

175 Vgl. Schwan (2011), S. 55–56.

176 Vgl. Gemeinsame Kommission von DFG und Wissenschaftsrat (2008), S. 61.

177 Das heißt, dass insbesondere auch die Lehre unter Drittmittel-Erfolgen in der Forschung leidet. Vgl. Freistaat Thüringen (2016) für eine aktuelle Stellungnahme des Thüringer Wissenschaftsministers Tiefensee zur Problematik der Overheads und einer angemessenen Höhe der Programmpauschalen.

178 Über die Gesamtlaufzeit von 2007 bis 2023 stellen der Bund insgesamt 20,2 Milliarden Euro und die Länder 18,3 Milliarden Euro bereit. Vgl. Bundesministerium für Bildung und Forschung (2014).

179 Vgl. Freistaat Thüringen (2016), dass eine Verlängerung des Pakts dringend vonnöten ist, da ohne Planungssicherheit Hochschulen beginnen müssten, Personal abzubauen. Tiefensee fordert einen umfassenden Hochschulfinanzierungsvertrag von Bund und Ländern in den Bereichen Lehre, Forschung und wissenschaftliche Infrastruktur.

180 Zwischen 2011 und 2020 stellt der Bund im *Bund-Länder-Programm für bessere Studienbedingungen und mehr Qualität in der Lehre (Qualitätspakt Lehre)* rund zwei Milliarden Euro zur Verfügung. Vgl. Bundesministerium für Bildung und Forschung (2015b).

zellenzinitiative unter Vorsitz des Schweizer Physikers Imboden (in der Folge auch ,Imboden-Kommission') identifiziert „Studierendenzahlen und Qualität der Lehre"[181] als *Baustelle* für das deutsche Wissenschaftssystem. Dabei hat die strukturelle Unterfinanzierung der Hochschulen bei gleichzeitig immens gestiegenen Studierendenzahlen und umzusetzenden Reformbewegungen im Rahmen des Bologna-Prozesses den traditionellen Arbeitsschwerpunkt Lehre an deutschen Hochschulen stark dynamisiert.[182] Der Bologna-Prozess verdeutlicht wie keine andere Veränderung diese immense Dynamik, indem die Mehrzahl der Diplom-/ Magister-Studiengänge auf Bachelor und Master verändert wurden, um – so die ursprüngliche Absicht – eine internationale Vergleichbarkeit der Abschlüsse zu erreichen und nach Abschluss des ersten Zyklus (Bachelor) schon die für einen Großteil des Arbeitsmarkts relevanten Qualifikationen aufzuweisen, so dass nur noch zwischen 20 Prozent und 30 Prozent mit einem Master-Studium fortfahren.[183] Kritik ist hierauf aus verschiedenen Richtungen zu adressieren, erst recht vor dem Hintergrund der anders eingetretenen Realität mit der Umsetzung in Deutschland,[184] so dass zugespitzt in

> „ihrer Schmalspurigkeit und mit ihrer jedenfalls in den Geisteswissenschaften albernen Berufsorientierung (...) mit einem solchen Bachelor oftmals nicht einmal die Befähigung zu einem wissenschaftlichen Studium erworben"[185] wird.

Für dieses Buch ist aber insbesondere die Kritik *fehlender demokratischer Legitimierung* interessant, die von Parlamentariern sogar selbst geäußert wurde. So haben nach dem europarechtlich nicht einmal bindenden Beschluss zum Bologna-Prozess 1999 die deutschen Ministerien und Hochschulen jenen Beschluss umgesetzt, ohne Grundsatzdebatten über die Folgen anzustoßen und darüber, ob dies demokratisch überhaupt gewollt war, zu diskutieren.[186] Eine Problematik der Dynamisierung zeigte sich insbesondere darin, dass die starre Strukturierung und die standardisierte Modularisierung mit einer einheitlichen Leistungspunktbewertung auf Basis von Kontaktstunden eine Gestaltung des Studiums, das ad-

---

181 IEKE (2016), S. 23.
182 1975 beträgt die Anzahl bundesweit rund 800.000 Studierende, 2014 rund 2,7 Millionen Studierende. Vgl. Statistisches Bundesamt (2016c).
183 Vgl. Kutscha / Winkel (2006), S. 1352.
184 Vgl. für die Kritik an einer einseitigen Fokussierung auf ,employability' und am Fehlen einer kulturellen Leitidee im Vergleich zu den Bildungsreformen der Vergangenheit Nida-Rümelin (2013), S. 12. Vgl. hierzu Nida-Rümelin (2014), S. 180, dass genau dieses Ziel nicht erreicht wurde, da knapp 80 Prozent aller Studierenden nach dem Bachelor weiter studieren möchten.
185 Nida-Rümelin (2015), S. 69.
186 Vgl. Baldauf (2009), S. 10.

äquat zur jeweiligen *Wissenschaftskultur* passt, verhinderte.[187] Insbesondere die genaue Beschreibung in Modulhandbüchern „(...) zerstört (...) ein wichtiges Charakteristikum der geisteswissenschaftlichen Fächerkultur, nämlich die Verbindung eigener Forschung mit eigener Lehre."[188]

Nach starken Studentenprotesten und den darauf folgenden Anpassungen insbesondere mit dem Ziel, die *Studierbarkeit* der neuen Studiengänge zu verbessern – hohe Abbrecherquoten gerade in teuren Fächern sind selbstredend in der öffentlichen Wahrnehmung problematisch[189] –, war das Thema Bologna zunächst aus der größten Kritik verschwunden. Dennoch zeigen externe privatwirtschaftliche *Akkreditierungsagenturen* zur Qualitätssicherung der Studiengänge geradezu exemplarisch die Dominanz von Markt und Wettbewerb im Bereich der Lehre. Und die Frage kommt auf, ob die „Vermarktlichung"[190] in einem Pseudo-Markt als hochschulpolitische Strategie dienen soll. Denn diese Agenturen müssen Studiengänge genehmigen – eine Aufgabe, die vormals dem Ministerium vorbehalten war.[191] Dies bringt Kritik mit sich – gerade wenn man sich vor Augen führt, dass wohl schon bereits eine Milliarde Steuergelder an die externen Agenturen geflossen sind.[192] Dass die Dynamik an dieser Stelle noch nicht beendet ist, zeigt die Tatsache, dass erst im Frühjahr 2016 das Bundesverfassungsgericht der Klage einer nordrhein-westfälischen Hochschule stattgab, die gegen das Akkreditierungssystem des Landes geklagt hatte. Das Bundesverfassungsgericht kritisiert einen „Mangel an hinreichender gesetzlicher Steuerung"[193] dem Akkreditierungsrat gegenüber mit der Folge eines weitreichenden Spielraums für die Agenturen. Wenigstens festzulegen, *nach welchen Kriterien* die externe Begutachtung erfolgt und wie ihr Ablauf sich gestaltet, müsse der Gesetzgeber selbst tun und nicht die „Normierung inhaltlicher und verfahrens- und organisationsbezogener Anforderungen an die Akkreditierung (...) aus der Hand (...)"[194] geben. Gerade auch um Gefahren für die Freiheit der Lehre zu vermeiden. Dies bedingt nun notwendige Überarbeitungen der Akkreditierungsregelungen bis Ende des Jahres 2017.

---

187 Vgl. Nida-Rümelin (2014), S. 164–165, 173–184.
188 Nida-Rümelin (2015), S. 69.
189 Vgl. Nida-Rümelin (2014), S. 201, der anregt, hohe Abbrecherquoten auch als Signal für den falschen Bildungsweg von manchen Jugendlichen zu sehen.
190 Kutscha / Winkel (2006), S. 1354.
191 Vgl. Mann (2011).
192 Vgl. Wiarda (2016), S. 61 und eine Stellungnahme verschiedener Professoren in der FAZ: Arnold et al. (2016).
193 BVerfG (2016).
194 BVerfG (2016).

Insgesamt ist ein genauer Blick auf Lehre und Hochschulbildung mehr als geboten, besonders vor dem Hintergrund der stark gestiegenen Studierenden-zahlen: Es stellt sich die Frage, wie institutionelle Strukturen es unterstützen können, die Lehre zu verbessern, Innovationen in der Lehre zu befördern und das Thema nicht im übersteigerten Konkurrenzdenken untergehen zu lassen.[195] Durch die so starke Fokussierung auf die Förderung der universitären Spitzenforschung in der Exzellenzinitiative wurde das Thema Exzellenz in der Lehre oft eher als zweitrangig betrachtet. Dies ist, was das Zivilgesellschaftsparadigma anbelangt, als problematisch anzusehen. Die *gesellschaftliche Bedeutung und Verantwortung* der Hochschulen für die Weiterentwicklung des Gemeinwesens darf bei allem Wettbewerb und Blick auf lediglich die Besten nicht vergessen werden. Der Wettbewerb zwischen den Hochschulen könnte als positiv gesehen werden, „solange es nicht auf Kosten des gesamtgesellschaftlichen Auftrags der Hoch-schulen geht."[196] Gerade dieser müsste in Zeiten von Exzellenzstreben und Wettbewerb wieder in den Vordergrund gerückt werden. Nie zuvor hatten die Hochschulen einen so hohen Anteil als Ausbildungsstätte des Nachwuchses[197] und nie zuvor war das Gemeinwesen so abhängig von Innovationen aus der Wissenschaft in einer Wissensgesellschaft.[198] Denn obgleich Wissen für die Menschheit schon immer von großer Bedeutung war, so ist „Wissenschaft (...) zum entscheidenden Wertschöpfungsfaktor geworden (...) und insgesamt der entscheidende Faktor für die Zukunftsfähigkeit des Einzelnen und der Gesell-schaft."[199] Die Vorstellung von Hochschulen als Dienstleistungsunternehmen darf dabei nicht im Widerspruch zu ihrer gesellschaftlichen Bedeutung stehen.[200]

---

195 Vgl. für die Stellungnahme des Vorsitzenden des Wissenschaftsrats Prenzel zum Thema Professionalisierung der Lehre Prenzel (2015b).

196 Schulze (2013).

197 Im Jahr 1995 betrug der Anteil der Studienanfänger an der altersspezifischen Bevölkerung noch 26,8 Prozent, im Jahr 2013 53,1 Prozent und im Jahr 2014 58,3 Prozent. Vgl. Bundesminis-terium für Bildung und Forschung (2016b).

198 Vgl. Expertenkommission Forschung und Innovation (EFI) (2014), S. 30 ff. unter Betonung sowohl des Hochschul- als auch des Berufsausbildungssystems für das Innovationssystem und Mittelstraß (2011) für die Bedeutung der Universität in der Wissensgesellschaft.

199 Zöllner (2015), S. 81.

200 Vgl. Haberecht (2009), S. 40.

Zwingende Berücksichtigung des Staats- und Zivilgesellschaftsparadigmas bei der Frage nach politischer Legitimation in neuen Rahmenbedingungen
Marktparadigmatische Entwicklungen der Hochschulen sind analytisch[201] und im Fazit durchaus kritisch[202] beschrieben worden. Eine vollumfängliche Bewertung ist an dieser Stelle nicht unternommen worden. Vielmehr sollte dieser Blick auf die aktuellen Bedingungen der Hochschulpolitik verdeutlichen, dass sich das Legitimationserfordernis in dynamischen Zeiten einer von ökonomischer Rationalität geprägten Hochschulpolitik sowohl im Sinne des Paradigmas des Staats als auch der Zivilgesellschaft *verschärft* hat.[203] Die kommenden beiden Absätze fassen dies nochmals zusammen und leiten dann zur dazu passenden theoretischen Fundierung durch Rawls und Dewey über.

Eine Ausrichtung an Markt und Wettbewerb unter Bedingungen der Hochschulautonomie darf nicht zu Lasten demokratischer Kontrolle gehen, das legen uns unsere Grundintuitionen nahe. Denn wir haben es in der Hochschulpolitik immer noch mit einer *staatlichen Handlung* zu tun, wir befinden uns grundsätzlich in der Logik des Staats. So lautet einer unserer Fixpunkte gleichwohl: Das *Demokratieprinzip* muss weiterhin gewahrt bleiben. Auch in Zeiten, in denen versucht wird, die Logik des Markts zu imitieren, muss eine „ununterbrochene Legitimationskette" von der Legislative über die Exekutive bis hin zur Körperschaft Universität sichergestellt sein, wie das Bundesverfassungsgericht anmahnt.[204] Schließlich hat sich trotz gestiegener Drittmittelquote an der grundsätzlich öffentlichen Finanzierung des Hochschulwesens durch Steuergelder nichts verändert.[205] Zabler hat die Rückwirkungen verstärkter Autonomie für die Universitäten auf die staatlichen Steuerungsmodelle und damit auf das Budgetrecht des Parlaments – als Vertreter des Staatsbürgers als Souverän – als Ausgangspunkt genommen, um in einer empirischen Studie mit einer Umfrage unter Landesparlamentariern festzustellen, dass diese einen erheblichen Informati-

---

201 Vgl. für eine Kategorisierung der Wirkungen in „Wirkungen von Wettbewerb im deutschen Universitätssystem", „Wirkungen der zielbezogenen Außensteuerung", „Wirkungen der hierarchisch-administrativen Selbststeuerung" und „Einschätzung der Gesamtwirkung der Universitätsreform" Bogumil et al. (2013).
202 Für Auswirkungen auf akademische Freiheit in ihren verschiedenen Facetten vgl. Marginson (2009). Vgl. Brunkhorst (2004), S. 93 für die Gefahr der strukturellen Kopplung der Wissenschaft an die Wirtschaft. Für das Kernethos epistemischer Rationalität ist eine zu starke Ökonomisierung die zweite Gefahr, der sie sich nach der Debatte aus den 70er Jahren um die „Finalisierung der Wissenschaft", die Wissenschaft von politischen Zwecken steuern lassen wollte, stellen muss. Vgl. Nida-Rümelin (2005), S. 842–843.
203 Vgl. auch Krausnick (2012), S. 499.
204 Vgl. BVerfG (1995), S. 66 f.
205 Vgl. FN 147.

onsbedarf haben, gerade in Zeiten verstärkter Hochschulautonomie.[206] Dass die staatliche Ebene als wesentliche Komponente des hochschulpolitischen Dreiecks von Clark nicht vernachlässigt werden darf, wurde in dieser Studie mit Blick auf die Landesparlamentarier bestätigt.[207] Und der Steuerzahler hat weiterhin ein Recht auf Erfüllung bestimmter Vorgaben (zum Beispiel im Bereich Gleichstellung oder Nachwuchsförderung). Wenn auch vielmehr im Sinne einer Output-Steuerung, sind Steuerung und Kontrolle durch den Staat sowie Grenzen für die Autonomie weiterhin notwendig.[208] Dies ist nicht als Detaileinmischung zu verstehen. Doch eine Intuition legt nahe, dass eine *gewisse Gesamtstrategie* seitens der Politik als notwendig anzusehen ist, um einer effizienten und effektiven Verwendung der öffentlichen Steuergelder gerecht zu werden – gerade im Hinblick auf die Konsolidierungserfordernisse im Rahmen der Schuldenbremse, denen sich Bund und Länder verpflichtet haben. Dies betrifft insbesondere das Vermeiden mangelnder Profilbildung in bestimmten strategisch als wichtig angesehenen Fächern oder umgekehrt von Parallelstrukturen benachbarter Hochschulen, zusammengefasst: um der Gefahr destruktiver Entwicklungen entgegenzuwirken. Müsste hier trotz Hochschulautonomie nicht ein *kooperatives Verfahren* möglich sein?

Doch besteht Legitimationspflicht nicht nur gegenüber dem Bürger als Teil der politischen Gemeinschaft, sondern auch als aktivem Teil der Zivilgesellschaft. Die *zivilgesellschaftliche Sichtweise* füllt die Lücke zwischen dem Individuum als Privatperson und als Teil des politischen Gefüges.[209] Die Zivilgesellschaft ist als ein „stabiles und von einem normativen Konsens getragenes Kooperationsgefüge"[210] wesentlicher Bestandteil als *Bindeglied* zwischen Wissenschaft und Gesellschaft. Dieses unbedingt institutionell stabilisierte Kooperationsgefüge verlangt nach einem erweiterten Wissenschaftsethos der Verantwortung, wie es oben skizziert wurde. Nun muss diesem nicht zuletzt in den aktuellen Rahmenbedingungen genügend Aufmerksamkeit geschenkt werden. Der Wissenschaftsrat hat im Jahr 2000 in seinen Thesen zur künftigen Entwicklung des Wissenschaftssystems in Deutschland auf die immer intensivere „Verflechtung von Wissenschaft und gesellschaftlicher Praxis" und damit die Abhängigkeit auch der Wissenschaft von einem *kontinuierlichen Dialog* und dem Kontakt mit der *gesellschaftlichen Praxis* hingewiesen. Vor diesem Hintergrund mahnte er zum einen eine Verbesserung der Wechselwirkungen von Wissenschaft und Gesell-

---

206 Vgl. Zabler (2010), S. 95.
207 Vgl. Clark (1983), S. 143.
208 Vgl. Brinckmann (2000), S. 65.
209 Vgl. Özmen (2013), S. 110 mit Verweis auf Barber (1994), S. 281.
210 Nida-Rümelin (1999), S. 187.

schaft an, die im Übrigen nicht nur in reiner Reaktion seitens der Wissenschaft bestehen solle, zum anderen eine Verbesserung hinsichtlich der Verbreitung und Vermittlung von wissenschaftlichen Erkenntnissen (um einer Expertokratie losgelöst von gesellschaftlicher Praxis vorzubeugen).[211] Überdies betonen die Hochschulen selbst in ihren Leitbildern die *Anbindung an die Zivilgesellschaft.* So bezeichnet sich die Technische Universität München als Diener der Gesellschaft mit dem Anspruch Leben und Zusammenleben der Menschen nachhaltig zu verbessern. Sie sieht den Dialog mit Gesellschaft und Öffentlichkeit als wichtigen Bestandteil, und zwar um der Gesellschaft die Arbeit der Universität näher zu bringen wie auch um als Universität selbst vom gesellschaftlichen Dialog zu profitieren – Stichwort: Ausrichtung ihrer Schwerpunkte.[212] Die Humboldt-Universität zu Berlin betont in ihrem Leitbild ebenfalls die gesellschaftliche Verantwortung ihrer Einrichtung genauso wie ihre Rolle als Ort der Diskussion mit der Gesellschaft.[213] „Forschungsergebnisse in die Gesellschaft zu tragen und deren Nutzung in allen Bereichen des öffentlichen Lebens zu fördern" findet sich im Leitbild der Universität Heidelberg.[214] Und die Tatsache, dass die sogenannte ‚dritte Mission' der Hochschulen neben Forschung und Lehre nun auch in den Mittelpunkt gerückt wird, wirkt hierzu gerade noch verstärkend.[215]

Die beiden Philosophen, die die theoretische Fundierung für dieses Buch bilden, bringen diesen Doppelcharakter von staatlicher und zivilgesellschaftlicher Praxis in ihrer Kombination zum Ausdruck: *John Rawls* schärft in seinem politischen Liberalismus den Blick auf das *Staatsparadigma.* Er legt den Fokus darauf, dass in Zeiten eines vernünftigen Pluralismus eine Einigung auf die staatliche Ordnungsfunktion und politische Praxis gelingt. Er konzentriert sich auf die Grundstruktur und die damit gemeinten wichtigsten staatlichen Institutionen. Kooperation ist für ihn zentral, aber stets mit dem Fokus auf seine politische Konzeption. Im öffentlichen Vernunftgebrauch soll der Austausch von politischen Handlungsgründen genau dazu dienen, öffentlich ausgetragene politische Konflikte zu begrenzen.[216] Dazu kommt, dass gerade dann, wenn wie in der Hochschulpolitik der wettbewerbsorientierte Markt immer mehr in den Mit-

---

211 Vgl. Wissenschaftsrat (2000), S. 13.
212 Vgl. Technische Universität München (2015). Die zivilgesellschaftliche Orientierung soll also durchaus mit dem Marktparadigma verbunden werden. Gerade die Technische Universität München betont ihr Bekenntnis zum wettbewerblichen Leistungsprinzip.
213 Vgl. Humboldt-Universität zu Berlin (2002).
214 Vgl. Universität Heidelberg (2011).
215 Vgl. Roessler et al. (2015) und Wiarda / Spiewak (2016) sowie Bundesministerium für Bildung und Forschung (2016a).
216 Vgl. Nida-Rümelin (2009g), S. 268.

telpunkt rückt, die Perspektive der bürgerlichen Angelegenheiten betont und der Blick auf den Austausch von Gründen und die allgemeine Zustimmbarkeit der Beteiligten in wiederkehrenden Deliberationsprozessen gerichtet werden muss.[217] Das Deliberative mit der zentralen Idee der Beratung der Bürger untereinander bzw. einer Debatte über zugrunde liegende Ursachen stehen im Zentrum.[218]

John Dewey geht einen Schritt weiter. Er hat eine substanziellere Vorstellung von Demokratie als ethischer Konzeption, wobei er die Selbstverwirklichung des Einzelnen auch im Hinblick auf politische Legitimation hervorhebt. Gelingen kann dies nur durch freiwillige Kooperation und Verantwortungsübernahme in einer lebendigen Gemeinschaft, die über die politische Praxis hinausgeht und stets die Rückbindung an die Öffentlichkeit betont. Er lässt sich daher als Vertreter des *Paradigmas zivilgesellschaftlicher Praxis* einordnen. Das ist äußerst wertvoll, gerade in Zeiten, in denen das Marktparadigma Wettbewerb und Konkurrenz (um Aufmerksamkeit, Fördermittel, die besten Forschenden, Lehrenden und Studierenden) in den Mittelpunkt der Hochschulpolitik gestellt hat.

Zusammen verdeutlichen sie das Erfordernis politischer Legitimation gegenüber der Bürgerschaft in ihrer Rolle als Steuerzahler (staatsparadigmatischer Blick) und als Gesellschaft (zivilgesellschaftsparadigmatischer Blick) gleichermaßen.

---

217 Vgl. Özmen (2013), S. 81– 82.

218 Vgl. Rawls (2002), S. 173 – 174. Vgl. auch Mármol (2005) für die Verteidigung der deliberativen Demokratie. Oder wie Nida-Rümelin (2009g), S. 268 die Notwendigkeit des Austauschs von Handlungsgründen als „Kern einer demokratischen Ordnung (...) [sieht:] Ohne *agora*, ohne Forum keine Demokratie." Nida-Rümelin sieht das Forums-Paradigma neben dem der Freundschaft und dem des Eigeninteresses als ein Paradigma des Politischen.

2 Theoretische Fundierung durch die politischen Theorien von John Rawls und John Dewey

Dieses Kapitel formuliert die theoretische Fundierung politischer Legitimation in der Hochschulpolitik durch die politischen Theorien von John Rawls und John Dewey. Zurückgegriffen wird hier auf die Gliederung von Rawls in erstens Anwendungsverhältnisse, unter denen sich die Frage nach politischer Legitimation stellt, um dann zweitens die normativen Anforderungen herauszuarbeiten. Diese Vorgehensweise findet Verwendung sowohl für Rawls als auch für Dewey. Vorgeschaltet ist eine kurze Einführung in die politische Theorie des entsprechenden Denkers. Den Abschluss bildet ein Zwischenfazit politischer Legitimation im Hinblick darauf, wie die Ausführungen für die jetzige Situation in der Hochschulpolitik fruchtbar gemacht werden können.

2.1 John Rawls: Politische Legitimation in allgemeiner Zustimmbarkeit – Fokus auf das Staatsparadigma

Hinweis: Verweise und Vergleiche von Dewey zu Rawls folgen von einzelnen Ausnahmen abgesehen erst im Abschnitt über Dewey. Dies bezieht sich auf Unterschiede wie auf Parallelen und Anreicherungen, die sich bei Dewey im Vergleich zu Rawls finden. Aufgrund dieser Anreicherungen ist die Reihenfolge der beiden Theoretiker bewusst nicht chronologisch gewählt, sondern startet im Folgenden mit Rawls und lässt Dewey auf Rawls aufbauen.

2.1.1 Einführung Rawls

Mit seiner *A Theory of Justice* aus dem Jahr 1971[1] (im Folgenden: TOJ) hat John Rawls (geboren 1921 in Baltimore, Maryland, gestorben 2002 in Lexington, Massachusetts) durch eine detaillierte Ausarbeitung seiner Vorstellung von Gerechtigkeit die philosophische Diskussion im 20. Jahrhundert insbesondere im angloamerikanischen Raum stark geprägt.[2] Er hat mit der Wiederbelebung des kontraktualistischen Arguments zu einer „Renaissance der normativen

---

1 Auf Deutsch 1975, vgl. Rawls (1975).
2 Vgl. Nida-Rümelin / Özmen (2011), S. 51.

https://doi.org/10.1515/9783110567458-003

politischen Philosophie"[3] beigetragen. Rawls hat damit alle Bereiche der praktischen Philosophie unter Einbindung weiterer Disziplinen, insbesondere der Wirtschafts- und Sozialwissenschaften, zu einem intensiven Austausch gebracht.[4] Höffe spricht von einem „fünffachen Paradigmenwechsel", den Rawls mit diesem Werk erreichte.[5] Im Fokus des vorliegenden Buchs steht allerdings nicht seine TOJ, sondern vielmehr sein zweites großes Werk, der *Political Liberalism* (1993, deutsch 1998,[6] im Folgenden: PL), in dem er zum Teil inhaltlich seine TOJ ergänzt, sie aber auch stark verändert – gerade was den Geltungsanspruch der Theorie angeht.[7] Insbesondere mit dem vernünftigen Pluralismus umfassender Lehren[8] im Gegensatz zu einer von allen Menschen geteilten umfassenden Moraltheorie nimmt Rawls in seinen späteren Werken mit seinem Legitimitätsprinzip in gewisser Weise Abstand von seinem zunächst universalistischen Begründungsanspruch und entwickelt sich hin zu einem pragmatischen Ansatz im Sinne des politischen Liberalismus.[9]

Er hat als Gegenstand seiner politischen Konzeption ‚Gerechtigkeit als Fairneß' die Grundstruktur der Gesellschaft im Blick, das heißt die wichtigsten politischen, konstitutionellen, sozialen und ökonomischen Institutionen der Gesellschaft und die Art und Weise, in der sie sich zu einem einheitlichen und dauerhaften System sozialer Kooperation zusammenfügen. Nur innerhalb der Grundstruktur stellt sich die Frage nach politischer Legitimation. Unter diese fallen für Rawls die politische Verfassung, gesetzlich anerkannte Formen des Eigentums, die Wirtschaftsordnung und die Struktur der Familie.[10] Er blickt hierbei, wie er betont, aus methodischen Abstraktionsgründen – zur Konzentration auf die für ihn zunächst wesentlichen Punkte – auf die Grundstruktur einer autarken Gesellschaft ohne Beziehungen zu anderen Gesellschaften.[11] Er beschränkt sich elegant nur auf das, was unbedingt notwendig ist.[12] Rawls grenzt

---

3 Nida-Rümelin / Özmen (2011), S. 52.

4 Vgl. Kersting (2001), S. 7.

5 Vgl. Höffe (2003), S. 111–113.

6 Vgl. Rawls (1998).

7 Vgl. Nida-Rümelin / Özmen (2011), S. 51.

8 Rawls' Benutzung des Wortes „Lehre" für umfassende Auffassungen aller Art und des Wortes „Konzeption" für eine politische Konzeption und ihre Bestandteile soll in diesem Buch so übernommen werden. Vgl. Rawls (1998), S. 33.

9 Auch dieses Buch bezieht weitere Aufsätze von Rawls ein, die nach seiner TOJ ab den 1980er-Jahren entstanden sind.

10 Vgl. Rawls (1998), S. 367.

11 Vgl. Rawls (1998), S. 77. Außerdem verweist er an dieser Stelle auf seinen Aufsatz *Das Recht der Völker* (Rawls (2002). Originaltitel: *The Law of Peoples* aus dem Jahr 1999).

12 Wolf (1997), S. 54 hebt dies lobend hervor.

die Grundstruktur des öffentlich Politischen ab von der sogenannten Hintergrundkultur der Zivilgesellschaft,[13] von Individuen und Vereinigungen.[14] Diese Hintergrundkultur bewegt sich für Rawls lediglich innerhalb des institutionellen Rahmens der Grundstruktur, gehört ihr aber nicht an.[15] Hochschulen sind für Rawls Teil dieser Hintergrundkultur. Er hat dabei das US-amerikanische System im Blick, das zwar zum Teil über ‚state universities' verfügt, bei dem jedoch Bildungseinrichtungen nicht zu staatlichen Institutionen gezählt werden. Er sieht diese Hintergrundkultur der verschiedenen gesellschaftlichen Vereinigungen – und damit auch die Hochschulen – sich lediglich innerhalb des institutionellen Rahmens der Grundstruktur bewegen.[16] Auf Deutschland bezogen sind die Hochschulen jedoch unbedingt als Teil der Grundstruktur zu sehen. Dies ist vor allem darin begründet, dass in Deutschland die Bildungsinstitutionen und darunter die Hochschulen – wenn auch unter Berücksichtigung der Sonderrolle der akademischen Selbstverantwortung (vgl. Abschnitt 1.1) – zu den staatlichen Institutionen gehören. Sie sind zu einem Großteil staatlich als mit öffentlichen Geldern der Bürgerschaft finanziert und haben zudem eine große Bedeutung für die Weiterentwicklung des Gemeinwesens. Das heißt, Hochschulen und Hochschulpolitik in Deutschland fallen in den Bereich staatlichen Handelns und sind zwingend als Teil der Rawlsschen Grundstruktur zu sehen. Die Grundstruktur hat nach Rawls zwei zusammenhängende Aufgaben:[17] Die *erste* dringliche Aufgabe ist vor dem Hintergrund der Frage zu sehen, wie politische Macht erworben und innerhalb welcher Grenzen sie ausgeübt wird. Es geht darum, gleiche Grundrechte und Freiheiten festzulegen, zu schützen und institutionell politische Verfahren zu etablieren, die als fair angesehen werden. Diese Aufgabe ist mit Blick auf politische *Verfahren* für die Hochschulpolitik relevant. In einer *zweiten* Aufgabe geht es für Rawls darum, für freie und gleiche Bürger angemessene *Hintergrund*institutionen der sozialen und ökonomischen Gerechtigkeit einzurichten. Diese zweite Aufgabe wird hier für die Hochschulpolitik nicht weiter betrachtet.

Eine Beschränkung erfolgt für Rawls nicht nur was den Gegenstand – die Grundstruktur – angeht, sondern ebenso bezüglich des Anspruchs seiner Kon-

---

13 „Es ist die Kultur der Gesellschaft, nicht die des öffentlich Politischen, die Kultur des täglichen Lebens mit seinen verschiedenartigen Vereinigungen: den Universitäten und Kirchen, den gelehrten und wissenschaftlichen Gesellschaften" (Rawls (1997b), S. 204). Vgl. auch Rawls (1998), S. 371.

14 Diese Unterscheidung von Rawls ist eine andere als die von Habermas in „politische Entscheidungssphäre" und „Öffentlichkeit", worauf Ferrara (2002), S. 928 aufmerksam macht.

15 Vgl. Rawls (1998), S. 419.

16 Vgl. Rawls (1998), S. 419.

17 Vgl. für die folgenden Ausführungen Rawls (1998), S. 331–332.

zeption. Er will die Frage nach einer „politisch brauchbaren"[18] und nicht die nach einer wahren Konzeption erörtern.[19] Im Unterschied zu TOJ, wo der Gesellschaftsvertrag als Teil der Moralphilosophie im Mittelpunkt steht und „kein Unterschied zwischen Moralphilosophie und politischer Philosophie gemacht"[20] wird, ist im PL die Perspektive nicht universalistisch / metaphysisch, sondern auf den Bereich des Politischen gerichtet. Es zeigt sich, dass sich Rawls' Anspruch in eine politisch machbare, realitätsnähere Richtung entwickelt hat. In TOJ will Rawls mit seiner Gerechtigkeitstheorie eine umfassende liberale Lehre entwickeln, die in einer wohlgeordneten Gesellschaft die Unterstützung aller Mitglieder bekommen soll. Diesen Anspruch hat er in PL nicht mehr.[21] Denn Rawls gesteht selbstkritisch ein, dass in der TOJ Stabilität in ihrer „Darstellung auf den einfachsten Fall beschränkt"[22] war und mögliche Uneinigkeiten der Bürger auf Stufe der Verfassung sowie der Gesetzgebung nicht im Mittelpunkt standen. Der späte Rawls hingegen erkennt an, dass die Gesellschaft durch einen vernünftigen Pluralismus umfassender Lehren gekennzeichnet ist und so gibt er auf, „eine im Prinzip universelle Begründung liberal-demokratischer Gerechtigkeitsprinzipien vorlegen zu können"[23]. Vielmehr soll aus den wohlüberlegten Urteilen heraus eine öffentliche Übereinstimmung zustande kommen, ohne auf eine einzelne spezifische metaphysische oder moralische Lehre zurückzugreifen.[24] Dies bedeutet, er fokussiert sich auf eine politische, nicht-metaphysische, freistehende Konzeption, die in ihrer Darstellungsweise nicht aus einer konkreten umfassenden Lehre heraus entwickelt wird.[25]

Rawls war bewusst geworden, dass es einer Konsens-Theorie bedurfte, um die Rechtfertigung der Ausübung von Zwangsgewalt praktisch – unter Wahrung von

---

18 Wolf (1997), S. 54.

19 Vgl. für eine zum Teil kritische Stimme Nida-Rümelin / Özmen (2011), S. 52–53, die darauf hinweisen, dass sich mit dem Akt der Übereinstimmung im Urzustand der TOJ eine „genuin moralische Dimension" zeige, während die PL nur noch mit einem „normativen Kern" ausgestattet sei.

20 Rawls (1998), S. 11.

21 Vgl. Rawls (2002), S. 217.

22 Rawls (1994a), S. 292, FN 34.

23 Özmen (2013), S. 79.

24 Vgl. Rawls (1994a), S. 264–265.

25 Vgl. Rawls (1998), S. 77. Er betont zudem, dass der Anwendungsbereich (auf welche Gegenstände? was ist der Inhalt?) den Unterschied zwischen einer politischen Gerechtigkeitskonzeption und anderen moralischen Konzeptionen ausmacht. Vgl. Rawls (1998), S. 78–79.

Stabilität aus den richtigen Gründen heraus[26] – zu verwirklichen.[27] Zum Ausdruck bringt Rawls diese pragmatische Wende insbesondere in seinen Vorlesungen *Kantischer Konstruktivismus in der Moraltheorie*[28], die er in der Serie der Dewey Lectures gehalten hatte. Im Fokus steht die *allgemeine Zustimmbarkeit*. Denn es „müssen die Grundstruktur und die mit ihr verbundenen politischen Vorhaben, wenn wesentliche Verfassungsfragen oder Fragen grundlegender Gerechtigkeit betroffen sind, allen Bürgern gegenüber gerechtfertigt werden können."[29] Auch wenn Rawls von TOJ zu PL das Normative damit etwas geschwächt hat, wie insbesondere Habermas kritisiert,[30] so ist seine politische Konzeption trotzdem als normativ zu bezeichnen.[31] Denn insbesondere die Idee der öffentlichen Vernunft trägt zum normativen Charakter des Ansatzes bei.

Da eine allgemeine Rechtfertigung wesentlich ist, greift Rawls als Startpunkt auf grundlegende intuitive Ideen (Ideale, Grundsätze, Standards) zurück,[32] die implizit Teil der öffentlich politischen Kultur demokratischer Gesellschaften sind.[33] Auf darüber hinausgehende kontroverse philosophische, moralische und religiöse Fragen möchte er nicht versuchen, mithilfe seiner politischen Konzeption Antworten zu geben.[34] Wie Scanlon deutlich macht, bedeutet ‚implizit in der politischen Kultur' vor allem, dass alle Menschen Zugang zu diesem ‚Material' haben sowie dass sie diese Ideen ihren eigenen Gründen nach als gerechtfertigt ansehen.[35] Diese Ideen sind nicht als ein besonderer normativer Standpunkt anzusehen. Vielmehr ist der „Inhalt zumindest dem gebildeten *common sense* der Bürger im allgemeinen vertraut und verständlich (...) [, so dass die] (...) grundle-

---

26 Vgl. Scanlon (2006), S. 159–161. Dieser betont, dass auch Rawls selbst in seiner Modifikation der Ideen Öffentlichkeit und Legitimität unter dem nun zu berücksichtigenden Faktum eines vernünftigen Pluralismus die Methode des Überlegungsgleichgewichts verfolgt.

27 Vgl. Özmen (2013), S. 122, die darauf hinweist, dass Rawls bewusst wurde, dass es nicht nur um die philosophische Begründung gewisser Gerechtigkeitsgrundsätze geht, sondern dass die praktische politische Verwirklichung auch sichergestellt sein muss.

28 Rawls (1994b).

29 Rawls (1998), S. 326.

30 Vgl. Habermas (1997).

31 Vgl. Nida-Rümelin / Özmen (2011), S. 54–55. Die Ideale sind eben nur *politisch* moralisch. Vgl. für eine Verteidigung der Normativität des Vernünftigen bei Rawls Ferrara (2002).

32 Vgl. Rawls (1998), S. 77 und Hinsch (1997), S. 15. Letzterer betont, dass nur durch den Rückgriff auf allgemein anerkannte intuitive Ideen ein Konsens realistisch ist, „der alle vernünftigen umfassenden philosophischen, moralischen und religiösen Lehren einschließt, so daß alle Bürger sie im Lichte vernünftiger umfassender Überzeugungen anerkennen können."

33 Vgl. Dreben (2006), S. 323, der herausstellt, dass für Rawls die implizit geteilten Ideen und Prinzipien als Ausgangspunkt für eine politisch legitime Konzeption gesehen werden müssen.

34 Vgl. Rawls (1994a), S. 264.

35 Vgl. Scanlon (2012), S. 892.

genden Institutionen der Gesellschaft und die anerkannten Formen ihrer Interpretation (...) als Fundus stillschweigend geteilter Ideen und Grundsätze betrachtet [werden]."[36] Nur so sieht es Rawls als möglich an, für ebendiese Grundstruktur[37] als ein Komplex von Institutionen[38] vernünftige Leitlinien zu entwickeln, die grundlegenden intuitiven Bedingungen entsprechen.

Dieses Vorgehen bildet das ‚Herzstück' der Konzeption von Rawls. Eine öffentliche Grundlage politischer Übereinstimmung kann, so Rawls, nur dann gefunden werden, wenn man aus den in der Gesellschaft verwurzelten intuitivvertrauten Grundideen eine zusammengehörige Konzeption formt. Schließlich muss eine brauchbare Konzeption für Rawls nach gebührenden Überlegungen mit unseren wohlerwogenen Überzeugungen auf allen Abstraktionsebenen übereinstimmen, das heißt sich im Überlegungsgleichgewicht befinden.[39] Die Anwendungsverhältnisse zur Frage nach Legitimation in Abschnitt 2.1.2 machen diese Ideen deutlich. Im Hinblick auf die Fruchtbarmachung für die Praxis muss derartigen intuitiven Grundideen auf jeden Fall ausreichend Rechnung getragen werden.

Unter Berücksichtigung der drei von Rawls genannten Merkmale an eine politische Konzeption (Gegenstand ist Grundstruktur, freistehende Darstellungsweise und Inhalt aus impliziten Ideen der öffentlich politischen Kultur) besteht eine solche politische Konzeption für Rawls grundsätzlich aus zwei normativen Anforderungsteilen.[40] Diese beiden Teile werden zu einfacheren Darstellung als ‚NORMATIV I ABSTRAKT' und ‚NORMATIV II KONKRET' bezeichnet, wobei für dieses Buch *nur* ‚NORMATIV I ABSTRAKT' relevant ist:

I. NORMATIV I ABSTRAKT: Richtlinien und Kriterien des öffentlichen Vernunftgebrauchs sowie das Legitimitätsprinzip.

II. NORMATIV II KONKRET: Rawls' inhaltliche Gerechtigkeitskonzeption ‚Gerechtigkeit als Fairneß' bis in die Grundsätze hinein (= der „materiale Gehalt"[41]). Die beiden Gerechtigkeitsprinzipien[42] stehen im Mittelpunkt der TOJ und verkörpern für Rawls die *konkrete* Idealform für die Grundstruktur,[43] oder wie er an anderer Stelle sagt, Prinzipien der politischen

---

36 Rawls (1998), S. 79.
37 Als „der erste Gegenstand der Gerechtigkeit" (Rawls (1998), S. 367).
38 „(...) als den umfassenden institutionellen Rahmen" (Rawls (1998), S. 419).
39 Vgl. Rawls (1998), S. 73.
40 Vgl. Rawls (1998), S. 325.
41 Rawls (1998), S. 327.
42 Rawls (1975), S. 336–367.
43 Vgl. Rawls (1998), S. 397.

Gerechtigkeit.[44] Diese inhaltliche Konzeption richtet den Fokus auf Fragen nach gleichen Grundfreiheiten und dem Ausgleich von sozialen und ökonomischen Ungleichheiten.

Für Rawls ist eine politische Konzeption grundsätzlich immer nur dann vollständig, wenn sie beide Anforderungsteile (Grundsätze, Standards und Ideale (NORMATIV II KONKRET) zusammen mit Richtlinien für Untersuchungen (NORMATIV I ABSTRAKT)) umfasst. Denn sie haben „als zusammengehörige Teile einer einzigen Übereinkunft"[45] dieselbe Grundlage und können in einer politischen Konzeption mit den dahinterliegenden Werten Antworten auf so gut wie alle Fragen geben, die im Gegenstandsbereich der öffentlichen Vernunft liegen.[46] Rawls betont aber gleichsam, dass eine Zustimmung zu NORMATIV I ABSTRAKT nicht zwingend ein Bejahen genau dieser Gerechtigkeitsgrundsätze in NORMATIV II KONKRET nach sich ziehen muss.[47] Er stellt heraus, dass seine Konzeption ‚Gerechtigkeit als Fairneß' nicht die einzige politische Konzeption ist, deren Inhalt die öffentliche Vernunft bestimmt, sondern er erkennt an, dass es in liberalen Gesellschaften eine Vielzahl („Familie"[48]) vernünftiger liberaler, politischer Konzeptionen gibt, auf die die öffentliche Vernunft aufbaut. Er gibt offen zu, dass die öffentliche Vernunft durch unterschiedliche politische Werte der Bürger bzw. durch unterschiedliche Gewichtungen durchaus unterschiedliche Resultate ergeben kann, je nachdem auf welche vernünftige politische Konzeption sich die einzelnen Bürger berufen. Diese Einstellung Rawls' kann durchaus als „die bis heute wohl außergewöhnlichste Anstrengung [bezeichnet werden], das Bekenntnis zum Pluralismus bis tief hinein in das Herz einer liberalen Theorie der Gerechtigkeit zu verankern."[49] Rawls betont dabei, dass Meinungsverschiedenheiten nicht dazu führen dürfen, die öffentliche Vernunft aufzugeben.[50] Grundsätzlich definieren sich alle vernünftigen politischen Konzeptionen über das Kriterium der Reziprozität, die bei Rawls hoch gewichtet wird.[51] Für ihn persönlich gilt aber, dass die „Konzeption der Gerechtigkeit als Fairness einen beson-

---

44 Vgl. in *Gerechtigkeit als Fairneß. Ein Neuentwurf* Rawls (2003), S. 145. Originaltitel: *Justice as Fairness. A Restatement* aus dem Jahr 2001.

45 Rawls (1998), S. 328.

46 Vgl. Rawls (1998), S. 327 und Rawls (2002), S. 180 – 181.

47 „So stimmen wir überein, daß Bürger an der politischen Macht (…) eine Pflicht haben, sich auf öffentliche Gründe zu berufen, aber wir sind uneins darüber, welche [liberalen] Gerechtigkeitsgrundsätze die vernünftigste Basis für öffentliche Rechtfertigungen bieten" (Rawls (1998), S. 328).

48 Rawls (1998), S. 46.

49 Ferrara (2002), S. 929.

50 Vgl. Rawls (1998), S. 345 – 346.

51 Vgl. Rawls (2002), S. 176.

deren Platz in der Familie politischer Konzeptionen einnimmt (...)"[52]. Doch fokussiert sich dieses Buch auf politische Legitimation mit Blick auf Gestaltungsprozesse und Entscheidungsverfahren und bedient sich dafür der Rawlsschen Richtlinien und Kriterien des öffentlichen Vernunftgebrauchs sowie des Legitimitätsprinzips. Der konkrete materiale Gehalt liegt nicht im Betrachtungsinteresse. Dies bedeutet, dass die Rawlssche Anforderung nach Vollständigkeit einer politischen Konzeption keine normative Anforderung im vorliegenden Buch darstellt. Dies bedeutet gleichsam, dass der Begriff der Gerechtigkeit nicht im Zentrum steht, wenn auch die grundlegenden Werte, die implizit in der politischen Kultur demokratischer Gesellschaft enthalten sind, eine gemeinsame Basis zwischen Gerechtigkeit und Legitimität bilden.[53] Rawls selbst gibt zwar zu, dass Legitimität grundsätzlich schwächere Bedingungen auferlegt als Gerechtigkeit, er aber trotzdem bei grundlegenden politischen Fragen Legitimität als Maßstab anlege.[54] Denn beim „Ziel, legitime demokratische Institutionen zu beschreiben, so daß die von ihnen getroffenen politischen Entscheidungen und Gesetze ebenfalls legitim sind", ist Legitimität der passende Begriff.[55] Und so bilden eben nicht mehr die beiden Gerechtigkeitsprinzipien (NORMATIV II KONKRET) den Standard der öffentlichen Rechtfertigung, sondern das Legitimitätsprinzip (NORMATIV I ABSTRAKT), mit dem Ziel zu zeigen, wie Bürger ein Ergebnis als gerechtfertigt ansehen können, ohne relevante Teile ihrer umfassenden Ansichten

---

52 Rawls (2002), S. 250, FN 27. Hinsch (1997), S. 33–34 geht auf den in der TOJ dargestellten Vier-Stufen-Gang als konzeptionellen Rahmen zur Organisation von Gerechtigkeitsvorstellungen im demokratischen Willensbildungsprozess zurück. Dabei ist für ihn der Vier-Stufen-Gang „eine ›Schnittstelle‹ zwischen der Theorie politischer Gerechtigkeit und der Theorie demokratischer Legitimität" (Hinsch (1997), S. 33), da deutlich werden kann, „welche Rolle überpositive Gerechtigkeitsgrundsätze für die demokratische Legitimierung konkreter politischer Regelungen und Entscheidungen spielen" (Hinsch (1997), S. 33–34).
53 Vgl. Peter (2010), S. 14–15. Für die Rückbindung von Legitimität an politische Gerechtigkeit und gegen einen rein prozeduralen Legitimitätsbegriff vgl. auch Schaub (2009), S. 177. Özmen (2013), S. 72 betont in diesem Zusammenhang, dass Rawls die Begrifflichkeiten Gerechtigkeit und Legitimität auch selbst nicht immer ganz trennscharf verwendet, zum Beispiel wenn er manchmal den Begriff der Gerechtigkeit verwendet, aber an politische Institutionen und ihre Rechtfertigung durch allgemeine Zustimmbarkeit denkt und nicht an eine ideale gerechte Ordnung.
54 Vgl. Rawls (1997b), S. 243–244. Vollkommen gerecht sei Rawls' Auffassung nach lediglich die politische Fairness-Konzeption und wünschenswert wäre, „wenn alle politischen Maßnahmen sich an dieser Konzeption orientierten." Legitimität verlange hingegen nur, „dass zumindest grundlegende politische Fragen unter Rekurs auf ein Mitglied der Familie vernünftiger liberaler politischer Konzeptionen begründet und entschieden werden" (Schaub (2009), S. 177).
55 Vgl. Rawls (1997b), S. 243.

zu verleugnen.[56] Rawls' Schwenk von der Gerechtigkeit hin zur Legitimität[57] über den, wie Weithman zusammenfasst,[58] in der Standardlesart von Rawls Einigkeit herrscht,[59] passt zum Gegenstand dieses Buchs. Eine inhaltlich gerechte Ordnung im Hinblick auf die soziale und ökonomische Struktur ist für Rawls nicht mehr der Fokus.[60] Dennoch gibt er seine diesbezüglichen Forderungen nicht grundsätzlich auf.[61] Sie stehen jedoch in diesem Buch nicht im Mittelpunkt, wenngleich man durchaus inhaltliche Fragen der Hochschulpolitik unter dem Blick der Gerechtigkeitsprinzipien bearbeiten könnte – denkt man beispielsweise an das Thema Gleichheit der Hochschulzugangschancen im Sinne von Zugangsgerechtigkeit sowie das Thema Geschlechtergleichstellung, gerade mit Blick auf Karrierechancen an Hochschulen.

Vielmehr sind die Richtlinien und Kriterien des öffentlichen Vernunftgebrauchs (NORMATIV I ABSTRAKT) Prinzipien des Denkens und Regeln,[62] die dazu dienen, dass „Bürger feststellen können, ob bestimmte inhaltliche Grundsätze Anwendung finden und welche Gesetze und Programme ihnen am besten dienen."[63] Das Kriterium ist das der allgemeinen Zustimmbarkeit. Dies macht den Unterschied von Rechtfertigung und Legitimität für Rawls aus. Um eine Institution zu rechtfertigen, müssen zunächst gute Gründe für sie da sein. Um sie dann noch als legitim anzusehen, ist die Einstellung der Bürger gegenüber dieser Institution entscheidend – ob sie sie tatsächlich akzeptieren können (aus den richtigen

---

56 Vgl. Weithman (2013b), S. 320. Es soll nicht verschwiegen werden, dass Weithman (2013a), S. 51 selbst dieser Lesart nicht zustimmt. Für ihn reicht Rawls' Theorie der Legitimität im PL nicht an die TOJ heran. Er moniert fehlende Aussagen zur Art und Weise, wie das Legitimitätsprinzip im Urzustand ausgewählt wird, wie die Mitglieder einer wohlgeordneten Gesellschaft einen Sinn für Legitimität ausbilden sowie zur Frage, welche psychologischen Prinzipien die Zugehörigkeit zu den verschiedenen Gütern erklären, die das ‚Ideal of Democratic Government' ausmachen.
57 Vgl. Dreben (2006), S. 317. Vgl. Ceva / Rossi (2012) für eine Unterscheidung in Theorien, die primär ‚justice driven' oder ‚legitimacy driven' sind.
58 Weithman (2013b), S. 10.
59 Er bezieht sich bei der Standardsekundärliteratur auf Dreben (2006), S. 316, Reidy (2007), S. 247, May (2009), S. 148 und Estlund (1996), S. 68.
60 Vgl. Peter (2013), S. 598: „One way to understand this is that legitimacy applies primarily to political institutions, whereas justice applies to the full set of political, social and economic institutions."
61 Vgl. James (2013), S. 324, der betont, dass Rawls lediglich seinen Fokus von Gerechtigkeit hin zu Legitimität richtet und deswegen aber nicht seine Idee eines sozio-ökonomischen Egalitarismus aufgibt. Vgl. auch Scanlon (2006), S. 162 und Estlund (1996), S. 77.
62 Vgl. Rawls (2003), S. 145.
63 Rawls (1998), S. 325.

Gründen heraus).[64] Ausformuliert hat Rawls dies in seinem Legitimitätsprinzip: Die Grundstruktur und damit verbundene Verfahren müssen – sobald wesentliche Verfassungsinhalte oder Fragen grundlegender Gerechtigkeit betroffen sind – allen Bürgern gegenüber gerechtfertigt werden.[65]

> „[U]nsere Ausübung politischer Macht [ist] nur dann völlig angemessen (...), wenn sie sich in Übereinstimmung mit einer Verfassung vollzieht, deren wesentliche Inhalte vernünftigerweise erwarten lassen, daß alle Bürger ihnen als freie und gleiche im Lichte von Grundsätzen und Idealen zustimmen, die von ihrer gemeinsamen menschlichen Vernunft anerkannt werden. Dies ist das liberale Legitimitätsprinzip."[66]

> „Sobald es um wesentliche Verfassungselemente geht, muß die politische Macht – als Macht freier und gleicher Bürger – in einer Weise ausgeübt werden, die von allen Bürgern als vernünftigen und rationalen Wesen im Lichte der ihnen gemeinsamen menschlichen Vernunft gebilligt werden kann."[67]

Hierzu greift er auf die Idee der öffentlichen Vernunft als dem zentralen Bestandteil seiner politischen Konzeption zurück. Dieses ist die Leitlinie für politische Legitimation aufbauend auf Rawls (vgl. insbesondere Abschnitt 2.1.3).

> „Der öffentliche Vernunftgebrauch – die öffentlich vorgetragenen Argumente der Bürger über wesentliche Verfassungsinhalte und grundlegende Fragen der Gerechtigkeit – wird jetzt am besten durch eine politische Konzeption geleitet, deren Grundsätze und Werte alle Bürger bejahen können (...)."[68]

Rawls Auffassung fällt dabei unter die coercion-based-Ansätze und knüpft an Kant an.[69] Um legitimerweise Macht auszuüben, sind Gründe notwendig, denen die anderen Menschen unter Gebrauch ihrer gemeinsamen menschlichen Ver-

---

64 Vgl. Scanlon (2012), S. 888. Auch Scanlon unterstützt die Herangehensweise, Legitimation durch das Kriterium der allgemeinen Zustimmbarkeit auszudrücken. Vgl. hierzu auch Williams (2005), S. 4 ff. mit seinem „Basic Legitimation Demand".

65 Vgl. Rawls (1998), S. 326. Vgl. Simmons (2001), S. 144 – 145 für eine Stimme, nach der sich „Legitimating" und „Justifiying" nicht so deutlich unterscheiden lassen, vor allem im Vergleich zur Herangehensweise von Locke.

66 Rawls (1998), S. 223.

67 Rawls (2003), S. 138.

68 Rawls (1998), S. 75.

69 Vgl. Peter (2013), S. 597 und Simmons (2001), S. 143. Peter (2010), S. 14 verweist darauf, dass Rawls sich in PL zurück auf Kant bezieht mit der Idee der öffentlichen Vernunft im Unterschied zu einer Theorie der demokratischen Zustimmung, die zurück auf Rousseau geht. Er geht aber auch über Kant hinaus, insbesondere was Kants Konzeption von Liberalismus angeht, die so nicht von allen Mitgliedern einer modernen Gesellschaft geteilt werden würde. Vgl. Wolf (1997), S. 54.

nunft zustimmen können.[70] Für Rawls war die Idee der öffentlichen Vernunft notwendig, um das Problem der politischen Legitimation zu lösen.[71] Einem Argument kann keine öffentliche Rechtfertigung zugeschrieben werden ohne den gemeinsamen öffentlichen Vernunftgebrauch. Das heißt, Voraussetzungen und Folgen eines Arguments müssen allen gegenüber unter Gebrauch ihrer Vernunft begründbar sein.[72] Dies verdeutlicht nochmals Rawls' Anspruch einer öffentlichen, nicht metaphysischen Konzeption, nämlich dass Rawls' Legitimitätsprinzip abhängig ist von der Idee des öffentlichen Vernunftgebrauchs.[73]

Dies ist ein hoher Anspruch. Schließlich fordert Rawls, dass politische Entscheidungen nur dann legitim sind, wenn „sie in legitimer Weise in Übereinstimmung mit anerkannten legitimen demokratischen Verfahren zustandegekommen sind."[74] Auf der anderen Seite zeigt sich hier ebenfalls der Blick auf das politisch Machbare des späten Rawls. Einstimmigkeit ist in grundlegenden politischen Fragen nicht oder kaum als realistisch anzusehen. Dies ist den vernünftigen Bürgern bewusst. Und so sind Verfahren notwendig, um bei dieser Ausgangslage trotzdem zu Entscheidungen zu gelangen.[75] Diese politischen Gestaltungsprozesse und Entscheidungsverfahren in den Mittelpunkt zu rücken, macht politische Legitimation aus, im Unterschied zum Endprodukt legitimer Institutionen und dem Begriff der Legitimität. In diesem Sinne definiert Rawls ein legitimes Verfahren als „(...) ein solches, daß alle als Freie und Gleiche vernünf-

---

[70] Vgl. Rawls (1998), S. 317.

[71] Vgl. Peter (2010), S. 15.

[72] Dabei soll an dieser Stelle erwähnt werden, dass die Art der Rechtfertigung durch den öffentlichen Vernunftgebrauch eine der drei Ideen von Rechtfertigung bei Rawls darstellt. Daneben ist die intuitive, ‚induktive' Idee des Überlegungsgleichgewichts sowie die eher ‚deduktive' Ableitung der Gerechtigkeitsprinzipien im Urzustand zu nennen, wobei die Gerechtigkeitsprinzipien dann ausschlaggebend sind, Institutionen als gerecht zu kennzeichnen (da sie als NORMATIV II KONKRET den materialen Gehalt beurteilen). Vgl. für diese Kategorisierung Scanlon (2006). Er macht in seinem Aufsatz unter anderem auch deutlich, wie diese drei Ideen zusammenhängen. Forst (2007), S. 133 unterscheidet die Rechtfertigung der Begriffe, auf denen die konstruktivistische Theorie beruht, die der Gerechtigkeitsprinzipien im Urzustand und drittens die öffentlich politische Rechtfertigung und Legitimation allgemein geltender Gesetze.

[73] Wie Peter (2013), S. 597–598 deutlich macht, wird hier der Unterschied von Rawls zu Raz sehr deutlich, in Bezug sowohl auf die Notwendigkeit einer Rechtfertigung als auch auf deren Ausgestaltung.

Vgl. Copp (1999), S. 30 für einen Vergleich des Legitimitätsprinzips von Rawls mit dem von Nagel, der auf die Unvernünftigkeit einer Zurückweisung setzt und nicht auf aktive Zustimmbarkeit.

[74] Rawls (1997b), S. 244.

[75] Vgl. Rawls (1997b), S. 212.

tigerweise für den Fall anerkennen können, daß eine Entscheidung notwendig ist und eine Übereinstimmung normalerweise fehlt."[76]

Den Blick auf legitime Verfahren unterstützen Stimmen durchaus vieler Autoren: Anspruchsvoll seien eben gerade „nicht-argumentative Formen der kollektiven Entscheidungsfindung", die zur Bestimmung des „politisch Legitimen" als „Ergebnis eines Entscheidungsverfahrens" zentral sind.[77] Gaus unterstützt diese Ansicht: Für ihn geht es um *faire* Verfahren und weniger um das Ergebnis selbst. Für Gaus gilt: „the voting mechanism constitutes a fair way to adjudicate deep disagreements about what is publicly justified," so lange, wie „each citizen presents what he or she believes is the best public justification".[78] Peter unterstützt ferner den Fokus auf Verfahren, betont jedoch, dass prozedurale politische und epistemische Normen, insbesondere der Fairness, nicht komplett außer Acht gelassen werden dürfen.[79] Der von Maffettone verwendete Begriff eines „normativen Institutionalismus"[80] kann hierfür als sehr passend eingeschätzt werden.

Mit den Richtlinien und Kriterien des öffentlichen Vernunftgebrauchs liefert uns Rawls Hinweise für die Art und Weise der Gestaltung von politischen Prozessen – also genau dazu, was unter der Notwendigkeit politischer Legitimation für die Hochschulpolitik verstanden wird. Um politischen Entscheidungsverfahren und Gestaltungsprozessen in der Hochschulpolitik nach Rawls und angereichert dann durch Dewey Legitimation zuerkennen zu können, werden – wie in den folgenden Abschnitten verdeutlicht – politische Normen prägend sein.

2.1.2 Anwendungsverhältnisse zur Frage nach Legitimation

Rawls formuliert Anwendungsverhältnisse oder auch Umstände „als die gewöhnlichen Bedingungen, unter denen menschliche Zusammenarbeit möglich und notwendig ist"[81]. Diese Rahmenbedingungen müssen an dieser Stelle verstanden werden, um nachvollziehen zu können, warum sich für Rawls die Frage

---

76 Rawls (1997b), S. 245.

77 Vgl. Hinsch (1997), S. 18 – 19.

78 Gaus (1997), S. 234.

79 Dies kann als Zugeständnis an sogenannte epistemische Demokraten gesehen werden. Für sie lautet die sich ergebende Konzeption demokratischer Legitimität wie folgt: Demokratische Entscheidungen sind dann legitim, „if they are the outcome of a deliberative decision-making-process that satisfies some conditions of political and epistemic fairness" (Peter (2013), S. 604 mit Verweis auf Peter (2009)).

80 Maffettone (2012), S. 904.

81 Rawls (1975), S. 148.

politischer Legitimation überhaupt stellt und warum er sich für seine Konzeption politischer Legitimation des öffentlichen Vernunftgebrauchs bedient. Er unterscheidet hierbei in *objektive und subjektive Umstände*[82] und verkürzt lässt sich sagen: aufgrund der Bedingung mäßiger Knappheit (als ein objektiver Umstand) bei konkurrierenden Ansprüchen der Beteiligten auf die zur Verfügung stehenden Güter und Interessensgegensätzen (als subjektiver Umstand) stellt sich die Frage nach legitimen Gestaltungsprozessen und Entscheidungsverfahren überhaupt erst. Gleichzeitig liegen in diesen Umständen Rawls' grundlegende Ideen seiner politischen Konzeption. Es sind für ihn genau diese Ideen, die am ehesten dem Geist der öffentlichen Kultur einer demokratischen Gesellschaft entsprechen, intuitiv eingängig und vertraut sind, und die er in seiner politischen Konzeption zusammenfügt.[83]

Objektive Umstände: Zusammenleben vieler unter Knappheitsbedingungen erfordert und ermöglicht soziale Kooperation

Objektive Umstände ermöglichen die Zusammenarbeit der Menschen und machen sie gleichsam notwendig.[84] Interessensharmonie sieht Rawls als objektiven Umstand darin, dass aufgrund begrenzter knapper Ressourcen Zusammenleben und Kooperation für alle vorteilhaft und zugleich möglich sind. Das heißt, objektiver Umstand ist für Rawls eine mäßige Güterknappheit, die soziale Kooperation erfordert.[85] Wie Rawls beschreibt, macht das Zusammenleben vieler Menschen unter der Bedingung vielfältiger Knappheit eine „planvolle Zusammenarbeit"[86] notwendig. Schlussfolgernd würde sich die Frage nach der notwendigen Kooperation in einer Überflussgesellschaft nicht in diesem Maße stellen. Doch betont er, dass die Bedingungen der Knappheit grundsätzlich überwindbar sind und gesellschaftliche Kooperation möglich ist.[87] Mit Blick auf die Bedingungen in der Hochschulpolitik zeigt sich die Knappheit der zur Verfügung stehenden Güter darin, dass die öffentlichen Haushalte in ihren Ausgaben begrenzt sind, zumal diverse Politikfelder konkurrieren. Vor dem Hintergrund der Schuldenbremse hat sich diese Ausgangslage nochmals verschärft und verdeutlicht, dass in der deutschen Hochschulpolitik kooperative Lösungen gefunden werden müssen.

---

82 Vgl. Rawls (1975), S. 149–150.
83 Als Grundlage für die einzurichtenden Institutionen. Vgl. Rawls (1998), S. 461.
84 Vgl. Rawls (1975), S. 149.
85 Vgl. für die Anwendungsbedingungen auch Rawls (2003), S. 137–139.
86 Rawls (1975), S. 149.
87 Vgl. Rawls (1994b), S. 117 und Nida-Rümelin (1999), S. 48.

Als zentrale strukturierende Grundidee[88] sieht Rawls die Vorstellung einer wohlgeordneten Gesellschaft als ein faires, generationenübergreifendes System sozialer Kooperation.[89] Diese Gesellschaft ist eine „mehr oder weniger geschlossene und sich selbst genügende Form der Kooperation"[90], in der die Menschen ihr ganzes Leben verbringen. Rawls' weitere Ideen leiten sich aus dieser „grundlegende[n] ordnungsstiftende[n] Idee"[91] ab. Sie nimmt eine systematisch verbindende und zueinander in Beziehung setzende Rolle ein.[92] Rawls stellt gerade diese Idee an den Beginn seiner Ausführung, unter der Annahme, dass ebendiese Idee „in der öffentlichen Kultur einer demokratischen Gesellschaft impliziert ist."[93] Sie ist überdies deshalb so wichtig, weil die öffentlich politische Kultur auf tieferen Ebenen durchaus in sich gespalten sein kann, was im Folgenden noch deutlich werden wird.[94] Er kennzeichnet seine grundlegende Idee sozialer Kooperation mit wenigstens drei Merkmalen:[95] So zeichnet sich soziale Kooperation *erstens* dadurch aus, dass sie durch öffentlich anerkannte Regeln und Verfahren geleitet wird und die Beteiligten diese als angemessene Handlungsgrundlage akzeptieren. *Zweitens* kennzeichnen faire Bedingungen der Zusammenarbeit soziale Kooperation. Die Modalitäten der Zusammenarbeit sollen so ausgestaltet sein, dass sie jeder vernünftigerweise akzeptieren kann und sollte, solange sie auch von allen anderen akzeptiert werden. Eine Idee der Reziprozität oder Gegenseitigkeit wird hiervon bestimmt: „Alle, die gemäß den Forderungen der anerkannten Regeln ihren Beitrag leisten, sollen einem öffentlichen und übereinstimmend bejahten Maßstab entsprechend ihren Nutzen genießen."[96] *Drittens* ist eine Vorstellung vom rationalen Vorteil jedes Beteiligten ebenfalls in die Idee sozialer Kooperation integriert, das heißt eine individuelle Vorstellung davon, was im Leben Wert hat und wie wir unsere Beziehung zur Welt verstehen. Die im Folgenden beschriebene Idee des Menschen mit seinen beiden moralischen Vermögen verdeutlicht dies nochmals genauer.

---

88 Einschließlich Begriffe und Konzeptionen, siehe Rawls (1998), S. 79.
89 Vgl. Rawls (1994a), S. 262–263.
90 Rawls (1994a), S. 267–268.
91 Rawls (1998), S. 81.
92 Vgl. Rawls (1994a), S. 262.
93 Rawls (1998), S. 81.
94 Vgl. Rawls (1998), S. 73.
95 Vgl. Rawls (2003), S. 26–27, Rawls (1994a), S. 266–267 und Rawls (1998), S. 82–83.
96 Rawls (2003), S. 26. Ferrara (2002), S. 929 sieht den Begriff „gleichen Respekts" anstelle von „Reziprozität" treffender. Die Autorin zieht es aber vor, hier der Terminologie von Rawls zu folgen und den Ausdruck Reziprozität zu verwenden. Der Blick auf den anderen ist hierbei konstituierender Bestandteil.

Subjektive Umstände: Rawls' Idee des Bürgers in einer demokratischen Gesellschaft geprägt vom vernünftigen Pluralismus

Eingebettet in die für Rawls zentrale Idee der sozialen Kooperation sind die zwei für ihn wichtigen „Begleitideen"[97]: die Idee der Bürger als freie und gleiche Personen[98] und die Idee einer wohlgeordneten Gesellschaft unter dem Faktum eines vernünftigen Pluralismus. Rawls macht diese Ideen anhand der subjektiven Anwendungsverhältnisse deutlich, die bei ihm als Interessenskonflikte auf das Bestehen tiefer und einschneidender religiöser und philosophischer Unterschiede zurückgehen, über die keine Übereinstimmung herrscht und unter denen sich die Frage nach politischer Legitimation stellt.[99] Denn diese subjektiven Bedingungen bleiben grundsätzlich bestehen. Als dritter Punkt soll am Ende dieses Abschnitts Rawls' Vorstellung eines überlappenden Konsens verstanden werden, denn sie ist prägend als gemeinsame Basis der Beteiligten im öffentlichen Vernunftgebrauch hin zu politischer Legitimation.

Rawls versteht die Bürger als gleiche und freie Personen, die mit den notwendigen Vermögen ausgestattet sind, um ein Leben lang an einem fairen System sozialer Kooperation teilzunehmen.[100] Er hat ein Grundvertrauen, dass diese Bürger bei Gestaltungsprozessen und Entscheidungsverfahren den Richtlinien und Kriterien des öffentlichen Vernunftgebrauchs folgen können und dies auch möchten. Daher ist es an dieser Stelle besonders wichtig, die Annahmen über sein Menschenbild herauszustellen, die seiner Konzeption politischer Legitimation zugrunde liegen.[101] Der Fokus liegt auf der Vorstellung von Bürgern in ihrer politischen Identität, die die politischen und sozialen Beziehungen innerhalb der Grundstruktur prägen[102] und die nicht zwangsläufig gleichsam für das Auftreten der Personen in der Hintergrundkultur gelten.[103] Hier zeigt sich in der Weiterentwicklung zur TOJ[104] Rawls' Konsens-Orientierung und sein Vertrauen, dass diese Art von Personenkonzeption zu seiner Konzeption politischer Legitimation passt.[105]

---

97 Rawls (1998), S. 105.
98 Vgl. Nida-Rümelin / Özmen (2011), S. 51, die das *„normative Fundament gleicher Freiheit"* als konstituierend für die moderne Demokratie hervorheben.
99 Vgl. Rawls (1994b), S. 115 und Rawls (1975), S. 150.
100 Vgl. Rawls (1998), S. 86.
101 Vgl. Rechenauer (2003), S. 43.
102 Vgl. Rawls (1998), S. 416.
103 Dreben (2006), S. 325 betont dies. Rawls prägt hierfür den Begriff *„nicht-öffentliche Identität"* (Rawls (1994a), S. 279).
104 Wo noch die „Idee der Person als einer moralischen Persönlichkeit mit uneingeschränkter moralischer Handlungsfähigkeit [moral agency] (...)" (Rawls (1998), S. 42) im Mittelpunkt stand.
105 Vgl. Rawls (1998), S. 84.

Im Kern seiner politischen Personenkonzeption sieht Rawls die Bürger ausgestattet mit zwei Kooperation ermöglichenden moralischen Vermögen: mit einem Gerechtigkeitssinn und einer Vorstellung des Guten.[106] Mit diesen beiden moralischen Vermögen, die Rawls allen Bürgern zuspricht, verbindet er zwei für ihn wesentliche Elemente sozialer Kooperation: das Vernünftige und das Rationale als zwei einander ergänzende Ideen.[107]

Das *erste moralische Vermögen* der Bürger ist die Anlage zu einem Gerechtigkeitssinn. Das bedeutet, eine politische Konzeption, die faire Bedingungen sozialer Kooperation festlegt, zu verstehen, anzuwenden und ihr entsprechend handeln zu können. In diesem moralischen Vermögen zeigt sich die zentrale Eigenschaft der Menschen *vernünftig* zu sein. Das Vernünftige bringt dabei das spezifisch Öffentliche, das heißt auch die Welt bzw. den Blick der anderen zum Ausdruck: „(...) [D]urch das Vernünftige [betreten wir] die öffentliche Welt der anderen als Gleiche (...).“[108] Diese vernünftigen Bürger kennzeichnet Rawls durch vier besondere Merkmale:[109] (1) Im Vernünftigen kommen die fairen Bedingungen der Kooperation zum Ausdruck, über die alle Bürger eine gemeinsame Vorstellung haben und die als Grundsätze und Ideale formuliert werden.[110] Die Bürger haben die Fähigkeit sich von diesen Bedingungen um ihrer selbst willen leiten zu lassen,[111] wenn andere dies ebenso tun, wenngleich für sie eine Missachtung vorteilhafter wäre.[112] Vernünftige Bürger „bestehen darauf, daß in dieser Welt Reziprozität herrscht, so daß jeder zusammen mit allen anderen profitiert.“[113] Sie sind bereit und wünschen, sich gegenüber anderen so zu verhalten, wie sie öffentlich zustimmen können.[114] So schlagen sie nur solche Kooperationsregeln vor, „(...) von denen sie allgemeine Akzeptanz erwarten und die sie selbst zu berücksichtigen bereit sind.“[115] Neben der Bereitschaft, faire Kooperationsbedingungen vorzuschlagen, ist es zweitens (2) die „Bereitschaft, die Bürden des Urteilens anzuerkennen und ihre Konsequenzen für den Gebrauch der öffentlichen Vernunft bei der Lenkung der legitimen Ausübung politischer Macht in einer konstitutionellen Ordnung zu akzeptieren“[116], die die Vernunft kennzeichnet. Alle

---

106 Vgl. Rawls (1998), S. 497.
107 Rawls leitet also nicht das Vernünftige aus dem Rationalen ab. Vgl. Rawls (1998), S. 126.
108 Rawls (1998), S. 126.
109 Vgl. hierzu Rawls (1998), S. 160.
110 Vgl. Rawls (1998), S. 41, 416–417.
111 Vgl. Rawls (1998), S. 418.
112 Vgl. Rawls (2002), S. 215.
113 Rawls (1998), S. 122.
114 Vgl. Rawls (1998), S. 85–86.
115 Nida-Rümelin / Özmen (2011), S. 55.
116 Rawls (1998), S. 127–128.

Menschen unterliegen den Bürden des Urteilens gleichermaßen. Sie führen zu widersprüchlichen Ansichten über das Gute und über Ansprüche anderer an uns. Dabei erschweren sie es, aufgrund vernünftiger Meinungsunterschiede aller Beteiligten zu immer allen gegenüber rechtfertigbaren Urteilen zu kommen. Doch sie sind auch deutlicher Ausdruck der Idee der Toleranz:[117] „(...) die praktische Politik ist nun einmal kein Gebiet, auf dem man (immer) eindeutige Ergebnisse erzielen kann. Sie ist vielmehr ein solches, auf dem man begründeterweise unterschiedlicher Auffassung sein kann."[118] Die dritte Ausprägung des Vernünftigen (3) zeigt sich darin, dass die Bürger bewusst danach streben, normale und voll kooperative Gesellschaftsmitglieder zu sein, und dies nicht nur einfach so ist.[119] Viertens (4) schreibt Rawls als Folge der Merkmale (1)-(3) den Bürgern zu, dass sie eine vernünftige Moralpsychologie haben und als fair eingestufte Praktiken vor allem dann verinnerlichen und ihnen vertrauen, wenn die anderen sich ebenfalls daran halten und diese kooperativen Arrangements über einen längeren Zeitraum Bestand haben.[120]

Das zweite moralische Vermögen ist die zugesprochene Befähigung zu einer Konzeption des Guten im Sinne einer umfassend verstandenen Lehre.[121] Die Menschen sind für Rawls dabei auch *rational*. Dies bedeutet, eine Vorstellung vom eigenen rationalen Vorteil und Guten auszubilden, zu revidieren und dies rational verfolgen zu können.[122] Hierbei geht es für Rawls recht breit gefasst darum, dass der einzelne Mensch sich bewusst ist, was in seinem Leben individuell von Wert ist, und von diesen Auffassungen geprägt ist. Diese umfassenden Werte [hier verwendet das Buch bewusst den Ausdruck ‚Werte' im Gegensatz zu politischen ‚Normen', die dem öffentlichen Vernunftgebrauch zugrunde liegen] können als ein „Schema letzter Ziele"[123] angesehen werden, das Personen und Vereinigungen der Hintergrundkultur einschließt, denen gegenüber sich die Menschen verbunden und loyal fühlen. Wie die Menschen dabei ihre Beziehung zur Welt sehen (religiös, moralisch oder philosophisch) ist ebenso Teil ihrer Konzeption des Guten. Diese persönlichen Konzeptionen des Guten bilden sich erst nach und nach aus und können sich während des Lebens verändern.[124] Rawls unterstellt

---

117 Vgl. Rawls (1998), S. 127–132. Wie Nussbaum (2011), S. 23 betont, haben die Meinungsverschiedenheiten gerade unter dem Gebrauch menschlicher Vernunft unterschiedliche Quellen.
118 Becker et al. (2009), S. 302.
119 Vgl. Rawls (1998), S. 160.
120 Vgl. hierzu Rawls (1998), S. 165–166.
121 Vgl. Rawls (1998), S. 159.
122 Vgl. Rawls (1998), S. 86.
123 Rawls (1994a), S. 268.
124 Vgl. Rawls (1994a), S. 268–269 und Rawls (1998), S. 86, 418.

allerdings keine reinen „Zweck-Mittel-Erwägungen"[125] und bloße Selbst-Interessen, vielmehr kennzeichnet er das Rationale durch ein Fehlen einer „besondere[n] Form der moralischen Sensibilität"[126], was beim Vernünftigen dem Beteiligen am System fairer Kooperation um seiner selbst willen entspricht. Denn das Rationale bezieht sich auf die individuellen Pläne der Bürger zu ihrem eigenen Vorteil, im Unterschied zu den fairen gemeinsamen Kooperationsbedingungen, worauf sich das Vernünftige bezieht. Rawls betont aber, dass „die Einheit sozialer Kooperation (...) darauf [beruht], daß Personen darüber übereinstimmen, unter welchen Bedingungen diese Kooperation fair ist."[127] Rawls geht ferner davon aus, dass die Bürger ausschließlich *vernünftige* umfassende Lehren unterstützen.[128] Dies ist ein geschickter Schachzug Rawls', denn in der Charakterisierung als *vernünftig* ist integriert, dass die umfassenden Lehren von sich aus fordern, Institutionen auf Basis abstrakter politischer Normen zu rechtfertigen (wenngleich aus den ihnen eigenen Gründen) und nicht unter spezifischem Rückgriff auf die konkreten Werte ihrer Lehre.[129] Sie streben nicht an, politische Macht, für den Fall, dass sie sie besitzen, dafür zu benutzen, andere von ihr abweichende vernünftige umfassende Lehren zu unterdrücken.[130] Rawls betont später, dass eine vernünftige Lehre als Grundvoraussetzung die konstitutionelle Ordnung und die damit verbundene Idee legitimer Gesetze akzeptieren muss.[131]

Die beiden einander ergänzenden Ideen des Vernünftigen und Rationalen ergeben für Rawls nur zusammen Sinn und können nicht alleine stehen.[132] Denn

---

125 Rawls (1998), S. 123.
126 Rawls (1998), S. 123.
127 Rawls (1998), S. 417.
128 Er führt hierzu drei Hauptkennzeichen an. Vgl. Rawls (1998), S. 133. Auch wenn Rawls anmerkt, dass es selbstverständlich auch eine Reihe unvernünftiger Lehren gibt, sieht er das „Problem darin, sie so einzudämmen, daß sie nicht die Einheit und die Gerechtigkeit der Gesellschaft untergraben" (Rawls (1998), S. 13), und ist auch zurückhaltend, umfassende Lehren ohne schlagkräftige Argumente als unvernünftig zu bezeichnen, daher ist seine Charakterisierung mit den drei Hauptmerkmalen bewusst vage gehalten. Vgl. Rawls (1998), S. 134. Dies wird zum Teil kritisch gesehen. Vgl. Nussbaum (2011), S. 23 ff., aus deren Sicht diese theoretische Unterscheidung, die Rawls in vernünftige und unvernünftige umfassende Lehren trifft, mit Schwierigkeiten verbunden ist. Sie plädiert vielmehr für eine ethische Definition. Auch Schaub (2009), S. 226 sieht die Abgrenzung als problematisch an.
129 Scanlon (2012), S. 889 – 890 betont an dieser Stelle, dass Rawls damit die Spannung etwas auflösen kann, die sich bei Bürgern zwischen der Idee des Guten aus der umfassenden Lehre heraus für die individuelle Lebensgestaltung und der für die politische Rechtfertigung ergeben kann.
130 Vgl. Rawls (1998), S. 135.
131 Vgl. Rawls (2002), S. 165.
132 Vgl. Rawls (1998), S. 125.

die entscheidende Idee ist die, dass das Vernünftige stets das Rationale umschließt: „Auf jeder Ebene umrahmt das Vernünftige das Rationale und ordnet es sich unter; nur die Aufgabe, welche die rational Handelnden in den Beratungen zu lösen haben, und die Bedingungen, denen sie unterliegen, ändern sich."[133] Das Vernünftige braucht dabei ganz essentiell das Öffentliche, da sonst nur das Rationale bleibt.[134]

Rawls betont, dass Menschen nur dadurch, dass sie die beiden moralischen Vermögen besitzen, zum praktischen Vernunftgebrauch in der Lage sind. Die Grundsätze praktischer Vernunft und die Konzeptionen von Person und Gesellschaft ergänzen sich wechselseitig. Einerseits werden in der praktischen Vernunft die Konzeptionen von Person und Gesellschaft nachgebildet, andererseits zeigen sich die Grundsätze der praktischen Vernunft eben erst im Denken, Urteilen und Handeln von vernünftigen und rationalen Personen. Die praktische Vernunft bedarf regelrechter Konzeptionen von Person und Gesellschaft.[135] Neben der praktischen ist die theoretische Vernunft für Rawls nicht unwesentlich.[136] Mit ihrer Hilfe verfügen die Bürger über die „allgemeinen Fähigkeiten des Begründens, Schlußfolgerns und Urteilens"[137] (= für Rawls intelligente Vermögen), denen insbesondere in vorliegendem Buch mit der zentralen Rolle des öffentlichen Vernunftgebrauchs eine wichtige Bedeutung zukommt.

Neben rational und vernünftig kennzeichnet Rawls die Bürger als *frei* und *gleich*.[138] Als solche, Freie und Gleiche, bilden sie die Gesellschaft als ein System fairer sozialer Kooperation. Für Rawls geht es um freie und gleiche Bürger, „die als Kollektiv letztinstanzliche Macht übereinander ausüben."[139] Diese politische Autonomie ist ein Beispiel für eine politische Norm (im Unterschied zu einem moralischen Wert[140]), auf die Rawls zurückgreift: „die rechtliche Unabhängigkeit

---

133 Rawls (1998), S. 461.
134 Vgl. Rawls (1998), S. 127. Dies unterscheidet die Bürger in Rawls' politischer Konzeption von den Parteien im Urzustand, die lediglich als rational anzusehen sind. Vgl. Rawls (1998), S. 186 und Rawls (1998), S. 151.
135 Vgl. Rawls (1998), S. 189 – 191.
136 Vgl. Rawls (1998), S. 173 – 174.
137 Rawls (1998), S. 174.
138 Die Erkenntnis, Menschen als frei und gleich anzusehen, kann als Beginn der politischen Moderne angesehen werden. Nida-Rümelin (2013), S. 180 ff. erläutert, dass so unterschiedliche Denker wie Hobbes, Locke, Rousseau oder Kant in diesem Punkt übereinstimmen.
139 Rawls (1998), S. 43.
140 Diesen Wert der Autonomie zieht Rawls (1998), S. 41 als Beispiel für den Unterschied zwischen moralischen Lehren einer umfassenden Lehre und den politischen Werten einer politischen Konzeption heran. Moralische Autonomie bezieht sich auf die den betreffenden Personen eigene Art zu leben und ihre damit verbundenen Ziele. Sie erfüllt die Anforderungen des Reziprozi-

von Bürgern, ihre garantierte politische Integrität und ihre gleiche Beteiligung an der Ausübung politischer Macht."[141] *Frei* sind die Menschen aufgrund ihrer beiden moralischen Vermögen in Verbindung mit den intellektuellen Vermögen des Urteilens, Denkens und Schlussfolgerns, die notwendig sind, um die beiden moralischen Vermögen ausüben zu können.[142] Frei können sich die Bürger in der öffentlich politischen Kultur dabei selbst in drei Facetten sehen: *Erstens* bedeutet Freiheit, sich bewusst zu sein, dass man selbst und die Mitbürger das moralische Vermögen zu einer Konzeption des Guten besitzen.[143] Daneben erlegen sich die Bürger *zweitens* ihre Pflichten und Verpflichtungen gegenüber der Gesellschaft selbst auf, insoweit wie sie sich selbst als Bürger anerkennen, „als selbstschaffende Quellen gültiger Ansprüche"[144]. Und in einer *dritten* Hinsicht sind die freien Bürger in Rawls' Konzeption in der Lage, für ihre Ziele verantwortlich zu sein. Schließlich sehen sie sich als lebenslange Mitglieder eines Systems sozialer Kooperation.[145] Damit ihnen dies möglich ist, sind sie in Rawls' inhaltlicher Gerechtigkeitskonzeption (die hier als NORMATIV II KONKRET nicht im Mittelpunkt steht) alle mit den notwendigen vorrangigen Grundfreiheiten ausgestattet.[146] *Gleich* sind die Bürger für Rawls dadurch, dass die beiden moralischen Vermögen in einem Mindestmaß ausgeprägt sind und sie dadurch uneingeschränkt kooperative Gesellschaftsmitglieder sein können.[147] Durch die beiden moralischen Vermögen werden die Bürger notwendig und hinreichend als volle und gleichberechtigte Gesellschaftsmitglieder angesehen. Unterschiede in individuellen Begabungen und Fähigkeiten sind hierfür nur nachrangig. Die Bürger können sich alle „ein Leben lang an sozialer Kooperation beteiligen (...) und (...) angemessene faire Bedingungen der Kooperation (...) achten."[148]

Diese Vorstellung von Bürgern als grundsätzlich Gleiche und Freie – ausgestattet mit den beiden moralischen Vermögen – ist relevant zu verstehen im Hinblick auf die Rawlssche Vorstellung, dass ebendiese Bürger für politische Legitimation notwendige Gesellschaftsmitglieder sein können. Das *Vernünftige* zeigt Rawls' Grundvertrauen in die Menschen als Bürger bereit und in der Lage zu

---

tätskriteriums nicht, da nicht alle Menschen sie akzeptieren können aufgrund ihrer eigenen umfassenden Lehre. Vgl. Rawls (1998), S. 41–42 und Rawls (2003), S. 181–182.

141 Rawls (1998), S. 41.
142 Vgl. Rawls (1994a), S. 268 und Rawls (1998), S. 159.
143 Vgl. Rawls (1994a), S. 278–279.
144 Rawls (1994a), S. 280.
145 Vgl. Rawls (1994a), S. 281–282.
146 Vgl. Rawls (1998), S. 496.
147 Vgl. TOJ § 77 – Die Grundlage der Gleichheit. Vgl. Schaub (2009), S. 127–128.
148 Rawls (1998), S. 419.

sein, soziale Kooperation in einer öffentlich politischen Konzeption zu leben und leben zu wollen, indem sie stets auf die anderen Beteiligten blicken. Dies ist für die Art und Weise, wie die Akteure miteinander umgehen sollen, um Gestaltungsprozesse und Entscheidungsverfahren in der Hochschulpolitik nach Rawls politisch legitim zu gestalten, ganz entscheidend. Doch ist genauso das *Rationale* als Vermögen zu einer umfassenden Vorstellung des individuell Guten zu betrachten. Übertragen auf die marktparadigmatisch geprägte Situation in der Hochschulpolitik sind es durchaus eigene rationale Vorstellungen vom individuell Guten, die die Akteure prägen und ihrem Agieren zugrunde liegen. Für die einzelnen Hochschulen sind insbesondere die eigene Strategie mit den dahinterliegenden Profilierungs- und Positionierungszielen – bis hin zur Etablierung einer eigenen Marke[149] – zur Behauptung im Wettbewerb von höchstem Wert. Dabei fließt auch die Besetzung der Hochschulräte in die umfassende Sichtweise einer am öffentlichen Diskurs beteiligten Hochschule ein und stärkt primär diese individuellen Positionierungsbestrebungen. Ob sie damit der ihnen ursprünglich zugedachten Rolle einer Schnittstelle zur Zivilgesellschaft nachkommen, darf durchaus bezweifelt werden.[150] Auf jeden Fall führen diese einzelnen Positionierungs- und Profilierungsbestrebungen insgesamt zu Uneinigkeiten und Divergenzen, die die Frage nach politischer Legitimation – mit Blick auf das Gesamtinteresse der Bürgerschaft als Steuerzahler und Zivilgesellschaft – aufdrängt. Vom jeweils individuellen Standpunkt aus gesehen können die einzelnen Beteiligten – hier nun als einzelne Hochschulen – durchaus begründeterweise unterschiedlicher Meinung sein. Zum Beispiel wenn es um das Abstimmen einer gemeinsamen Landeshochschulentwicklungsplanung geht, um eine überregionale Ausgewogenheit im Hinblick auf die Fächervielfalt sicherzustellen.

Rawls hat erkannt, dass unter dieser Ausgangslage – wie für die Hochschulpolitik illustriert – eine Gesellschaft vom *Faktum eines vernünftigen Pluralismus* gekennzeichnet ist. Daher ist neben der Idee des Bürgers die Rawlssche Vorstellung einer Gesellschaft nachzuvollziehen, die geprägt ist von eben einem „Pluralismus zwar einander ausschließender, aber gleichwohl vernünftiger umfassender Lehren (...)"[151], um Rawls' Konzeption politischer Legitimation zu verstehen. Die politische Kultur einer demokratischen Gesellschaft ist für Rawls von drei Merkmalen gekennzeichnet.[152] So ist *erstens* die Vielfalt vernünftiger umfassender Lehren, die die Bürger in ihren gerade dargestellten Konzeptionen des Guten verfolgen, als Dauerzustand zu sehen. Diese sind grundsätzlich als nicht

---

149 Zum Beispiel die Technische Universität München in Gestalt des Studiengangs ‚TUM-BWL'.
150 Vgl. FN 140 in Kapitel 1.
151 Rawls (1998), S. 12.
152 Vgl. für die folgende Charakterisierung der drei Merkmale Rawls (1998), S. 106–108.

miteinander vereinbar gekennzeichnet, werden aber durch das Faktum eines vernünftigen Pluralismus zusammengehalten.[153] Dieser *vernünftige* Pluralismus, im Unterschied zu einem Pluralismus in Reinform, entsteht dabei gerade durch das moralische Vermögen der Vernünftigkeit im praktischen Vernunftgebrauch unter dauerhaft freien Institutionen.[154] Als *zweites* ist zu sehen, dass nur der repressive Gebrauch der Staatsgewalt dauerhaft ein gemeinsames Verständnis einer umfassenden Lehre erreichen könnte. Rawls bezeichnet dies als „Faktum der Unterdrückung"[155]. *Drittens* kennzeichnet Rawls die politische Kultur einer demokratischen Gesellschaft dadurch, dass eine beträchtliche Mehrheit der Bürger eine dauerhafte und sichere demokratische Ordnung unterstützen muss, wenn diese die öffentliche Rechtfertigungsgrundlage sein soll, wenngleich die Bürger vielfältige, zum Teil gegensätzliche umfassende vernünftige Lehren bejahen.

Rawls akzeptiert diese Pluralität unterschiedlicher Auffassungen vom Guten nicht nur einfach als Fakt, sondern er sieht darin eine Chance für jeden, nicht lediglich für einen bestimmten aktuellen,[156] freiheitlichen und so gekennzeichneten Staat, zu zeigen, wie er die Vorteile menschlicher Verschiedenheit nutzen kann.[157] In der demokratietheoretischen Debatte, welche Anforderungen an Institutionen gestellt werden, wenn sie mit der zugrunde gelegten Auffassung von Mensch und der Gesellschaft vereinbar sein sollen, soll die Konzeption von Rawls helfen, „den toten Punkt zu überwinden"[158], der durch unterschiedliche umfassende Auffassungen entsteht: Es gilt, nach einer öffentlichen Übereinkunft zu suchen, die implizit auf die in der Kultur vorhandenen Ideen zurückgreift und eben nicht auf umfassende Lehren. Nur dann kann eine Konzeption mit dem gesellschaftlichen Pluralismus vereinbart werden und Grundlage für eine grundsätzlich konsensuale Übereinkunft darstellen (Akzeptabilität, nicht faktische Zustimmung):[159]

---

153 Dieser Pluralismus ist, wie auch Quong (2011), S. 139 in seiner „*internal* conception of political liberalism" deutlich macht, gerade Ausfluss einer liberalen Ordnung: „Pluralism, on this view, is not a fact about the world which liberal theory must accommodate. Rather, pluralism is understood to be a consequence of liberalism itself." – und nicht nur reine Anwendungsbedingung, der man sich extern anpassen muss, wie den mäßig knappen Ressourcen: „It is, instead, a fact about liberalism. The fact of reasonable pluralism is a fact about the exercise of rationality under liberal conditions" (Quong (2011), S. 142).

154 Vgl. auch Rawls (1998), S. 215.

155 Rawls (1998), S. 108.

156 Vgl. Quong (2011), S. 143 – 144.

157 Vgl. Rawls (1998), S. 420.

158 Rawls (1998), S. 460.

159 Vgl. Özmen (2013), S. 123. Hier wird die Kennzeichnung der Konzeption als ‚freistehend' wiederum deutlich.

„The legitimacy of political principles does not depend on whether current liberal citizens do accept them, or whether the principles are congruent with their current beliefs. Instead principles are defined as legitimate if it is *possible* to present them in a way such that they *could* be endorsed by rational and reasonable citizens."[160]

„On the internal view, to say that certain principles of justice could be endorsed by all reasonable people is to say that those principles can be validly constructed from a normative ideal of society as a fair system of social cooperation between free and equal citizens. Reasonable citizens are a hypothetical constituency defined in terms of their acceptance of this ideal, and so addressing our justifications to this constituency is one way of specifying the reasons that can ground political justifications in liberal societies."[161]

Ein solcher vernünftiger Pluralismus ist keinesfalls Ausdruck eines Defizits an Rationalität.[162] Es kann als Spezifikum einer liberalen Konzeption gesehen werden,[163] durch das Faktum eines vernünftigen Pluralismus gerade „die konfliktträchtigsten Themen von der Tagesordnung"[164] zu nehmen, um die Grundlage für soziale Kooperation auf keinen Fall zu gefährden. Denn aus dem vernünftigen Pluralismus ergeben sich keine Konsequenzen, mit denen sich freie und gleiche Menschen nicht versöhnen könnten.[165] Gleichzeitig muss angemerkt werden, dass gegenüber Rawls' Beschreibung eines solchen Liberalismus durchaus kritische Stimmen existieren.[166]

Für das exemplarische Feld der deutschen Hochschulpolitik bedeutet dieses Vorgehen des späten Rawls auf jeden Fall, dass die unterschiedlichen, umfassenden Hintergründe und Prägungen der Akteure in der marktparadigmatischen Situation grundsätzlich ernst zu nehmen sind. Eine Vereinheitlichung dieser unterschiedlichen Interessen steht nicht im Fokus bzw. würde schon gar nicht Rawls' pragmatischem Ansatz entsprechen. Vielmehr geht es Rawls um allgemeine Zustimmbarkeit mit Blick auf Verfahren in öffentlich politischen Angelegenheiten – hier bezogen auf Gestaltungsprozesse und Entscheidungsverfahren in der Hochschulpolitik als gemeinsam öffentlich politische Aufgabe.

Rawls merkt im Zusammenhang mit dem vernünftigen Pluralismus an, dass die Menschen die Vorzüge einer wohlgeordneten Gesellschaft sehr schätzen. Obwohl sie aus ihren umfassenden Lehren heraus gesehen zum Teil zurückste-

---

160 Quong (2011), S. 144.
161 Quong (2011), S. 144.
162 Schaub (2009), S. 95 weist darauf hin.
163 Vgl. Quong (2011), S. 139.
164 Rawls (1998), S. 247.
165 Vgl. Schaub (2009), S. 96.
166 Vgl. die kritische Reflexion von Özmen (2013), S. 125 zum Thema Beschränkung auf westliche Gesellschaften.

cken müssen[167] – sie haben die Erfahrung gemacht, dass es sich lohnt, Teil einer sozialen Einheit zu sein, in der sie sich als Individuen vollenden können.[168] Diese Vorteile überwiegen Werte aus der je eigenen umfassenden Lehre heraus, die der politischen Konzeption möglicherweise entgegenstehen könnten. Für Rawls ist hierbei zentral, dass jede politische Konzeption das Toleranzprinzip und die Gewissensfreiheit zur Grundlage nimmt, denn auf diese Art und Weise ist am besten sichergestellt, dass die Anhänger umfassender Lehren diese Grundlage als fair akzeptieren. Schließlich bietet nur die vernünftige konstitutionelle Demokratie für Rawls die Chance, die Freiheit für die Anhänger einer umfassenden Lehre mit der einer anderen für gleiche und vernünftige Mitbürger zu vereinbaren.[169]

Übertragen auf die Realität der Hochschulpolitik muss dies als ein sehr optimistischer und anspruchsvoller Ansatz gesehen werden: Zum Beispiel, wenn die Einrichtung eines Studiengangs an einer Hochschule, die für das hochschulindividuelle Profil wichtig ist, der übergeordneten Gesamtstrategie im Sinne einer Landeshochschulentwicklungsplanung widerspricht. Ist hier aktuell vorstellbar, dass die betroffene Hochschule dann zurücksteckt mit Blick auf das ‚große Ganze'? Dies bedeutet aber eben auch, dass unbenommen der ganz individuellen Prägungen und Hintergründe der einzelnen Akteure ein *Modus* gefunden werden muss, um der Anforderung politischer Legitimation gegenüber der Bürgerschaft gerecht zu werden.

Eine Gesellschaft in dieser Art ist für Rawls auf jeden Fall wohlgeordnet. Damit diese wohlgeordnete Gesellschaft nun die Bedingungen von Stabilität und Angemessenheit an die Realität erfüllt,[170] dürfen auf der einen Seite „(...) unvernünftige umfassende Lehren (...) keinen hinreichenden Einfluß gewinnen, um die wesentliche Gerechtigkeit der Gesellschaft zu untergraben."[171] Auf der anderen Seite müssen sich für Rawls die Bürger „in einem übergreifenden Konsens befinden, das heißt im allgemeinen diese Gerechtigkeitskonzeption bejahen, die den Inhalt ihrer politischen Urteile über grundlegende Institutionen bestimmt"[172]. Die Ideen des Bürgers und der wohlgeordneten Gesellschaft machen es für Rawls wahrscheinlich, dass eine darauf aufgebaute politische Konzeption die Unter-

---

167 Vgl. Rawls (2002), S. 185.
168 Vgl. Weithman (2013b), S. 318 und Rawls (1998), S. 439–440.
169 Vgl. Rawls (2002), S. 187–188.
170 Vgl. Pogge (1994), S. 159.
171 Rawls (1998), S. 109.
172 Rawls (1998), S. 109.

stützung eines solchen vernünftigen überlappenden Konsens gewinnen kann.[173] Gleichzeitig betont er, dass nur spekuliert werden kann, ob eine konkrete Konzeption (auch seine ‚Gerechtigkeit als Fairneß') tatsächlich von einem überlappenden Konsens unterstützt wird.[174] In jedem Fall ist für Rawls die Idee des überlappenden Konsenses[175] wichtig, um sich in Zeiten eines Pluralismus von vernünftigen, aber zugleich nicht miteinander zu vereinbarenden umfassenden Lehren auf eine politische Gerechtigkeitskonzeption zu einigen.[176]

Da der überlappende Konsens für Rawls so zentral ist, sollen an dieser Stelle ein paar wesentliche Charakteristika hervorgehoben werden. Für dieses Buch ist allerdings entscheidend, dass mit Blick auf legitime Gestaltungsprozesse und Entscheidungsverfahren nicht der Konsens über eine *konkrete* Gerechtigkeitskonzeption im Fokus steht. Vielmehr geht es um einen Konsens über *politische Normen*, die Entscheidungsverfahren und Gestaltungsprozesse prägen.

Rawls selbst beschreibt seinen überlappenden Konsens bezogen auf die konkrete Gerechtigkeitskonzeption mit drei Merkmalen:[177] So geht es *erstens* um die Suche nach einem Konsens vernünftiger umfassender Lehren unter dem Faktum eines vernünftigen Pluralismus. Dies bedeutet, moralische Gründe, die die Individuen haben, dienen als Ausgangspunkt, die gemeinsame politische Konzeption zu bejahen. Die Beschränkung der Konsenserwartung auf vernünftige umfassende Lehren ist dafür notwendig.[178] *Zweitens* bildet der Gegenstand dieses Konsenses, wenn auch über dieselbe politische Konzeption, eine selbst moralische Konzeption, denn es bleiben trotzdem ernste moralische, philosophische oder religiöse Gründe, die der Bejahung einer freistehenden Auffassung durch die Bürger auf der ersten Stufe im Urzustand[179] zugrunde liegen.[180] Dies bedeutet für

---

173 Vgl. Rawls (1998), S. 80. „Diese Unterstützung ist eine notwendige Bedingung für eine angemessene politische Gerechtigkeitskonzeption" (Rawls (1998), S. 106), die Rawls in der TOJ in dieser Weise noch nicht vorsah. Vgl. Rawls (1975), S. 426.

174 „Zu einer begründeten Vermutung können wir nur dadurch gelangen, daß wir diese Konzeption ausarbeiten und darstellen, auf welche Weise sie unterstützt werden kann" (Rawls (1998), S. 81).

175 Rawls' englischer Originalausdruck des ‚overlapping consensus' wird in diesem Buch bewusst mit *überlappender* und nicht *übergreifender* Konsens übersetzt. Wie Nida-Rümelin / Özmen (2011), S. 56 und Özmen (2013), S. 126 betonen, kommt in dieser Übersetzung die idealerweise nicht leere Schnittmenge als gemeinsamer normativer Kern besser zum Ausdruck.

176 Vgl. Rawls (1998), S. 75.

177 Vgl. Rawls (1998), S. 231–236.

178 Vgl. Nida-Rümelin / Özmen (2011), S. 56.

179 Die Frage nach dem überlappenden Konsens als Reaktion auf das Stabilitätsproblem stellt sich für Rawls erst auf der zweiten Stufe, wenn die Gerechtigkeitsprinzipien provisorisch ausgewählt wurden. Vgl. Rawls (1998), S. 140.

180 Vgl. Rawls (1998), S. 139.

Rawls nicht, dass die einzelnen Menschen ihre eigenen Vorstellungen vom Guten haben und *daneben* noch eine gemeinsame Vorstellung politischer Gerechtigkeit.[181] Vielmehr bedeutet der überlappende Konsens für Rawls, „daß die verschiedenen oder sogar sich widersprechenden umfassenden Sichtweisen sich in bestimmten Grundprinzipien überschneiden oder konvergieren, ähnlich wie verschiedene Prämissen zum gleichen Ergebnis führen können"[182]. Es geht idealerweise um eine nicht leere Schnittmenge als gemeinsamen normativen Kern.[183] Es sind für Rawls aber gerade die individuell tiefer liegenden Überzeugungen, die die Menschen dazu bringen, einer politischen Gerechtigkeitskonzeption zuzustimmen, die dazu beitragen, den Konsens insgesamt stabiler sein zu lassen.[184] Forst spricht von einem „sozio-kulturellen Gemeinsinn"[185], den Rawls mit seinem überlappenden Konsens ausdrückt. Mit Blick auf die Anforderungen für politische Legitimation wird dies im Sinne eines kooperativen Ethos im Laufe des Buchs immer stärker deutlich werden. Das Überlappen bezieht sich bei Rawls in der Tat auf die umfassenden vernünftigen Lehren der einzelnen Bürger, so dass sie insoweit übereinstimmen, dass die Gerechtigkeitsgrundsätze gelten.[186] Dies ist für Rawls kein politischer Kompromiss.[187] Das heißt, der einzelne Bürger soll vom Standpunkt und von den Begründungen seiner eigenen umfassenden Lehre aus zustimmen können.[188] Und *drittens* ist dieser Konsens von Stabilität gekennzeichnet. Dies bedeutet, dass er auch bei Veränderung der politischen Machtverhältnisse weiterhin von den Mitgliedern der Gesellschaft gestützt wird. Für Rawls ist gerade dieses Kennzeichen ein Abgrenzungsmerkmal zu einem sogenannten modus vivendi, der eher zufällig und abhängig vom Gleichgewicht relativer Kräfte stabil ist und der damit nicht ausreicht, um politische Legitimation zu erreichen.[189] Umfassende Lehren sollen eine demokratische Ordnung nämlich nicht nur aus Gründen der Klugheit im Sinne eines modus vivendi akzeptieren,

---

181 Vgl. Pogge (1994), S. 166, der es als verständlich ansieht, beim Reflexionsprozess von allen festen Überzeugungen einer Person auszugehen.
182 Wolf (1997), S. 57.
183 Vgl. Nida-Rümelin / Özmen (2011), S. 56.
184 Vgl. Rawls (1994a), S. 290 – 291.
185 Forst (2007), S. 321.
186 Vgl. Rawls (1998), S. 300. Oder wie Ferrara (2002), S. 926 es mit Blick auf die gemeinsam identifizierten Werte bezeichnet: „Die Repräsentanten der Bürger verkünden nicht bloß ihr einstimmiges Ergebnis, zu dem sie im Urzustand gelangt sind, sie bemühen sich vielmehr darum, einen Dissens beizulegen, indem sie auf argumentativem Wege ein gemeinsames Set an politischen Werten identifizieren."
187 Vgl. Rawls (1998), S. 264.
188 Vgl. Rawls (1998), S. 219.
189 Vgl. Rawls (1998), S. 236.

sondern vielmehr aus sich heraus als Mitglieder eines vernünftigen politischen überlappenden Konsenses.[190] Aus einem modus vivendi heraus hat sich für Rawls nach und nach unter den Bedingungen eines vernünftigen Pluralismus über die Prinzipien der Gerechtigkeit, die er in seiner ‚Gerechtigkeit als Fairneß' vorschlägt, ein überlappender Konsens entwickelt.[191] Nur unter einem solchen überlappenden Konsens ist für Rawls Stabilität möglich. Er ist das verbindende Element seines politischen Liberalismus, in dem die Beteiligten von sich aus – aus den richtigen Gründen[192] – dem Inhalt der politischen Konzeption zustimmen.[193]

In der Literatur stimmen durchaus nicht alle der zentralen Rolle des überlappenden Konsenses zu, die sie für Rawls einnimmt. Hinsch hinterfragt, ob eine politische Ordnung, die von Gerechtigkeit und Stabilität gekennzeichnet ist, ohne einen überlappenden Konsens über Gerechtigkeitsgrundsätze tatsächlich unmöglich ist.[194] Pedersen favorisiert Habermas' Konzept eines rationalen Konsenses gegenüber dem Rawlsschen überlappenden Konsens.[195] Wolf sieht es nicht als realistisch an, dass selbst nach intensiven Reflexionsprozessen eine Akzeptanz über die Gerechtigkeitsprinzipien erreicht wird.[196] Gaus zweifelt gleichsam, dass abgesehen von ganz grundlegenden Verfassungsfragen in anderen politischen Fragen ein überlappender Konsens realistisch ist.[197] Mit Blick auf das exemplarische Anwendungsfeld des Buchs ist Gaus in dieser Sache zuzustimmen. Doch ist dieses inhaltlich Konkrete gar nicht das Ziel und daher die Eintrittswahrscheinlichkeit eines solchen inhaltlichen Konsenses im originären Rawlsschen Sinne in der Hochschulpolitik hier nicht das Thema. Es geht vielmehr darum, gewisse normative Anforderungen zu teilen und zwar bezogen auf Verfahren und Prozesse. Der öffentliche Vernunftgebrauch wird dies in Abschnitt 2.1.3 verdeutli-

---

190 Vgl. Rawls (1998), S. 36 und Rawls (1994a), S. 286–287.

191 Vgl. Wolf (1997), S. 57, die nochmals betont, dass Rawls sich dessen bewusst ist, dass ein überlappender Konsens nicht schon immer existiert. Becker et al. (2009), S. 300 weisen in ihren Ausführungen auf die historische Situation der USA hin, die Rawls dabei wohl im Blick hatte. Özmen (2013), S. 80 führt an, dass sich dieser überlappende Konsens der Überzeugungen in liberalen Demokratien westlichen Typs trotz eines Pluralismus umfassender Lehren wahrscheinlich herausbilden wird.

192 Vgl. Rawls (1998), S. 229–231: Diese besondere Art von Stabilität entsteht dadurch, dass sich die politische Auffassung an die Vernunft der Bürger richtet und von ihnen als vernünftig angesehen wird.

193 Vgl. Rawls (1994a), S. 290–291, wo Rawls die Frage der Stabilität anhand seiner Konzeption der ‚Gerechtigkeit als Fairneß' beschreibt.

194 Vgl. Hinsch (1997), S. 9.

195 Vgl. Pedersen (2012), S. 429.

196 Vgl. Wolf (1997), S. 60–61.

197 Vgl. Gaus (1996), S. 231–232.

chen. Er bedarf eines solchen Konsenses für politische Legitimation. Denn ganz ohne geteilte normative Grundlagen wird dieser nicht gelingen.[198] Dies unterstützt Quong.[199] Er betont, dass der Zusammenhang zum öffentlichen Vernunftgebrauch nicht vernachlässigt werden darf und der überlappende Konsens nicht einfach auf einige bestimmte Gerechtigkeitsgrundsätze beschränkt sein kann, sondern für die praktische Umsetzung des öffentlichen Vernunftgebrauchs ebenfalls eine normative Grundlage benötigt wird.[200] Die Grundsatzidee einer Gesellschaft als einem fairen System sozialer Kooperation unter Freien und Gleichen zusammen mit der Idee der Bürden des Urteilens bilden die notwendige Basis für die Praxis des öffentlichen Vernunftgebrauchs.[201] Jede vernünftige umfassende Lehre sollte dabei mit dieser fundamentalen Idee als gemeinsamer normativer Basis übereinstimmen.[202] Auf diese Art und Weise ist dann der öffentliche Vernunftgebrauch möglich.[203] Anders, also ohne einen Grundstock an geteilten Ideen, auf die während der Deliberation zurückgegriffen werden kann, ist dieser – und damit politische Legitimation – unmöglich.[204]

Der überlappende Konsens ist daher ein Instrument, um die grundlegenden Normen zu spezifizieren, von denen ausgehend freistehende Argumente herauskommen müssen[205] bzw. auf Basis derer die Deliberation als Austausch von Gründen im öffentlichen Vernunftgebrauch gelingt. Ansonsten ist, wieder unter dem Blickwinkel der praktischen Realisierbarkeit, der öffentliche Vernunftgebrauch nicht möglich. Denn bei diesem sollen die Bürger auf geteilte politische Normen der öffentlichen Vernunft zurückgreifen. Diese Art des Konsenses ist notwendig, andernfalls können die Bürger keine zuverlässigen und stabilen Interaktionspartner sein: Ohne diese Voraussetzungen könnten wir „das Unternehmen der wissenschaftlichen wie auch der ethischen Begründung gar nicht beginnen."[206] Dies bedeutet: Es ist mithilfe des überlappenden Konsenses eine Einigung auf politische Normen, die dem öffentlichen Vernunftgebrauch zugrunde liegen, notwendig und auch möglich. Die grundlegenden Ideen der sozialen Kooperation, Freiheit, Gleichheit und Fairness kommen hierbei zum Aus-

---

198 Vgl. Nida-Rümelin (2009c), S. 210.
199 Vgl. Quong (2011), S. 161 ff.
200 Vgl. Quong (2011), S. 162.
201 Vgl. Quong (2011), S. 187.
202 Vgl. Quong (2011), S. 182–183.
203 Vgl. Quong (2011), S. 183.
204 Vgl. Quong (2011), S. 190.
205 Vgl. Quong (2011), S. 186–187. Dies unterstützt Ferrara (2002), S. 926 mit seiner Bewertung des Konsenses als ein Verfahren, die Grundstruktur der Gesellschaft festzulegen, indem gemeinsame politische Werte auf argumentative Art und Weise eruiert werden.
206 Nida-Rümelin (2009c), S. 210.

druck.[207] Angewandt bedeutet diese Art von Konsens mit Blick auf das oben genannte Beispiel der Landeshochschulentwicklungsplanung, dass eine Einigung auf eine konkrete inhaltliche Landeshochschulentwicklungsplanung nicht von vornherein gelingt, da die individuellen Prägungen zu stark sind. Jedoch erfolgt eine Verpflichtung darauf, einen Modus zu finden, wie dieser Prozess der Landeshochschulentwicklungsplanung sozusagen als gemeinsamer Weg angegangen werden kann. Dies impliziert einen Konsens, der nicht inhaltlicher Natur ist, sondern vielmehr einer über die Normen, die wir unseren Verfahren zugrunde legen. Dies kann als normativer Kern für Hochschulpolitik gelten.

2.1.3 Normative Anforderung: Öffentlicher Vernunftgebrauch – Legitimitätsprinzip

Mit den gezeigten Anwendungsverhältnissen sind die Anforderungen erfüllt, die Rawls für den öffentlichen Vernunftgebrauch als Modus legitimer Gestaltungsprozesse und Entscheidungsverfahren benötigt. Die darin zum Ausdruck gekommenen Ideen liegen hierbei dem öffentlichen Vernunftgebrauch zugrunde. Ebendieser öffentliche Vernunftgebrauch ist für Rawls der Weg, um politische Legitimation in allgemeiner Zustimmbarkeit zu erreichen. In den folgenden Ausführungen wird sich zeigen, dass der öffentliche Vernunftgebrauch klarer Ausdruck von Fairness und Gegenseitigkeit ist.

Die Idee der Öffentlichkeit als Wurzel und Weg zur öffentlichen Vernunft
Die Charakterisierung als ‚öffentlich' bezieht Rawls wie bereits erwähnt auf das öffentlich Politische bzw. auf die öffentlich politische Kultur und stellt dies der Hintergrundkultur als die Kultur der Zivilgesellschaft entgegen. Während für das öffentlich Politische eine Übereinstimmung auf Basis des öffentlichen Vernunftgebrauchs verlangt ist, erfolgt der Austausch von Argumenten in der Hintergrundkultur auch unter Verwendung nicht-öffentlicher Gründe.[208] Rawls unterscheidet hierfür vom öffentlichen Vernunftgebrauch den nicht-öffentlichen Vernunftgebrauch bezogen auf Individuen auf der einen und Vereinigungen innerhalb der Gesellschaft (Hintergrundkultur) auf der anderen Seite.[209] Gleichzeitig betont er, dass sich die nicht-öffentliche Vernunft innerhalb der vielen

---

207 Vgl. Quong (2011), S. 159.
208 Ferrara (2002), S. 928 führt dies aus.
209 Vgl. Rawls (2003), S. 149.

Vereinigungen in der Zivilgesellschaft mit der Idee der öffentlichen Vernunft vollständig vereinbaren lässt. Mit Hilfe der öffentlichen Vernunft strebt er eine öffentliche Basis der Rechtfertigung an, der alle Bürger einer Gesellschaft zustimmen können.[210] Um das Beratschlagen und Handeln vernünftig und verantwortlich geschehen zu lassen, sind für die Beteiligten die Anforderungen der öffentlichen Vernunft leitend. Für die Autorin sind Hochschulen – wie oben erläutert – Teil dieser Grundstruktur, für die als öffentliche Einrichtung eine öffentliche Basis notwendig ist. Die Charakterisierung als ‚öffentlich' ist zentral für die Hochschulpolitik in Deutschland. Dies geht auf den immer noch großen Anteil der öffentlichen Finanzierung der staatlichen Hochschulen zurück. Ebenso rechtfertigt die Tatsache, dass die Öffentlichkeit vom Output der Hochschulen profitiert und im Idealfall ein regelmäßiger Austausch mit der Öffentlichkeit stattfindet, die hohe Bedeutung des Attributs ‚öffentlich'. Ohne das Kernethos epistemischer Rationalität zu schmälern, kommt diese Eigenschaft der Öffentlichkeit im Ethos wissenschaftlicher Verantwortung zum Ausdruck. Hierbei sind die Paradigmen des Staats wie der Zivilgesellschaft angesprochen und lassen zusammengenommen den öffentlichen Charakter von Hochschulen verstehen.[211]

In der TOJ hatte Rawls seine Idee der Öffentlichkeit in den Kategorien Rechtfertigung[212] und Öffentlichkeit[213] bereits behandelt. Doch betont er die Idee der Öffentlichkeit in seinen späteren Werken viel stärker und bringt sie von der Peripherie ins Zentrum der Aufmerksamkeit.[214] Die Kategorie der Rechtfertigung wandelt sich dabei zur Idee des Vernünftigen[215] weiter und das formale Prinzip der Öffentlichkeit wird zu einer dreistufigen Öffentlichkeitsbedingung.[216] In einer wohlgeordneten Gesellschaft sind für Rawls alle drei Stufen der Öffentlichkeit

---

210 Vgl. Rawls (2002), S. 208.
211 Die Anreicherung durch Dewey verdeutlicht dies.
212 Vgl. Rawls (1975), S. 626 ff.
213 Vgl. zum Beispiel Rawls (1975), S. 155 f. Ferrara (2002), S. 926 weist darauf hin und betont zugleich, dass die Idee des öffentlichen Vernunftgebrauchs als wichtigster Beitrag Rawls' im Anschluss an seine TOJ gesehen werden kann. Larmore (2006), S. 368 bekräftigt, dass Rawls vor seiner Wende zum PL implizit diese Idee im Herzen seiner Theorie hatte. Gerade auch in der stets vorhandenen Betonung von Fairness wird die gegenseitige Anerkennung – zentral für den öffentlichen Vernunftgebrauch – angedeutet.
214 Vgl. Larmore (2006), S. 380. Scanlon (2006), S. 161 weist anschaulich darauf hin, dass Rawls an diesem Punkt selbst das Ziel des Überlegungsgleichgewichts verfolgt.
215 Vgl. hierzu auch Rawls' Menschenbild mit der Charakterisierung des Vernünftigen, wie in Abschnitt 2.1.2 dargestellt.
216 Vgl. Rawls (1994b), S. 110 – 114 und Rawls (1998), S. 141 – 148.

verwirklicht:[217] In der *ersten Stufe* wird eine Gesellschaft wirksam durch öffentliche Gerechtigkeitsgrundsätze geordnet. Sie werden von allen Bürgern anerkannt. Dies ist öffentlich bekannt und ihre Institutionen werden gemäß dieser Grundsätze von allen als gerecht angesehen. Blickwinkel ist hierbei konkret die soziale Gerechtigkeit und daher für dieses Buch, die sich auf NORMATIV ABSTRAKT bezieht, nicht weiter im Fokus. In der *zweiten Stufe* der Öffentlichkeit geht es um ein Übereinstimmen allgemeiner Überzeugungen bezogen auf die menschliche Natur, die Funktionsweise der Institutionen sowie alle weiteren für die politische Gerechtigkeit notwendigen Überzeugungen. Diese müssen ebenfalls öffentlich bekannt sein.[218] Voraussetzung hierzu sind gemeinsame öffentliche Argumentationsweisen und Erkenntnismethoden, die den Bürgern von ihrem *Common Sense* her vertraut sind und die die aktuellen Ansichten der Wissenschaften integriert haben. Die vollständige Begründung der öffentlichen Gerechtigkeitskonzeption ist Teil der *dritten Stufe* der Öffentlichkeit. Sie gilt unter den in Abschnitt 2.1.2 skizzierten Anwendungsverhältnissen für das öffentlich Politische als die öffentlich politische Kultur. In dieser Rechtfertigung sind alle Begründungen inbegriffen, die für Rawls bei der Entwicklung der Konzeption der ‚Gerechtigkeit als Fairneß‘ eine Rolle spielen. Diese volle Öffentlichkeitsbedingung wird von einer Gerechtigkeitskonzeption nur dann erfüllt, wenn ihre Akzeptanz nicht nur ein Objekt öffentlichen Wissens ist, sondern in einer Art und Weise gerechtfertigt werden kann, die sich alle zu eigen machen können.[219] Nur so kann soziale Kooperation nicht nur als koordiniertes Handeln, sondern wirklich als Erfüllung von fairen Bedingungen sozialer Kooperation und Gegenseitigkeit gesehen werden. Ausschließlich durch die Erfüllung dieser vollständigen Öffentlichkeitsbedingung können sich für Rawls die Bürger als Freie und Gleiche entwickeln lernen, und sie wünschen sich, diese Art von Person zu sein. Im Vorgriff auf Dewey ergeben sich gedankliche Parallelen zu diesem, wenn Rawls „die in einem weiten Sinne verstandene Aufgabe der politischen Konzeption als einer Erziehungsinstanz"[220] beschreibt.

Im Unterschied zu Rawls geht es mit Blick auf politische Legitimation in der Hochschulpolitik hier nicht darum, dass sich die Beteiligten auf eine konkrete Konzeption der Gerechtigkeit einigen. Daher sind die Punkte aus Rawls' Öffentlichkeitsbedingung, die sich konkret auf jene Konzeption beziehen, nicht im Fo-

---

217 Vgl. Rawls (1998), S. 144–147 für eine Ausführung, wie die ersten beiden Stufen im Urzustand abgebildet werden und die vollständige dritte Stufe in Rawls' wohlgeordneter Gesellschaft zum Ausdruck kommt.
218 Vgl. Rawls (1994b), S. 116.
219 Vgl. Larmore (2006), S. 375.
220 Rawls (1998), S. 148.

kus. Doch folgende Punkte sind sehr wohl für das hier passende Verständnis politischer Legitimation relevant: Eine Einigung auf gemeinsame öffentliche Argumentationsweisen und Erkenntnismethoden, die den Beteiligten von ihrem Common Sense her vertraut sind, muss zum Erreichen politischer Legitimation selbst in seinem so dynamischen und wettbewerblich-marktparadigmatisch geprägten Politikfeld wie der Hochschulpolitik möglich sein. Öffentlichkeit bezogen auf das Funktionieren von Institutionen impliziert Transparenz, wofür beispielsweise die öffentlichen Mittel von den Hochschulen tatsächlich eingesetzt werden. Und allgemeine Überzeugungen, die öffentlich bekannt sein sollen, lassen uns an wissenschaftsstrategische Leitlinien im Idealfall aus dem öffentlichen Diskurs heraus denken, die erforderlich sind und auf denen Instrumente und Maßnahmen erst aufsetzen. Die Anforderung der dritten Stufe, dass öffentlich bekannte Arten und Weisen der Rechtfertigung erst dann legitim sind, wenn die Begründungen nicht nur von allen nachvollzogen werden, sondern sich alle Beteiligten diese gleichsam zu eigen machen können, ist nochmals anspruchsvoller, aber als hier relevante normative Anforderung zu sehen. Im Laufe des Buchs und nach der Anreicherung durch Dewey wird sich zeigen, dass hierfür ein geteiltes Ethos höherer Ordnung vonnöten ist und Argumentationen wirklich von den zugrunde liegenden politischen Normen Kooperation, Fairness und Respekt geprägt sind.

Die Idee der öffentlichen Vernunft und das Kriterium der Reziprozität
Die Idee der öffentlichen Vernunft rückte schrittweise nach der Veröffentlichung von TOJ in den Mittelpunkt. Sie geht dabei genau auf die Wurzeln der gerade beschriebenen vollen Öffentlichkeitsbedingung zurück. Wesentlicher Bestandteil ist die Idee der Fairness. Diese muss für Rawls als politische Norm vorhanden sein, um Legitimation zu erreichen. Ansonsten ist die Grundidee eines fairen Systems sozialer Kooperation nicht verwirklicht. Diese kann durch öffentliche Vernunft verwirklicht werden:

> „[P]ublic reason embodies the ideal of fairness, and so questions having to do with the fair terms of social cooperation (...) belong on a society's program of political deliberation, however disputed they may be."[221]

Für die Rawlssche Vorstellung politischer Legitimation ist die Idee der öffentlichen Vernunft ganz zentral. Daher wird ihre Struktur an dieser Stelle recht ausführlich dargestellt und die Übertragung auf die Hochschulpolitik illustriert. Von

---

[221] Larmore (2006), S. 384 mit Bezug auf Rawls (1998), S. 240.

den fünf Elementen dieser Struktur hat das Kriterium der Reziprozität nochmals einen besonderen Stellenwert:

„(1) die grundlegenden politischen Fragen, auf die sie sich bezieht,

(2) die Personen, auf die sie angewendet wird (Regierungsbeamte und Kandidaten für öffentliche Ämter),

(3) ihren Inhalt, der durch eine Familie vernünftiger politischer Gerechtigkeitskonzeptionen bestimmt wird,

(4) die Anwendung dieser Konzeptionen in der Diskussion über zwangsgestützte Normen, die in Form legitimer Gesetze für ein demokratisches Volk erlassen werden und

(5) eine Überprüfung durch die Bürger, ob die Grundsätze, die sich aus ihren Gerechtigkeitskonzeptionen herleiten, das Kriterium der Reziprozität erfüllen."[222]

Erstens bildet das Politische als das Öffentliche den Kern der Vernunft für Rawls. Es handelt sich um eine freistehende öffentliche Vernunft, äquivalent zur freistehenden politischen Konzeption. Die Charakterisierung als freistehend und unabhängig von moralischen umfassenden Lehren ist insbesondere vor dem Hintergrund notwendig, dass die öffentliche Vernunft nur so ihre legitimierende Kraft entfalten kann.[223] Öffentlich ist die Vernunft hierbei für Rawls in drei Weisen:[224] Die Vernunft ist für Rawls erstens die Vernunft von freien und gleichen Bürgern und daher die der Öffentlichkeit. Des Weiteren sind das öffentliche Wohl und Fragen grundlegender Gerechtigkeit ihr Gegenstand und drittens ist Wesen und Inhalt dieser Vernunft öffentlich, „insofern ihre Ideale und Grundsätze (...) zum Ausdruck gebracht und auf dieser Basis offen für alle erkennbar in Anspruch genommen werden."[225] Wesentliche Verfassungsinhalte und Fragen grundlegender Gerechtigkeit sind dabei für Rawls die politischen Fragen, auf die die öffentliche Vernunft bezogen ist.[226] Er bezeichnet diese ebenfalls als die grundlegenden politischen Fragen.[227] Rawls bleibt an diesem Punkt selbst nicht ganz klar, indem er zugibt, „daß es normalerweise überaus wünschenswert ist, politische Probleme im Rückgriff auf die Werte des öffentlichen Vernunftgebrauchs zu lö-

---

222 Rawls (2002), S. 167–168.
223 Vgl. Peter (2010), S. 15. Vgl. auch Nida-Rümelin / Özmen (2011), S. 54.
224 Vgl. Rawls (1997a), S. 116.
225 Rawls (1998), S. 313.
226 Rawls (1998), S. 315. Vgl. auch Scanlon (2006), S. 162–163 mit Gründen für diese Fokussierung.
227 Vgl. Rawls (2003), S. 147.

sen."[228] Ihm wurde wegen dieser unscharfen Abgrenzung durchaus Kritik entgegen gebracht.[229] Er betont, dass nur grundlegende Fragen im sogenannten öffentlich politischen Forum von den Anforderungen der öffentlichen Vernunft betroffen sind – im Unterschied zur Hintergrundkultur als der Kultur der Zivilgesellschaft, auf die sich die öffentliche Vernunft nicht bezieht.[230] Später korrigiert Rawls zwar dahingehend, dass zwischen diesen beiden Arten von Fällen unterschieden werden müsse: Bei Fragen wesentlicher Verfassungselemente oder Grundfragen der Gerechtigkeit sei öffentliche Begründung möglich und erwünscht, bei den anderen legislativ zu entscheidenden Fragen weder möglich noch erwünscht.[231] Ganz klar wird der Punkt aber trotzdem nicht. Auch in diesem Buch wird eine Fokussierung auf Fragestellungen vorgenommen, und zwar auf solche, die im Kern der Anforderung politischer Legitimation gegenüber der Bürgerschaft die Hochschulen betreffend stehen. Dies bezieht sich auf eine einvernehmliche Koordinierung und strategische Gesamtplanung Forschung *und* Lehre betreffend sowie eine Einbindung der Gesamtgesellschaft im Sinne kooperativer Verantwortung. Rawls' Fokussierung auf politische Fragen bei der Anwendung der öffentlichen Vernunft schärft unseren Blick auf die relevanten Entscheidungsverfahren und Gestaltungsprozesse für eine legitime Hochschulpolitik.

Anwendung findet die Idee der öffentlichen Vernunft für Rawls *zweitens* insbesondere beim Diskurs von Richtern, vor allem bei Verfassungsrichtern und in deren Urteilen, beim Diskurs von Regierungsbeamten, insbesondere leitenden Personen und dem Gesetzgeber, sowie beim Diskurs der Kandidaten für öffentliche Ämter und derjenigen, die Wahlkämpfe organisieren bezogen auf öffentliche Ansprachen, Parteiprogramme und politische Stellungnahmen. Rawls grenzt diese besondere Verpflichtung für öffentliche Führungspersonen von den Bürgern ab, die lediglich allgemein politisch engagiert sind.[232] Übertragen auf die Hochschulpolitik sind primär die Landesparlamentarier als Vertreter des Souveräns Volk in föderaler Zuständigkeit für das Hochschulwesen und in finanzieller Verantwortung für die Landesmittel sowie die mit Steuerungsbefugnissen ausgestatteten Wissenschaftsministerien zu nennen. Diesen kommt auch in Zeiten

---

228 Rawls (1998), S. 315. Auch verweist er in Rawls (2003), S. 184–185 auf die Pflicht des öffentlichen Anstands, dass das sich Beziehen auf politische Werte nicht nur in Fällen angebracht ist, in denen es um wesentliche Verfassungselemente geht, sondern auch für andere „an diese Verfassungselemente angrenzende Fragen".
229 Vgl. Gaus (1996), S. 232.
230 Vgl. Rawls (2002), S. 168–169.
231 Vgl. Rawls (2003), S. 147–148, FN 13.
232 Vgl. Rawls (1997a), S. 118.

neuer Hochschulsteuerung eine besondere Pflicht zur Bürgerlichkeit zu. Hinzugetreten sind die mehrheitlich hochschulextern besetzten Hochschulräte als Aufsichts- und Kontrollorgane.[233] Nach Neufassung des Artikels 91b GG, der am 01.01.2015 in Kraft trat, haben die Akteure auf Bundesebene sowie die Gemeinsame Wissenschaftskommission von Bund und Ländern sowie der Wissenschaftsrat als Beratungsgremium für Bund und Länder eine stärkere Verantwortung inne. Waren bis zum 31.12.2014 gemeinsame institutionelle Förderungen durch Bund und Länder nur für außeruniversitäre Forschungseinrichtungen möglich, galt dies für Hochschulen lediglich zeitlich und thematisch begrenzt. Nun können Bund und Länder auch in der langfristigen Förderung von Hochschulen zusammenwirken.[234] Mit Blick auf die wettbewerbliche Verteilung öffentlicher Gelder sind ebenfalls Mittlerorganisationen zwischen Hochschulen und Regierungen wie die Deutsche Forschungsgemeinschaft zu nennen.[235] Rawls bezieht die öffentliche Vernunft aber auch auf Bürger, die keine Regierungsbeamten, Richter oder Kandidaten für öffentliche Ämter sind. Damit die Bürger ihrer Pflicht zur Bürgerlichkeit nachkommen,[236] fordert Rawls von ihnen, sich in die Lage der politisch Verantwortlichen zu versetzen und sich zu fragen, welche Argumentationen sie, unter Berücksichtigung der Reziprozität, als am vernünftigsten ansehen würden.[237] Rawls verpflichtet die Bürger darüber hinaus, ebendiese Regierungsmitglieder und Amtsträger, die in Verantwortung stehen, mit wachem Auge auf die öffentliche Vernunft festzulegen.[238] Übertragen auf die Hochschulpolitik sollen auch hier die Bürger in die Pflicht genommen werden. Denn nur wenn sie Transparenz zum Beispiel über die Verwendung ihrer Steuermittel fordern, entsteht der Druck der Öffentlichkeit, verstärkte Einblicke zu gewähren. Die moralische Pflicht zur Bürgerlichkeit umfasst auch, beim öffentlichen Argumentieren über hochschulpolitische Themen aus den eigenen umfassenden Lehren (sprich

---

233 Vgl. Abschnitt 1.3 sowie seine Rolle in Kapitel 3 in den praktischen Implikationen.

234 Vgl. Bundesministerium für Bildung und Forschung (2015a).

235 Vgl. Schimank / Lange (2009), S. 53. Die Deutsche Forschungsgemeinschaft ist die bedeutendste Einrichtung zur Mittelverteilung für Grundlagenforschung, insbesondere in Zeiten gesunkener öffentlicher Grundfinanzierung. Vgl. Hartmann (2010), S. 372. Als Mittlerorganisationen sind vor allem noch die Hochschulrektorenkonferenz und der Deutsche Hochschulverband zu nennen.

236 „(...) in der Lage zu sein, anderen zu erklären, inwiefern die von uns in grundlegenden Fragen vertretenen politischen Grundsätze und politischen Vorhaben von politischen Werten der öffentlichen Vernunft getragen werden. (...) auch anderen zuzuhören, und eine faire Gesinnung, wenn (...) vernünftigerweise Zugeständnisse an die Auffassungen anderer (...)" (Rawls (1998), S. 317–318).

237 Vgl. Rawls (2002), S. 205.

238 Vgl. Rawls (2002), S. 170.

den akteurseigenen Rationalitäten und Prägungen) heraus den anderen Beteiligten deutlich zu machen, auf Basis von politischen Normen der öffentlichen Vernunft zu argumentieren, die die anderen vernünftigerweise akzeptieren können.[239] Im Gegenzug verpflichtet dies, den anderen zuzuhören und geprägt von Fairness Zugeständnisse an ihre Ansichten zu machen.[240] Rawls selbst geht in diesem Zusammenhang auf das Beispiel des Schulgebets ein. Er bezeichnet die Idee der öffentlichen Vernunft allgemein als „eine Auffassung über die Art von Gründen, auf deren Basis Bürger ihre politischen Anliegen vorbringen, wenn sie untereinander politische Rechtfertigungen zur Unterstützung von Gesetzen und politischen Programmen abgeben (...)."[241] Genau um politische Rechtfertigungen im Austausch von Gründen bei Gestaltung und Entscheidungen geht es auch bei der Anwendung auf die Hochschulpolitik.

Ihren Inhalt zieht die öffentliche Vernunft für Rawls *drittens* aus einer politischen Konzeption, von deren Inhalt der Bürger überzeugt ist, dass die darin zum Ausdruck kommenden politischen Werte von den anderen freien und gleichen Bürgern vernünftigerweise bejaht werden können.[242] Von den zwei Kategorien liberaler politischer Werte für Rawls („Werte des öffentlichen Vernunftgebrauchs" und „Werte politischer Gerechtigkeit") stehen an dieser Stelle wiederum nur die Werte (hier: Normen) des öffentlichen Vernunftgebrauchs im Mittelpunkt.[243] Denn die Werte politischer Gerechtigkeit fallen unter die beiden Gerechtigkeitsgrundsätze für die Grundstruktur (NORMATIV II KONKRET) und sind daher für dieses Buch nicht relevant. Die hier wichtigen Normen des öffentlichen Vernunftgebrauchs betreffen gemeinsame Richtlinien für öffentliche Untersuchungen, Regeln und Prinzipien.[244] Dies umfasst allgemeine Überzeugungen und Denkformen, Methoden und wissenschaftliche Ergebnisse unter der Voraussetzung, dass sie als Common Sense gelten bzw. unumstritten und der gemeinsamen Vernunft zugänglich sind.[245] Das ist für Rawls fair – stets mit Blick auf die anderen. Die Grundbegriffe des Urteilens, Schließens und Untermauerns durch Belege sollen dabei angemessen gebraucht werden. Durch diese gemeinsamen Richtlinien ist

---

239 Vgl. Rawls (2002), S. 176. Maffettone (2012), S. 912 interpretiert dies als eine Art Vorrang der Politik.
240 Rawls (1998), S. 317–318.
241 Rawls (2002), S. 203.
242 Vgl. Rawls (2002), S. 176.
243 Vgl. Rawls (1998), S. 325–326.
244 Vgl. hierzu Rawls (2003), S. 145–146, 148–149.
245 Vgl. hierzu auch Rawls (1998), S. 326. Gaus (1996), S. 132 bezeichnet dies als die „*accessibility condition*".

die Bezeichnung als öffentlich angebracht,[246] Rede- und Gedankenfreiheit drücken Freiheit aus. Für Rawls kommen wir so der Pflicht des öffentlichen Anstands nach,[247] – „nämlich unsere[r] Bereitschaft, über die grundlegenden politischen Angelegenheiten in einer Art und Weise zu befinden, deren Vernünftigkeit und Rationalität von anderen, als freie und gleiche Wesen angesehenen Personen anerkannt werden kann."[248] Diese von der öffentlichen Vernunft geprägten Normen sollen für politische Legitimation mit Blick auf die deutsche Hochschulpolitik leitend sein und die politischen Beziehungen prägen. Denn sind diese politischen Normen verwirklicht, dann sind sie elementar und nicht ohne Weiteres zu überwiegen. Die in ihnen zum Ausdruck kommenden Ideale sollen stabil und andauernd leitend bleiben.[249] Sie sollen damit einen Teil des normativen Minimalkonsenses bilden. Rawls stellt klar, dass sich die Inhalte der öffentlichen Vernunft im Laufe der Zeit ändern können und auch müssen, da soziale Veränderungen neue Interessen mit sich bringen können.[250] Pluralität und Dynamik kennzeichnen die öffentliche Vernunft. Öffentliche Vernunft ist zeitlich gesehen nicht starr, sondern bietet Möglichkeiten, aufkommende soziale Strömungen im Sinne von veränderten Rahmenbedingungen zu berücksichtigen. Dies ist als sehr hilfreich für die dynamische Situation in der Hochschulpolitik einzuschätzen. Gerade zum Beispiel die Zeit vor und nach der Exzellenzinitiative muss als eine wichtige Veränderung in der deutschen Hochschulpolitik gesehen werden, in der es vorteilhaft ist, diese Veränderung in den gegebenen Rechtfertigungen berücksichtigen zu können. Diese Anforderung Rawls' muss im Hinblick auf die praktische Anwendung im Laufe des Buchs unbedingt im Blick behalten werden. Es wird sich zeigen, dass Dewey diesen Punkt verstärkt betrachtet.

Rawls gibt uns als *viertes* Merkmal der öffentlichen Vernunft mit, dass die konkreten Konzeptionen der Gerechtigkeit in der Diskussion über zwangsgestützte Normen Anwendung finden. Diese werden in Form legitimer Gesetze für ein demokratisches Volk erlassen. Was bedeutet dies für die Übertragung auf politische Legitimation in der Hochschulpolitik? Im Mittelpunkt steht nicht das konkrete Ergebnis in Form von beschlossenen Gesetzen oder eingerichteten Institutionen.[251] Vielmehr geht es um die Gestaltung von Hochschulpolitik, die Auswirkung auf die Bürgerschaft hat: um das ‚wie' und um den ‚Weg' und nicht

---

246 Wie gerade beim Rawlsschen Öffentlichkeitsverständnis skizziert.
247 Vgl. Rawls (2003), S. 184.
248 Rawls (2003), S. 148.
249 Vgl. Rawls (1998), S. 318.
250 Vgl. Rawls (1998), S. 51–52 und Rawls (2002), S. 178.
251 Auch Rawls sagt, „dass die Idee der öffentlichen Vernunft keine Auffassung über spezifisch politische Institutionen oder Programme darstellt" (Rawls (2002), S. 203).

um das ‚was' und das ‚Ergebnis'. Das bedeutet, im Fokus steht die Art des Austauschs von Gründen, „auf deren Basis Bürger ihre politischen Anliegen vorbringen, wenn sie untereinander politische Rechtfertigungen (...) abgeben"[252]. Für Rawls ist klar, dass die Bürger sich bewusst sind, dass Einstimmigkeit in politischen Angelegenheiten selten, wenn überhaupt, möglich ist. Daher sind Verfahren nach gewissen Regeln notwendig. Die öffentliche Vernunft ist in diesem Buch als Leitschnur für ebendiese Verfahren und Prozesse zu sehen.

Das *fünfte* Element besteht für Rawls darin, zu überprüfen, ob die Grundsätze, die sich aus den konkreten Konzeptionen herleiten, dem Kriterium der Reziprozität genügen. Wir unterstützen eine Konzeption aus Gründen heraus, die für uns wichtig sind, gerade weil wir sie alle zusammen bejahen können. Damit wird das für Rawls so wesentliche Kriterium der Reziprozität erfüllt[253] – eine bereits bei der für Rawls so zentralen Idee sozialer Kooperation gezeigte Bedingung.[254] Bezogen auf die konkreten inhaltlichen Konzeptionen ist dies im Hinblick auf politische Legitimation für vorliegendes Buch nicht relevant. Doch stark leitend ist das Reziprozitätskriterium für die vorgebrachten Gründe, soll dies in Übereinstimmung mit der öffentlichen Vernunft erfolgen.[255] Denn: „This spirit of reciprocity is the foundation of a democratic society."[256] Im Achten dieses Kriteriums wird gleichsam gegenseitiger Respekt deutlich.[257] Die politischen Beziehungen sollen vom Blick auf den anderen, auf den Mitbürger geprägt sein und damit, wie Rawls es bezeichnet, eine „Freundschaft unter Bürgern [*civic friendship*]"[258] ausdrücken. Wenn ein Einzelner faire Bedingungen der Kooperation anbietet, muss er überzeugt sein, dass es für andere freie und gleiche Bürger zumindest nicht unvernünftig ist, diese zu akzeptieren.[259] Reziprozität bedeutet also, anderen bestimmte Forderungen nicht zu verwehren, die man selbst erhebt, sowie anderen nicht einfach Ideale und Wertvorstellungen zu unterstellen, die für einen selbst wichtig sind.[260] Rawls betont daher, dass diejenigen, die das Kriterium der Reziprozität ablehnen, auch die Idee der öffentlichen Vernunft ablehnen.[261] Für Rawls ist Reziprozität hierbei zwischen altruistischer Unparteilichkeit

---

252 Rawls (2002), S. 203.
253 Vgl. Rawls (2002), S. 168.
254 Vgl. Seite 57 in diesem Buch.
255 Vgl. Rawls (1998), S. 54.
256 Larmore (2006), S. 368.
257 Vgl. Larmore (2006), S. 372–373.
258 Rawls (1998), S. 49. Vgl. auch Rawls (2002), S. 172.
259 Vgl. Rawls (2002), S. 173.
260 Forst (2007), S. 15 weist darauf hin und bezeichnet diese zwei Eigenschaften als „Reziprozität der Inhalte" sowie „Reziprozität der Gründe".
261 Vgl. Rawls (2002), S. 167.

und der Vorstellung eines gegenseitigen Vorteils angesiedelt. Mit Blick auf die Anwendung in der Hochschulpolitik ist es relevant, eine stetige innere Überprüfung zu verlangen, ob dieser gegenseitige Respekt, der in der Forderung nach Reziprozität zum Ausdruck kommt, tatsächlich die Entscheidungsverfahren und Gestaltungsprozesse prägt. Gerade wenn wir an notwendige Einigungsprozesse zwischen konkurrierenden Hochschulen denken, erscheint es anspruchsvoll, gegenseitigen Respekt walten zu lassen. Doch für Rawls ist es eindeutig: Nur unter Einhaltung des Reziprozitätskriteriums kann von politischer Legitimation die Rede sein.

Das Ideal des öffentlichen Vernunftgebrauchs

Rawls differenziert seine Idee der öffentlichen Vernunft, wie sie gerade dargestellt wurde, vom *Ideal* des öffentlichen Vernunftgebrauchs.[262] Die Idee der öffentlichen Vernunft muss sich im Reden (im Sinne von Rechtfertigung, Argumentation und Beratschlagung) sowie im Schlussfolgern und Handeln (unter anderem im Machtgebrauch) widerspiegeln. Nur dann wird das Ideal des öffentlichen Vernunftgebrauchs verwirklicht und Legitimation, gekennzeichnet durch Fairness, ermöglicht.[263] Dieses Ideal ist keine gesetzliche Vorschrift, sondern bringt vielmehr zum Ausdruck, „wozu eine wohlgeordnete Gesellschaft ihre Mitglieder ermutigen und worin es sie bestärken würde."[264]

Es kommt im Legitimitätsprinzip zum Ausdruck, in dem Rawls fordert:

> „Unsere Ausübung politischer Macht ist nur dann angemessen, wenn wir aufrichtig davon überzeugt sind, dass die Gründe, welche wir für unsere politischen Handlungen anführen würden – wenn wir sie als Regierungsbeamte formulieren müssten –, ausreichen, und wenn wir außerdem vernünftigerweise davon überzeugt sind, dass andere Bürger diese Gründe ebenfalls vernünftigerweise akzeptieren könnten."[265]

Eine legitime Machtausübung – wie wird Macht legitim erworben und innerhalb welcher Grenzen wird sie ausgeübt – zeigt für Rawls ein Verhalten im Sinne der Richtlinien des öffentlichen Vernunftgebrauchs. Im Legitimitätsprinzip wird deutlich, dass öffentliche Begründungen und Argumentationen im Mittelpunkt des öffentlichen Vernunftgebrauchs stehen: Nur solche der politischen Machtausübung zugrunde gelegten Argumente sind legitim, die die anderen Bürger

---

262 Vgl. Rawls (2002), S. 169.
263 Vgl. Rawls (2002), S. 169, 172.
264 Rawls (1997a), S. 116.
265 Rawls (2002), S. 172.

unter dem Gebrauch ihrer Vernunft nachvollziehen können und die für sie grundsätzlich allgemein zustimmbar erscheinen.[266] Für Rawls ist diese allgemeine Zustimmungsfähigkeit als Ausdruck des beschriebenen Respekts gegenüber anderen Personen zu sehen und eingebettet in sein Hauptideal der Fairness. Geht es um politische Gestaltungsprozesse und Entscheidungsverfahren, die hier mit Blick auf die Hochschulpolitik im Mittelpunkt stehen, dann muss dieses Legimitätsprinzip geachtet werden. Ansonsten kann von politischer Legitimation nicht gesprochen werden.

Dies bedeutet, wenn wir uns auf öffentliche Gründe berufen, legen wir unseren Begründungen politische Normen zugrunde, die grundsätzlich alle teilen können. Rawls betont dabei – anders ist die vollständige Öffentlichkeitsbedingung nicht erfüllt –, dass der einzelne Betroffene im Inneren selbst aufrichtig überzeugt sein muss, wirklich unter Berufung auf politische Normen zu argumentieren, denen andere zustimmen können und die er selbst als die vernünftigsten ansehen kann. Denn nur unter aufrichtiger Überzeugung, sich auf geteilte politische Normen zu beziehen, können die Bürger öffentliche Rechtfertigungen liefern, die an die anderen gerichtet sind. Dies bedeutet, die Bürger gehen von Voraussetzungen aus, die alle am Diskurs Beteiligten als freie und gleiche Bürger teilen können,[267] und berufen sich bei ihrer Argumentation nicht auf die „ganze Wahrheit"[268] ausgehend von ihren eigenen umfassenden Lehren. Sie erkennen die Bürden des Urteil(en)s an, dass vernünftige Menschen oft nicht übereinstimmen.[269] In der öffentlichen Vernunft werden Vorstellungen des Wahren und Richtigen, die auf umfassenden Lehren beruhen, durch eine Idee des politisch Vernünftigen ersetzt, die sich an Bürger als Bürger adressiert und notwendig ist für politische Begründungen, die alle Bürger teilen können.[270] Diese Pflicht erkennen die Bürger an[271] und tragen zur Verwirklichung des Legitimitätsprinzips bei:

> „Nur auf diese Weise jedoch und nur wenn wir akzeptieren, daß die Politik einer demokratischen Gesellschaft nicht von der ganzen Wahrheit, wie wir sie sehen, geleitet werden kann, können wir das im Legitimitätsprinzip zum Ausdruck kommende Ideal verwirklichen

---

266 „Es ist die Zustimmungsfähigkeit, die demokratische Herrschaft auszeichnet" (Nida-Rümelin (2013), S. 212).
267 Vgl. Rawls (2002), S. 207–208.
268 Rawls (2002), S. 167.
269 Vgl. Gaus (1996), S. 131. Schaub (2009), S. 179–180 betont die stabilisierende Rolle der Bürden des Urteilens beim öffentlichen Vernunftgebrauch.
270 Vgl. Rawls (2002), S. 207–208.
271 Vgl. Rawls (1998), S. 319.

und mit anderen im Lichte von Grundsätzen politisch zusammenleben, die vernünftigerweise erwarten lassen, daß alle sie anerkennen."[272]

In ihrer politischen Eigenschaft als Bürger können sie so ihre Pflicht zur Bürgerlichkeit erfüllen. Sie achten durch die Rechtfertigungen im öffentlichen Vernunftgebrauch die Kriterien der Reziprozität sowie der Allgemeinheit, was bedeutet, „dass Gründe für allgemein geltende, grundlegende Normen unter allen Betroffenen teilbar sein müssen"[273], „ohne den Ausschluß Betroffener und ihrer begründeten Bedürfnisse und Interessen"[274]. Auf diese Art und Weise entstehen „neue Möglichkeiten der Übereinstimmung, des wechselseitigen Verstehens oder des Kompromisses"[275] – Offenheit und Inklusivität kennzeichnen die politischen Diskurse.

Grundsätzlich gibt Rawls selbst zu, dass die Verwirklichung der allgemeinen Zustimmbarkeit durch den öffentlichen Vernunftgebrauch ein „hohes Ideal für eine Bürgerschaft"[276] ist. Es verdeutlicht den engen Zusammenhang dieses Ideals zur Vorstellung eines idealen Bürgers in der Demokratie. Denn das Ideal des öffentlichen Vernunftgebrauchs müssen alle Bürger in ihren politischen Beziehungen verstehen, um die Grundlagen ihres Handelns sich gegenseitig zu rechtfertigen.[277] Vernünftig ist eine Deliberation für Rawls nur dann, wenn alle Beteiligten ernsthaft in Übereinstimmung mit der Idee des öffentlichen Vernunftgebrauchs abstimmen.[278]

Eine verstärkte Chance, den öffentlichen Vernunftgebrauch für politische Legitimation in der Hochschulpolitik gelingen zu lassen, kann hierbei aus der sogenannten *einschließenden* Sichtweise des öffentlichen Vernunftgebrauchs abgeleitet werden. Rawls unterscheidet diese von einer *ausschließenden* Sichtweise und betont, dass sie geeignet ist, das Ideal des öffentlichen Vernunftgebrauchs zu fördern.[279] Denn sie soll sich positiv auf die Akzeptanz der getroffen

---

272 Rawls (1998), S. 348.
273 Forst (2007), S. 15.
274 Forst (1999), S. 108.
275 Forst (2007), S. 265.
276 Rawls (1998), S. 346.
277 Vgl. Rawls (1998), S. 318.
278 Vgl. Rawls (1998), S. 56.
279 Rawls (1998), S. 355. Er verstärkt diese Meinung in Rawls (2002), S. 189–191 und Rawls (2003), S. 136 noch, indem er die einschließende (dann als „weite" bezeichnete) Sichtweise immer zulässt, und nicht nur dann, wie noch in PL, unter nichtidealen Umständen, wenn ganz elementare inhaltliche Punkte stark umstritten sind. Dies wird zum Teil kritisch gesehen. Vgl. Larmore (2006), S. 387. Wolf (1997), S. 63 kritisiert, dass der Einbezug der umfassenden Lehren unaufrichtig und inkonsistent sei.

Entscheidungen und Identifikation mit derselben ausüben. In der ausschließenden Sichtweise des öffentlichen Vernunftgebrauchs dürfen öffentliche Argumente, die von umfassenden Lehren gestützt werden, vorgebracht werden, nicht aber die ausdrücklichen Argumente der umfassenden Lehre selbst. Einschließend ist der öffentliche Vernunftgebrauch für Rawls dann, wenn sich Bürger in gewissen Situationen beim Argumentieren auch direkt auf ihre umfassende Lehre berufen, die für sie als Grundlage dient.[280] Rawls möchte mit dieser Art und Weise die Bürger motivieren und bestärken, das Ideal des öffentlichen Vernunftgebrauchs umzusetzen und gleichzeitig auch das Ergebnis von Gestaltungsprozessen und Entscheidungsverfahren – für ihn seine politische Konzeption – stärken.[281] Er sieht es als vorteilhaft an, wenn die Bürger wechselseitig von ihren umfassenden Lehren und Lebensformen wissen. Schließlich lassen sich so die unterschiedlichen Gründe hinter dem Bejahen einer politischen Konzeption besser verstehen.[282] Daher verteidigt Rawls den breiteren Spielraum, den die einschließende Sichtweise zur Verwirklichung des öffentlichen Vernunftgebrauchs bietet.[283] Parallelen zur Deklaration zeigen sich, in der die Bürger die unterschiedlichsten Überzeugungen ihrer Mitbürger im Sinne der bürgerlichen Freundschaft kennenlernen und ihrer gemeinsamen Diskussion zugrunde legen.[284] Kern dieser einschließenden Sichtweise ist allerdings ein Vorbehalt (sogenanntes *Proviso*) mit schlussendlich politischen Gründen.[285] Dies bedeutet, das Berufen auf vernünftige umfassende Lehren beim Begründen ist nur unter der Voraussetzung möglich, dass in gebührender Zeit eine öffentliche, politische Begründung nachgeliefert wird, um das zu stützen, was zunächst mit Rückgriff auf vernünftige umfassende Gründe vorgebracht wurde.[286] Dies ist für Rawls in der öffentlich politischen Kultur, im Unterschied zur Hintergrundkultur, ganz entscheidend.[287]

---

280 Vgl. Rawls (1998), S. 354.

281 Vgl. Rawls (1997a), S. 135 und Rawls (1998), S. 354–355, 359.

282 Vgl. Rawls (2002), S. 190. Vgl. auch Gaus (2011), S. 279 ff. mit seiner „Mutual Intelligibility of Evaluative Standards", in der er anschaulich unterscheidet, dass Bürger beim öffentlichen Vernunftgebrauch zwar einig über grundsätzlich verständliche Gründe sein können, ohne diese Einigkeit aber auch inhaltlich (was ist das Gute?) zu teilen.

283 Vgl. Rawls (1997a), S. 133.

284 Vgl. Rawls (2002), S. 192. Larmore (2006), S. 382–383 teilt diese Auffassung. Der wesentliche Unterschied von der Deklaration zum öffentlichen Vernunftgebrauch zeigt sich darin, dass die Vorstellung der umfassenden Lehren erfolgt, ohne eine Zustimmung zu erwarten. Vgl. Rawls (2002), S. 191–192. Als fruchtbar für den Austausch kann es jedoch gesehen werden.

285 Vgl. Rawls (1998), S. 50–51.

286 Vgl. Rawls (2002), S. 179.

287 Vgl. Rawls (2002), S. 189.

Rawls gibt selbst zu, dass die genaue Ausgestaltung des Provisos nicht von vornherein geregelt werden kann, sie muss in der Praxis ausgearbeitet werden. So zum Beispiel die Frage, wann genau die öffentliche Rechtfertigung nachgeliefert werden muss.[288]

> „Argumente, die sich an andere wenden: Sie gehen richtigerweise von Prämissen aus, die wir akzeptieren und von denen wir glauben, dass andere sie ebenfalls vernünftigerweise akzeptieren können, hin zu Schlussfolgerungen, von denen wir glauben, dass andere sie ebenfalls vernünftigerweise akzeptieren können. Dadurch erfüllen wir die Pflicht zur Bürgerlichkeit, weil in gebührender Zeit auch der Vorbehalt erfüllt wird."[289]

In der praktischen Umsetzung ist das Proviso durchaus als herausfordernd anzusehen. Doch die erhofften positiven Effekte gerade im Hinblick auf Identifikation mit dem öffentlichen Vernunftgebrauch sowie dem damit erreichten Ergebnis sind als lohnenswert herauszustellen. Daher bietet die einschließende Sichtweise mit der Herausbildung eines Hintergrundverständnisses der verschiedenen – der Deliberation zugrunde liegenden – Verständnisse auf jeden Fall eine verstärkte Chance, den öffentlichen Vernunftgebrauch für politische Legitimation in der Hochschulpolitik gelingen zu lassen – wenngleich sich die Umsetzung durchaus anspruchsvoll gestaltet und Kreativität verlangt.

2.1.4 Zwischenfazit: Politische Legitimation nach Rawls im Hinblick auf die Hochschulpolitik

Politische Legitimation lässt sich für den späten Rawls durch den für ihn zentralen öffentlichen Vernunftgebrauch erreichen, mit dessen Hilfe er eine öffentliche Basis der Rechtfertigung erreichen will, der alle Bürger einer Gesellschaft zustimmen können. Dies gilt es im Blick zu behalten, wenn wir an die legitime Ausgestaltung von Entscheidungsverfahren und Gestaltungsprozessen in der Hochschulpolitik denken. Er ermuntert uns dabei insbesondere, die praktische politische Verwirklichung im Hinblick auf die Anwendung ernst zu nehmen – im Sinne einer „'practical role' of political philosophy"[290].

Rawls schärft unseren Blick in seinem *politischen* Liberalismus darauf, dass wir uns trotz aller zum Teil unüberwindbarer Divergenzen – übertragen auf die Hochschulpolitik haben wir insbesondere die Positionierungs- und Profilie-

---

288 Vgl. Rawls (2002), S. 189.
289 Rawls (2002), S. 191.
290 Moon (2015), S. 426.

rungsstrategien der einzelnen Institutionen vor Augen – auf Verfahren und dahinterliegende politische Normen, die diese Verfahren prägen, *einigen* können. Dies ist das Verständnis des überlappenden Konsenses in diesem Buch. Fokussiert ist er dabei auf die Grundstruktur im Sinne des Staatsparadigmas und darauf, innerhalb dieser politische Gestaltungsprozesse und Entscheidungsverfahren legitim zu gestalten. Im Angesicht der tiefer liegenden ideologischen Differenzen über das Gute zeigt er uns einen Weg auf, unsere Kräfte auf das politisch Machbare zu verwenden. Für ein Politikfeld wie die Hochschulpolitik, das stark von Autonomie und eigenen Profilierungen geprägt ist, ist diese Art des Rawlsschen Liberalismus aus folgenden Gründen sehr passend.

Erstens ist sein Anspruch pragmatisch, indem er uns zwingt, den Blick auf eben die politischen Normen des öffentlichen Vernunftgebrauchs zu richten. Dabei sollen wir uns ausgedrückt in Reziprozität im Sinne von gegenseitigem Respekt, Fairness, Toleranz und Vernünftigkeit sowie übergreifend im Verständnis fairer sozialer Kooperation in unser Gegenüber hineinzuversetzen, wenn wir uns mit ihm *argumentativ* im Austausch von Gründen auseinandersetzen. Als Ziel gilt es, allgemeine Zustimmbarkeit zu erreichen durch Gründe, die sich unter dem Gebrauch ihrer Vernunft alle zu eigen machen können. Gerade für ein dynamisches und kontroverses Anwendungsfeld wie das der deutschen Hochschulpolitik mit einem offensichtlichen Legitimationserfordernis zeigt er einen Weg auf, wie diese politischen Normen umgesetzt werden können. Die Pflicht zur Bürgerlichkeit zu erfüllen heißt, im öffentlichen Argumentieren eben nur solche Gründe vorzubringen, die die anderen vernünftigerweise akzeptieren können. Auf der anderen Seite heißt es, fair zuzuhören, im anderen primär den Mitbürger (,civic friendship') im Sinne des Staatsparadigmas und nicht den Gegner im Sinne des Marktparadigmas zu sehen sowie unter Gebrauch unserer Vernunft Zugeständnisse zu machen und dem anderen bestimmte Forderungen nicht zu verwehren, die man selbst erhebt. Dies ist im Gesamten eine äußerst herausfordernde Aufgabe. Wenn sie gelingt, ist es gleichwohl eine intuitiv erstrebenswert anmutende Sache: Wir unterstützen eine Argumentation aus Gründen heraus, die für uns wichtig sind, gerade weil wir sie alle zusammen bejahen und gegenseitig anerkennen können. In der Umsetzung bedeutet dies Austausch, Beratung und Gelegenheit zur Diskussion der öffentlichen Politik sowie Transparenz in Prozessen und Verfahren verbunden mit dem notwendigen Zugang zu Informationen.[291] Denn politische Macht ist für Rawls die der Öffentlichkeit, „das heißt die kollektive Macht freier und gleicher Bürger."[292] Dazu ist ein gebildetes, über die

---

291 Vgl. Rawls (1998), S. 59.
292 Rawls (1997a), S. 119. Vgl. auch Rawls (2003), S. 147.

dringenden Probleme informiertes Publikum notwendig, sonst kann politische Deliberation nicht erfolgen.[293]

Praktisch illustriert kann für ein argumentatives Auseinandersetzen die einschließende Sichtweise des öffentlichen Vernunftgebrauchs hilfreich sein, gerade bei einem konfliktgeladenen Thema, bei dem tiefgehende unterschiedliche Auffassungen zwischen den Beteiligten existieren. Man kann sich dies so vorstellen, dass beispielsweise in der Diskussion des zuständigen Abteilungsleiters im Wissenschaftsministerium eines Landes mit einem Universitätspräsidenten um die Details der neuen Zielvereinbarungen jeder der beiden auch Gründe nennen kann, die keinesfalls politischer Natur sind, sondern dem Anliegen tief zugrunde liegen. Beispielsweise ist der Abteilungsleiter erst seit Kurzem im Amt und war vorher bei einem großen Konzern in der betroffenen Universitätsstadt und gleichzeitig Vorsitzender des Unternehmerkreises. Daher möchte er Drittmittelkooperationen mit der Wirtschaft übermäßig stark in den Zielvereinbarungen verorten. Der Präsident sieht dies aus seiner umfassenden Ansicht heraus ganz anders: Er bekommt aus seiner Professorenschaft starken Gegenwind, die darunter leidet, dass Unternehmenskooperationen ihnen immer mehr ihre Forschungsschwerpunkte diktieren. Für ihn wäre es in der Innenwirkung fatal, gerade diesen Punkt in den Zielvereinbarungen mit dem Ministerium, die die Grundlage für hochschulinterne Vereinbarungen bilden, zu stark hervorzuheben. Diese Positionen der Gesprächspartner waren für beide von vornherein nicht offensichtlich. In der Diskussion liegt die Herausforderung nun darin, sich diese unterschiedlichen tiefer liegenden Beweggründe respektvoll gegenseitig bewusst zu machen und auf einen Level politischer Normen zurückzubringen. Dies könnte zum Beispiel dadurch passieren, dass sie sich einig sind, eine faire Formulierung zu finden, an deren Ende die Wirtschaftskooperationen dort eingefordert werden, wo Forschungsschwerpunkte sich hierfür anbieten, mit dem Primat, dass die Forschungsfreiheit nicht verletzt werden darf. Durch die Nachlieferung von politischen Argumenten kann das Proviso im Rawlsschen Sinne eingehalten werden. Gleichzeitig findet eine Annäherung zwischen den Beteiligten statt, indem sie viel besser als je zuvor die tiefer liegenden Gründe („Wurzeln"[294]) des anderen kennen und verstehen lernen. Dies stärkt Verständnis und Toleranz für andere Sichtweisen, die von der eigenen verschieden sind, und das Vertrauen darin, auf respektvolle Weise im Sinne einer bürgerschaftlichen Freundschaft eine Einigung zu erlangen. Dieses gemeinsame Erreichen einer Lösung unter Rückgriff auf politische Gründe führt dann zu einer starken Bindung an die gemeinsam gefundene

---

293 Vgl. Rawls (2002), S. 175.
294 Rawls (2002), S. 190.

Konzeption. Die Identifikation mit dieser steigt. Nicht zuletzt, da die ‚guten Gründe' hinter der Positionierung offen mit eingeflossen sind. Wie Dreben betont,[295] ist der Punkt, aus den richtigen Gründen zuzustimmen, die Hauptherausforderung für die öffentliche Vernunft, um wirklich Legitimation beanspruchen zu können.[296] Gerade, wenn es während dieses Prozesses zu starken Konflikten und Auseinandersetzungen kommt, profitieren die einzelnen umso mehr – Dewey wird diesen Punkt des gegenseitigen Profitierens vom Dissens noch verstärken. Die Beteiligten lernen, sich in diesen Situationen auf die öffentliche Vernunft – wenn angebracht in ihrer einschließenden Herangehensweise – zu berufen, da es erfolgsversprechend ist, und stärken damit die öffentliche Kultur einer Gesellschaft (hier vielleicht sogar unter Etablierung einer neuen Diskussionskultur).[297]

Zweitens ist Rawls ebenso dahingehend realistisch und nah an der praktisch politischen Verwirklichung, allgemeine Zustimmbarkeit nicht mit Einstimmigkeit gleichzusetzen. Vielmehr verstärkt er unsere Grundintuition mit Blick auf die Hochschulpolitik, Verfahren und Prozesse mit Regeln so zu strukturieren, dass über diese eine allgemeine Zustimmbarkeit erreicht werden kann und nicht über das inhaltliche Ergebnis, da die Uneinigkeit einfach zu groß ist: Die Fortführung der Mittelverteilung in der Nachfolgediskussion um die Exzellenzinitiative mit weit auseinandergehenden Meinungen zwischen den bisherigen Gewinnern und Verlierern ist ein solches Beispiel. Auch aus Machbarkeitsgründen brauchen Entscheidungsverfahren *nicht-argumentative* Formen kollektiver Entscheidungsfindung im Sinne von Regeln. Dies verdeutlicht ebenfalls die Anwendung auf politische Legitimation in der Hochschulpolitik. Denn es erscheint in manchen Fällen schlicht nicht machbar, jedes Mal die allgemeine Zustimmbarkeit bezogen auf gegebene Gründe zu überprüfen. Gerade für die Mittelverteilung bedarf es gewisser Regeln. Doch auch Regeln müssen allgemein zustimmbar sein.

Nehmen wir Rawls ernst und wollen zu solch allgemein zustimmbaren Regeln in der Hochschulpolitik kommen, könnte es im Hinblick auf Illustrationen für die Praxis ein erster Schritt sein, sich an den Eigengesetzlichkeiten und üblichen Richtlinien des Politikfelds zu orientieren. Rawls gibt uns mit, im Inneren selbst aufrichtig davon überzeugt zu sein, wirklich unter Berufung auf solche politische Normen zu argumentieren, denen andere zustimmen können und die der Be-

---

295 Vgl. Dreben (2006), S. 327.

296 Vgl. Rawls (2002), S. 190. Rawls (1998), S. 51 betont an anderer Stelle, dass hier deutlich wird, dass die Loyalität gegenüber der politischen Konzeption eben gerade in den umfassenden Lehren begründet ist.

297 Rawls (1998), S. 58 weist auf den Lerneffekt und die mögliche Stärkung der öffentlichen Kultur hin.

troffene selbst als die vernünftigsten ansehen kann. Die Grundsätze, die sich innerhalb der Wissenschaft ausgedrückt im Kernethos epistemischer Rationalität als wirksam erwiesen haben, könnten eine Leitschnur sein, um zu allgemein akzeptablen im Sinne von wissenschaftsgeleiteten Regeln zu kommen, liegen sie doch nah an unseren Grundintuitionen. Wie in Abschnitt 1.3 erläutert, hat sich in den letzten Jahren aber etwas verändert und von einer allgemeinen Zustimmbarkeit kann kaum die Rede sein. Der Medienwissenschaftler Pörksen spricht von einem

> „Sog der Vereinheitlichung (...) [, der] nur einen Typus von Wissenschaft begünstigt. Auf einmal zählt primär die drittmittelfähige Verbundforschung und das Genre des Spezialaufsatzes. Auf einmal wird das Antragsformat zum Anlass, sich einem Thema zu widmen – und eben nicht die aus intellektueller Leidenschaft geborene Faszination. Auf einmal wird überall gezählt, gerechnet, gewogen. Und auf einmal scheinen alle mit allen vergleichbar, weil man ihre Leistungen so scheinbar präzise messen und mit raffinierten Anreizen managen kann."[298]

Wie Pörksen darstellt, werden von den jährlich rund 1,5 Millionen Aufsätzen in begutachteten Zeitschriften nur die wenigsten zur Kenntnis genommen, schon gar nicht von Entscheidern in der Praxis. Doch der „Publikationsdruck (publish or perish)" zusammen mit der „Marginalisierung der Monografie und der ‚book people'" haben dramatische Wirkungen: „Belohnt wird der Aufsatz für die kleine Zahl – nicht aber (...) das Ideenbuch (...) [,das] sich an die breite Öffentlichkeit richtet."[299]

Überspitzt: Zählt wirklich nur der zehnseitige englische Spezialaufsatz, der in Verbundforschung erarbeitet und in einem A-Journal veröffentlicht wurde, für einen Mediziner wie für einen Philosophen gleichermaßen, um irgendwie an Drittmittel zu gelangen, nachdem die Grundfinanzierung seit Jahren stagniert? Eine wissenschaftsadäquate und Fachspezifika berücksichtigende Ausgestaltung von derartigen Mittelverteilungsverfahren darf dahinter wohl nicht vermutet werden. In den praktischen Implikationen in Kapitel 3 gilt es, diesen Punkt auf jeden Fall ernst zu nehmen. Eine Orientierung an den Regeln der Wissenschaft könnte einen möglichen Weg darstellen, um zu allgemein zustimmbaren Regeln zu kommen.

---

298 Pörksen (2015), S. 57.
299 Pörksen (2015), S. 58.

2.2 John Dewey: Politische Legitimation in gelebter sozialer Kooperation – Anreicherung um das Zivilgesellschaftsparadigma

Wie gerade im Zwischenfazit zu Rawls dargestellt, ist Rawls' Fokus auf den politisch- öffentlichen Aspekt und sein Ziel, mit Hilfe der öffentlichen Vernunft eine allgemein zustimmbare öffentliche Basis der Rechtfertigung zu erreichen, im Hinblick auf die Fruchtbarmachung für die Praxis der Hochschulpolitik in dynamischen und kontroversen Zeiten als äußerst hilfreich einzuschätzen. Rawls wurde aber durchaus auch Kritik entgegen gebracht. Er würde der „normativen Substanz demokratischer Verfassungsnormen nicht gerecht"[300] und könne mit der Wende von Wahrheit zu Vernünftigkeit nur für solche Gesellschaften noch eine normative Grundlage bieten, die bereits freiheitlich-demokratisch geprägt sind. Sein politischer Liberalismus sei zu dünn.[301] Rawls' politischer Liberalismus bedürfe daher einer „pragmatistischen Korrektur"[302]. Diese Notwendigkeit wird hier als Anreicherung gesehen. In der Tat kann nämlich die von Rawls fokussierte politische Praxis der Hochschulpolitik nicht von zivilgesellschaftlicher Praxis und den zugrunde liegenden Ideen abgekoppelt gesehen werden.

Hochschulpolitik erschöpft sich nicht im legitimen Zustandekommen politischer Entscheidungen, sondern unterliegt einer klaren Verantwortung gegenüber der Zivilgesellschaft. Die Verbindung zur Öffentlichkeit und Bürgerschaft ist zentral. Gerade, wenn wir uns in Erinnerung rufen, gegen was sich unsere grundlegenden Intuitionen aktuell sträuben: das häufige Fehlen eines gesellschaftlichen Diskurses und einer gemeinsamen Grundlage der Bürgerschaft. Das heißt, politische Legitimation in der Hochschulpolitik wäre mit der nüchternen Erfüllung von Bürgerpflichten und staatlichem Auftrag nur unzureichend gekennzeichnet. Hochschulen müssen ebenso aktiver Teil der Gesellschaft jenseits staatlicher Verordnung im Sinne kooperativer Praxis sein. Hierzu sind gewisse ethische und epistemische Grundlagen notwendig: Auch die Praxis des öffentlichen Vernunftgebrauchs bedarf eines normativen Fundaments.[303]

John Dewey ist an dieser Stelle einen Schritt weiter gegangen als der rund zwanzig Jahre später geborene John Rawls. Dewey hinterfragt klassische Legitimations- und Begründungsstrategien.[304] Er hat eine substanziellere Vorstellung

---

300 Nida-Rümelin / Özmen (2011), S. 58.
301 Vgl. Nida-Rümelin / Özmen (2011), S. 58 – 59 und Özmen (2013), S. 126.
302 Nida-Rümelin / Özmen (2011), S. 60.
303 Vgl. Nida-Rümelin / Özmen (2011), S. 61.
304 Vgl. Wernecke (2010), S. 20.

einer sozialen Demokratie als ethischer Konzeption vor Augen. Dies bedeutet, die Idee sozialer Demokratie bildet für Dewey den Fokus und nicht primär Regierungseinrichtungen.[305] Er richtet dabei den Blick stark auf den Einzelnen innerhalb der Gemeinschaft und wie es um ihn und seine Handlungsmotive bestellt ist. Dabei wird sich zeigen, dass politisches Bewusstsein im Sinne eines demokratischen *Ethos* als zwingende Voraussetzung zu sehen ist, um in der Kombination mit Rawls allgemeine Zustimmbarkeit im öffentlichen Vernunftgebrauch zu erreichen. Jörke sieht hier einen Vorteil gegenüber den Ansichten des politischen Liberalismus im Hinblick auf die „motivationalen Grundlagen gesellschaftlicher Solidarität"[306]. Der Fokus liegt auf seiner Vorstellung von in der *Praxis gelebter* sozialer Kooperation in einer lebendigen Bürgerschaft, die sich als Öffentlichkeit entdeckt, um so Demokratie gelingen zu lassen.[307] In der Methode der kooperativen Intelligenz fundiert er dieses Verständnis politischer Legitimation – dies prädestiniert Dewey umso mehr für vorliegende Fragestellung, denn er bezieht sich direkt darauf, dass die Wissenschaft für die meisten Menschen ein solches „Mysterium in den Händen von Eingeweihten"[308] ist, dass sie vom Verständnis über das ‚wie' des Ablaufs und den entstehenden Folgen weit entfernt ist. Für Dewey kann politische Legitimation nicht ohne individuelle Selbstverwirklichung in der Gemeinschaft gesehen werden. Dies ist die Basis, die hinter seiner zentralen Idee der Öffentlichkeit steht. Gelingen kann dies nur durch freiwillige Kooperation und Verantwortungsübernahme in einer lebendigen Gemeinschaft, die über die politische Praxis hinaus geht und sich nach und nach in der Erfahrung als demokratische *Lebensform* etabliert.

Anmerkend sei gesagt, dass die Gliederung der Ausführungen zu Dewey dem gleichen Aufbau wie bei Rawls folgt – ergänzt um Verweise zu Rawls. Diese beziehen sich sowohl auf Unterschiede als auch auf Parallelen und insbesondere

---

305 Vgl. Dewey (1996), S. 125: „Und selbst, was politische Arrangements angeht, sind Regierungseinrichtungen nichts weiter als Mechanismen, die einer Idee Kanäle für ihr effektvolles Wirken bereitstellen."

306 Jörke (2003), S. 179. Wie später verdeutlicht wird, ist es nicht so, dass Rawls Motivationen gar nicht thematisiert.

307 Honneth (1999) sieht den Ansatz von Dewey als dritte Alternative zum politischen Liberalismus – neben Republikanismus à la Arendt und Prozeduralismus à la Habermas –, und zwar in der Art und Weise, die Kernkennzeichen jener beiden zusammenzudenken, politische Gemeinschaft und gemeinschaftliche Zielsetzungen auf der einen Seite und reflexive Verfahren und demokratische Deliberation auf der anderen. Der Schlüssel dazu liegt dabei für ihn eben genau im Verständnis von Demokratie „als eine reflexive Form der gemeinschaftlichen Kooperation" (Honneth (1999), S. 41).

308 Dewey (1996), S. 140.

Anreicherungen, die sich bei Dewey im Vergleich zu Rawls finden – mit dem Fokus darauf, was dies für die Frage nach politischer Legitimation im spezifischen Anwendungsfeld Hochschulpolitik bedeutet. Nachfolgender Abschnitt führt nun zunächst Dewey und sein Denken ein.

2.2.1 Einführung Dewey

Der 1859 in Burlington, Vermont geborene und 1952 in New York City gestorbene John Dewey wird nicht selten als der bekannteste politische Denker des Pragmatismus bezeichnet – der Denkrichtung, die insbesondere zwischen 1890 und dem Beginn des Zweiten Weltkriegs das intellektuelle Leben in den USA geprägt hat.[309] In Deutschland wurde Dewey lange ignoriert,[310] wenngleich gerade in Deutschland der Pragmatismus Anknüpfungspunkt für Debatten geliefert hätte.[311] Dewey gilt als beeinflusst von James' *Principles of Psychology* (1890).[312] In diesem Geiste wurde der Idealismus in den Hintergrund gedrängt und der Experimentalismus rückte immer mehr in den Vordergrund.[313] Daneben ist Deweys Ansatz gespeist vom Begründer des Pragmatismus Peirce und der Leitidee „einer kooperativen Wahrheitssuche zur Bewältigung realer Handlungsprobleme."[314] Doch Dewey geht über ihn hinaus. Insgesamt kann sein Gesamtwerk mit 37 Bänden als sehr breit gefächert angesehen werden.[315] Dewey hat in viele akademische Disziplinen hineingewirkt und sie komplex miteinander verwoben: Ethik, Ästhetik, Logik, Metaphysik, politische Philosophie, Religionsphilosophie.[316] Charakterisierend ist hierbei, dass es Dewey nie nur bei theoretischen Ausführungen beließ, sondern stets das praktische Handeln in den Mittelpunkt rückte

---

309 Vgl. Joas (1987), S. 611–613, der auch kurz die Rahmenbedingungen beschreibt, die zum Entstehen des Pragmatismus beigetragen haben.
310 Vgl. Joas (1992), S. 139.
311 Vgl. Joas (1992), S. 114–125.
312 Vgl. Dewey (2010c) für eine Hommage an James.
313 Vgl. Festenstein (2014), S. 3.
314 Joas (1987), S. 613. Auch Eschbach / Eschbach (2010), S. VII weisen auf den Einfluss von Peirce hin. Vgl. *The Development of American Pragmatism* (1925) (Dewey (1998c)), wo Dewey seinen instrumentellen Ansatz in die Tradition des Pragmatismus von Peirce' Realismus und James' Nominalismus einbettet und Unterschiede darstellt.
315 Vgl. Joas (2000) als gute deutschsprachige Einführung in das Gesamtwerk Deweys und Hickman (1998b) als Sammelband über verschiedene Aspekte seines Werks. In Hickman et al. (2004) finden sich zudem Diskussionen, die im Rahmen einer deutsch-amerikanischen Dewey-Tagung entstanden.
316 Vgl Joas (2000), S. 7.

und „seine philosophischen Reflexionen in den Dienst der praktischen pädago-
gischen und politischen Arbeit stellte."[317] Er plädiert für eine Auflösung des
Dualismus von Erkennen und Handeln, von Theorie und Praxis.[318] Auf den Bereich von Erziehung, Bildung und lebenslangem Lernen legte er einen besonderen
Schwerpunkt: er gilt als „der größte amerikanische Pädagoge"[319]. Rorty bezeichnet Dewey neben Heidegger und Wittgenstein als einen der wichtigsten Philosophen des zwanzigsten Jahrhunderts.[320]

Was seine politische Theorie anbelangt,[321] erhebt Dewey Kritik am Individualismus wie ihn der klassische Liberalismus verstanden hat.[322] Das Individuum
kann für Dewey nicht unabhängig von der politischen Sphäre gesehen werden.
Diese politische Sphäre ist relativ breit gesteckt. Egal, ob es um Erziehung, Wissenschaft, Forschung, Ästhetik, Kunst, Metaphysik, Natur oder Religion geht,[323]
Demokratie ist stets das präsente Thema inmitten seines gesamten Werks.[324] Joas
sieht es als Gegenstand bei ihm sogar so zentral wie bei sonst keinem Philosophen.[325] Demokratie bedeutet für Dewey „die Idee des Gemeinschaftslebens
selbst"[326]. Gemeinschaftsleben existiert, sobald es durch gemeinsame Tätigkeit,
durch die gemeinsame Wahrnehmung der Folgen ein von allen geteiltes Gut gibt.
Dies macht für ihn die Idee der Demokratie aus.[327] Daneben ist seine politische

---

317 Eschbach / Eschbach (2010), S. VIII. Liberalismus im Deweyschen Sinne lasse sich hierbei „
als ein offenes Programm und eine fortwährende Verpflichtung in der ständigen Bemühung um
Handlungssicherheit beschreiben." (Eschbach / Eschbach (2010), S. X).

318 Wernecke (2010), S. 33. Er ordnet Dewey „im Vergleich mit Peirce und James als konse-
quenteste[n] Vertreter eines pragmatisch-demokratischen Philosophieparadigmas" ein (Wernecke (2010), S. 31).

319 Correll (1974), S. 9. Auch Hylla (1964), S. 10 bezeichnet Dewey als „'Klassiker' der Pädagogik"
in den USA.

320 Vgl. Westbrook (2000), S. 341.

321 Vgl. für eine Zusammenfassung der Prägung seiner politischen Philosophie Festenstein
(2014), S. 2–4.

322 Die partizipatorische Demokratie sollte gegen Skeptiker wie Lippmann verteidigt werden,
genauso wie gegen einen laissez-faire-Individualismus, in dem das demokratische Ethos und die
demokratische Praxis untergraben werden. Vgl. Bernstein (2010), S. 294. Kritik an der laissez-faire-
Einstellung artikuliert Dewey zum Beispiel in Dewey (1974), S. 222–223 oder Dewey (2010b),
S. 169.

323 Vgl. Bernstein (2010), S. 289.

324 Vgl. Westbrook (2010), S. 21 ff., der interessanterweise – neben einer Nähe zum populisti-
schen Milieu und dem Einfluss der Stadt Chicago – auch den Einfluss von Deweys erster Frau
Alice für Deweys demokratische Theorie darstellt.

325 Vgl. Joas (2000), S. 11. Auch Putnam (1997), S. 227 hebt Deweys Augenmerk auf die Demokratie hervor.

326 Dewey (1996), S. 129.

327 Vgl. Dewey (1996), S. 129.

Philosophie antielitär, indem sich Partizipation für Dewey nicht nur gegen reine Elitenherrschaft richtet, sondern vor allem einen Aspekt individueller Freiheit darstellt. Demokratie ist für Dewey nicht rein in politischen Institutionen ausdrückbar, vielmehr bildet sie ein soziales und persönliches Ideal.[328] So ist Demokratie die Regierungsform, die der Verwirklichung seines Menschenbilds – die Selbstverwirklichung der Menschen im kooperativen Zusammenleben – am nächsten kommt.[329] Sie ist für ihn „the expression of individuality"[330] und gleichsam eine „cooperative inquiry"[331] – die Bedeutung der wissenschaftlichen Methode im Sinne der kooperativen Wahrheitssuche sowie im Hinblick auf die Lösung gesellschaftlicher Probleme klingt hier an. Dabei nimmt Dewey von vornherein eine demokratische Basis an und begründet diese nicht mehr explizit. Sein Demokratiebegriff ist substanzieller als der des späten Rawls und er hat eine demokratische Idee des guten Lebens vor Augen. So ist Dewey von einem „schwachen Perfektionismus"[332] gekennzeichnet, indem er sich empathisch zur Demokratie bekennt – stets mit einer fokussierten Sicht auf die individuelle Selbstverwirklichung. Ganz bewusst legt Dewey hier immer den Blick auf die gesamte Gesellschaft. Dies bedeutet, die demokratische Sphäre umfasst neben dem politischen auch den zivilgesellschaftlichen Bereich und kooperative Interaktionsgemeinschaften sind für beide Bereiche von großer Bedeutung.[333] Im Sinne Deweys gilt es zu betonen, dass die Einflussnahme und die Beteiligung des Einzelnen (im Sinne der von Rawls geforderten allgemeinen Zustimmbarkeit) immer dann notwendig sind, wenn er oder sie von den Folgen des Handelns direkt oder auch indirekt betroffen ist – dann kann nämlich die für ihn so wesentliche Öffentlichkeit entstehen. Dewey ist offen für „„alternative Orte (...) demokratieverstärkender Identitätsbildung"[334], solange diese Orte und Formen dazu dienen, dass sich die Menschen als Öffentlichkeit finden. Im Fokus ist hierbei insbesondere sein Werk *Die Öffentlichkeit und ihre Probleme* (Originaltitel: *The Public and Its Problems* aus dem Jahr 1927) (ÖuiP) zu betrachten, in dem Dewey seine De-

---

328 Vgl. Festenstein (2014), S. 4.
329 Vgl. Correll (1974), S. 10, 18.
330 Festenstein (2014), S. 8.
331 Campbell (1993), S. 17.
332 Jörke (2003), S. 234.
333 Die Autorin schließt sich hier Hartmann (2012), S. 304 – 307 an, nicht der Betonung einer vorpolitischen Interaktionsgemeinschaft (insbesondere in der Arbeitswelt) zu folgen und sie vom politischen Kontext abzugrenzen, wie Honneth (1999) dies tut. Auch Jörke (2003), S. 188 kritisiert den Fokus auf die Arbeitsteilung, die wichtige Sphären außer Acht lässt.
334 Hartmann (2012), S. 306 mit Verweis auf Zurn (2005), S. 106.

mokratietheorie darlegt.[335] Die für Dewey so relevante Handlungstheorie der Erfahrung verbindet er in diesem Werk mit seiner Demokratietheorie.[336] Das Ziel besteht darin, gerade unter den herrschenden Rahmenbedingungen (bei Dewey: Industriezeitalter) eine Öffentlichkeit so entstehen zu lassen, dass sie wirksamen Einfluss auf die sie betreffenden politischen Entscheidungen ausüben kann. Ansonsten sind ihre Bedürfnisse und Interessen nicht ausreichend berücksichtigt.[337] Dazu gilt es, Bedingungen und Kriterien zu identifizieren, die die Verwirklichung einer demokratischen Öffentlichkeit ermöglichen (vgl. hierzu ausführlich die normative Anforderung in Abschnitt 2.2.3).

Eine demokratisch gebildete Bürgerschaft ist für Dewey hierbei unverzichtbar, vor allem in der großen Spanne sozialer Beziehungen, die auf das dynamische Umfeld in der deutschen Hochschulpolitik passt. Insbesondere in seinem Werk *Democracy and Education* (1916)[338] bringt Dewey die hohe Bedeutung von Erziehung und Bildung zum Ausdruck. Schule soll von demokratischen Verfahren geprägt sein, eine offene, experimentelle Haltung mit dem Verlangen fördern, immer weiter lernen und wachsen zu wollen,[339] und Demokratie in der Praxis vermitteln.[340] Eine Reform des Schulsystems ist für ihn der notwendige Weg, um zu einer verbesserten Demokratie zu gelangen.[341] Doch ist Bildung für Dewey keineswegs nur auf Bildungsinstitutionen beschränkt. Vielmehr ist es eine lebenslange Aufgabe, die in jeglichen sozialen Verbänden und Institutionen gelebt werden soll, um wirkliches Wachstum zu ermöglichen.[342] So ist der Erwerb von Wissen nie ein Zweck an sich, sondern vielmehr ein Diener, mit dessen Hilfe sich der Mensch innerhalb der Gemeinschaft in seinen Fähigkeiten „im Dienste so-

---

335 Die Autorin stimmt Hartmann (2003), S. 61 zu, dass Dewey selbst problematischerweise kaum eine Definition seiner Grundbegriffe vorgenommen hat und auch ÖuiP nicht als ausschließliches Hauptwerk zu seiner Demokratietheorie gesehen werden kann. Vielmehr sind Gedankengänge aus anderen Aufsätzen zu berücksichtigen. Diesem Fakt versucht die Autorin Rechnung zu tragen. In den beiden Werken *Psychologische Grundfragen der Erziehung* und *Demokratie und Erziehung* hat Dewey für diesen Begriff auf jeden Fall die Grundlagen gelegt. Joas (1987), S. 615 weist auf der anderen Seite darauf hin, dass die Bücher nach ÖuiP keine wesentlichen Weiterentwicklungen mit sich brachten.

336 Vgl. Noetzel (2002), S. 158.

337 Vgl. Neubert (2004), S. 20 und Westbrook (2000), S. 350.

338 Vgl. Dewey (1964) für die deutsche Übersetzung *Demokratie und Erziehung*.

339 Vgl. Campbell (1993), S. 19 und Jörke (2003), S. 156.

340 Dabei hört für Dewey die Erziehung nicht nach der Schulausbildung auf, sondern bezieht sich auf alle möglichen Einflüsse, die auf ein Individuum im Laufe seines Lebens einwirken. Erziehung ist für ihn der Schlüssel, um in den Menschen die Charaktereigenschaften auszubilden, die für moralische und intellektuelle Muster notwendig sind. Vgl. Dewey (2010b), S. 185 – 187.

341 Vgl. Dewey (2003), S. 115.

342 Vgl. Jörke (2003), S. 157.

zialer Zwecke"[343] befreien und ständig weiterentwickeln kann – auch dadurch, dass er immer wieder damit konfrontiert ist, Konflikte zu bewältigen.[344] Erziehung ist das Ziel an sich, da immer weiteres Wachstum möglich ist: „Da es in Wirklichkeit nichts gibt, worauf sich der Begriff des Wachstums bezieht, ausgenommen weiteres Wachstum, so läßt sich der Begriff der Erziehung keinem anderen unterordnen – ausgenommen weiterer Erziehung."[345] Hier wird deutlich, dass Erziehung für Dewey eine fortwährende Aufgabe ist. Es wird sich zeigen, dass Dewey Vertrauen in jeden Einzelnen hat und hierbei Vertrauen in Erziehung und Bildung ganz elementar ist. Durch verbesserte Erziehung ist eine verbesserte Gesellschaft möglich – eine Vorstellung, die für Platon noch undenkbar war.[346] Für Dewey ist sie zentral – Wachstum, Wegweiser und soziale Funktion zugleich. Damit geht er über Rawls hinaus, der sich vielmehr auf politische Aspekte der Erziehung fokussiert.[347]

Auch die Philosophie selbst hat Dewey immer wieder beschäftigt. In *The Need for A Recovery of Philosophy* (1919) macht Dewey deutlich, dass die traditionelle westliche Philosophie reformiert werden müsse.[348] Eine passive Theorie von Wissen weist er zurück.[349] Für ihn kann Wissen nicht als fixes und unabhängiges Objekt gesehen werden. Es ist immer abhängig vom Kontext:

> „Wissen *ist* partiell und unvollständig (...), bis wir es in den Rahmen einer Zukunft gestellt haben, die nicht erkannt werden kann, sondern über die man nur spekulieren und zu der man nur fest entschlossen sein kann."[350]

Auch ist Wissen kein Besitz, sondern eine Form der Aktivität.[351] Die Tatsache, wissend zu sein, ist stets als Teil eines größeren Forschungsprozesses zu sehen.[352] Nur in gemeinsamer Aktivität wird Wissenschaft für Dewey in wahres Wissen

---

343 Dewey (1964), S. 135.
344 Vgl. Correll (1974), S. 19. In der Erziehung wird dabei der Grundstein zum kontinuierlichen Bewältigen von Erfahrungen gelegt, was Joas (2000), S. 18 als „Pädagogik der Kontingenz" charakterisiert.
345 Dewey (1964), S. 77.
346 Vgl. Dewey (1964), S. 126.
347 Vgl. auch Weber (2008), S. 367–369.
348 Vgl. Dewey (1998e). Festenstein (2014), S. 4 weist darauf hin.
349 An einer Stelle spricht Dewey (1996), S. 169 von „absoluten Standards" und „ewige[n] Wahrheiten".
350 Dewey (2010c), S. 100–101.
351 Vgl. Weber (2008), S. 378.
352 Vgl. Hickman (1998a), S. 166, der auch darauf hinweist, dass Dewey anstelle des Substantives ‚knowledge' lieber das Gerund ‚wissend' verwendete.

verwandelt.[353] Es geht um gemeinsames Handeln und dadurch um Erkennen, Erfahren und Wahrnehmen.[354] *Inquiry* ist der für ihn zentrale Begriff dieser Aktivität. Forschung und Untersuchung sind die beiden im Deutschen verwendeten Begriffe,[355] im Folgenden wird hier der Begriff *Forschung* verwendet..[356] In *Philosophy and Democracy* (1918) bringt Dewey – als Hommage an James – zum Ausdruck, dass Aktivität notwendig ist, geprägt von ernsthaften Gedanken und Wissen.[357] Er stellt die Bedeutung der Philosophie als Wissenschaft heraus, die eben nicht beschränkt ist auf eine Form der fixen, bewiesenen Erkenntnis (als „bloße Anerkennung der Fakten und der Wahrheit"[358]), sondern „(...) eine Form des Begehrens (...) eine aktive Auseinandersetzung (...) eine Liebe zur Weisheit"[359]. Weisheit, die er moralisch verstanden haben möchte als ein zukünftiges Anstreben. Philosophie hat hierbei eine zentrale vermittelnde Rolle als „Verbindungsoffizier (...) [bzw.] Bote der Kommunikation"[360], um Wissenschaftsergebnisse und -entwicklungen transparent und wahrnehmbar zu machen.[361] Dies macht Dewey in *Experience and Nature* (1925) deutlich.[362] Werkzeuge und Methoden werden dafür benötigt, daran muss die Philosophie mitwirken.[363] Eine metaphysische Letztbegründung mit dem Anspruch auf „»Dekonstruktion« der Wahrheit oder gar der Welt"[364] ist hierbei nach Deweys Verständnis nicht Aufgabe

---

353 Vgl. Dewey (1996), S. 148.

354 Vgl. Peter (2009), S. 118–119.„[K]nowledge, on this view, is not a copy whose truth is to be judged by its fidelity to an original; it *is an instrument or organ of successful action*" (Dewey (1976), S. 180).

355 Vgl. Dewey (2008b), S. 616.

356 Grundsätzlich unterscheidet Dewey (2008b), S. 16 in seinem Werk *Logic: The Theory of Inquiry* (1928; deutsch: *Logik. Die Theorie der Forschung*) (primäre) Forschung auf der einen und Logik (= Theorie der Forschung; *„inquiry into inquiry"* (Dewey (2008b), S. 16)) auf der anderen Seite. Die (primäre) Forschung hat zum Ziel, logische, klare Formen zu generieren (*„causa essendi"*). Die Theorie der Forschung beschäftigt sich hingegen damit, zu enthüllen, wie die neuen Formen in Verbindung zueinander stehen und damit wie ein potenzieller Nutzen in zukünftiger Forschung aussehen kann (*„causa cognoscendi"*). Vgl. Hickman (1998a), S. 176–177. Oder wie Westbrook (2000), S. 349 es formuliert: „ein Studium der Methoden, Praktiken und Werte von Forschungsgemeinschaften, die bei der Hervorbringung von bewährten Annahmen am zweckdienlichsten waren."

357 Vgl. Dewey (2010c) für die deutsche Übersetzung *Philosophie und Demokratie*.

358 Dewey (2010c), S. 100.

359 Dewey (2010c), S. 95–96.

360 Dewey (1995), S. 383.

361 Vgl. Neubert (1998), S. 346.

362 Vgl. Dewey (1995) für die deutsche Übersetzung *Erfahrung und Natur*.

363 Vgl. Dewey (1996), S. 136.

364 Putnam (1997), S. 252.

der Philosophie. Denn es geht ihm um eine Einsicht, wie diese Lösung gesellschaftlicher Probleme funktionieren kann, nicht um eine übergreifende Metaphysik.[365]

Dewey bietet grundsätzlich sehr viele Anknüpfungspunkte; in diesen einleitenden Absätzen kann hierauf nur auszugsweise eingegangen werden. Was die hier interessierende Frage nach politischer Legitimation für die deutsche Hochschulpolitik betrifft, wird sich zeigen, dass Dewey eine sehr passende theoretische Grundlage in Ergänzung und Verstärkung zu Rawls darstellt. Gerade weil er sich als starker Vertreter des zivilgesellschaftlichen Paradigmas bewusst auch auf die zivilgesellschaftliche Praxis bezieht und nicht nur das Politische im Blick hat. Denn Dewey möchte Demokratie nicht rein deliberativ verstanden haben. Für politische Legitimation genügen Verfahren der politischen Entscheidungsfindung nicht. Vielmehr ist Demokratie als „ethische Konzeption"[366], als Lebensform zu sehen und soziale Kooperation eben nicht auf einen Lebensbereich beschränkt. Er geht über klassische deliberative Ansätze hinaus und betont in einer reflexiven Gemeinschaftskonzeption das notwendige demokratische Ethos.[367]

2.2.2 Anwendungsverhältnisse zur Frage nach Legitimation

Äquivalent zu Rawls werden im Folgenden für Dewey die Bedingungen untersucht, unter denen sich für ihn die Frage nach Legitimation stellt. Gelebte soziale Kooperation ist hierbei für Dewey als objektiver Umstand notwendige Voraussetzung. Daneben ist insbesondere sein weiterentwickeltes Menschenbild ganz eng mit der Gemeinschaft verbunden und wird unter den subjektiven Umständen dargestellt.

Objektive Umstände: Kooperation als notwendige Voraussetzung
Rawls und Dewey betonen beide die Notwendigkeit von Kooperation im Hinblick auf politische Legitimation. Dewey stellt dies besonders heraus: Für legitime Problemlösungen ist gemeinsames Handeln in Kooperation notwendig.[368] Kooperation ist für Dewey ein sehr zentraler und sehr vielschichtig verwendeter

---

365 Vgl. Wernecke (2010), S. 32.
366 Dewey (2010a), S. 19.
367 Vgl. Westbrook (2010), S. 18, der unter Betonung des Aspekts der Partizipation Dewey als wichtigsten Vertreter partizipatorischer, deliberativer Demokratie bezeichnet.
368 Honneth (1999), S. 44 weist darauf hin, dass Dewey in seinen frühen Jahren noch die Idee einer freiwilligen Kooperation im Blick hatte. Vgl. unten zu Deweys frühem Menschenbild.

Begriff.[369] Hier zeigt sich eine Parallele zu Rawls, denn für ihn ist Kooperation ebenfalls elementar. So macht Rawls dies, wie dargestellt, – unter der Rahmenbedingung des Zusammenlebens vieler unter Knappheitsbedingungen – insbesondere mit seiner zentralen Idee der Gesellschaft als einem fairen System sozialer Kooperation deutlich, von der sich alle weiteren intuitiven Ideen für Rawls ableiten. Doch fokussiert Rawls auch bei Kooperation auf den Bereich des Politischen. Dewey geht über ihn hinaus und hat seine ethische Konzeption im Blick. Dewey beklagt, dass leider viele Verfassungen aus einer Zeit stammten, deren Bedingungen nicht zu den heutigen passten, gerade was das Thema Kooperation angehe: „(...) our constitutions are full of evidences of distrust of popular cooperative action."[370] Dabei gesteht er zu, dass die Forderung, dass sich „die Gesellschaft (...) um eine kooperative industrielle Ordnung kümmern sollte (...) für den allgemeinen Verstand eine so neue Vorstellung ist"[371]. Dewey selbst hat seine Auffassung von Kooperation im Laufe seines Denkens weiterentwickelt, gerade was ihre Notwendigkeit als Reaktion auf Konflikte angeht. Er gibt zu, dass er die Rolle von Konflikten innerhalb demokratischer Politik zunächst vernachlässigt hat; dabei sind Konflikte „*essential* for the achievement of social reform and justice"[372] und insbesondere der Umgang mit sowie die Antwort auf Konflikte ist bedeutsam.[373]

Bei Dewey lassen sich in seiner weiterentwickelten Konzeption von Kooperation zwei Argumente finden, die seine Behauptung stützen.[374] Das erste Argument fußt auf seinem Menschenbild und stellt die *ethische* Dimension von sozialer Kooperation in den Mittelpunkt. Dieses ist dem zweiten Argument – *epistemischer* Natur – lexikalisch vorgelagert. Darin bezieht er sich auf die Logik wissenschaftlicher Forschung und verdeutlicht die Parallele zur Demokratie. Auf diese beiden Aspekte geht der Text im Nachfolgenden kurz ein.

Ergründet man die für Dewey hohe Bedeutung einer kooperativen Demokratie, so geht dies auf sein Menschenbild und die Vorstellung zurück, dass die Ziele Selbstverwirklichung und individuelles Wachstum nur in einer sozialen Demokratie und im gemeinsamen Handeln, das mit Erfahrungen bereichert und anregt, erreicht werden – im Sinne einer ethischen Begründung der Demokra-

---

369 Hartmann (2003), S. 70 weist darauf hin.
370 Dewey / Tufts (1914), S. 479.
371 Dewey (2010b), S. 186.
372 Bernstein (2010), S. 301.
373 Vgl. Bernstein (2010), S. 302.
374 Vgl. Honneth (1999), S. 53, der explizit betont, dass Dewey dann in der Folge Kooperation sowohl mithilfe der Psychologie als auch mithilfe der Logik wissenschaftlicher Forschung begründet hat.

tie.[375] Individuelle Selbstverwirklichung und Gemeinschaft sind für Dewey untrennbar. Ohne Kooperation kann eine Gemeinschaft nicht entstehen und sich somit weder der Mensch selbst noch seine soziale Umgebung weiterentwickeln. Daher ist Kooperation für Dewey eine unverzichtbare Voraussetzung, um Legitimation zu erreichen. Dem ist alles unterzuordnen. Auch wenn er zum Beispiel über das Organ der Regierung spricht, denkt er an die *Selbstverwirklichung der Menschen durch Kooperation in der Gemeinschaft:* „Government (...) as an organ by which people associated in pursuit of common ends can most effectively cooperate for the realization of their own aims."[376]

Dewey hat dabei *Parallelen von wissenschaftlichen und demokratischen Gemeinschaften* sowie deren Einstellungen vor Augen.[377] Das gemeinsame Validieren von Hypothesen steht im Mittelpunkt,[378] wobei offene Kommunikation einerseits zum Erkenntnisfortschritt notwendig ist,[379] und andererseits dafür, dass individuelle Erkenntnis gemeinschaftlich-sozial vermittelt wird.[380] Dewey zufolge ist Forschung zugleich in diesem Sinne gemeinschaftlich-sozial, als dass die Ergebnisse eines Forschers der genauen Prüfung und möglicherweise Korrektur durch die Erfahrungen der Forschungsgemeinschaft unterliegen.[381] Demokratie und Forschung sind für ihn beide vom normativen Ernstnehmen der Kooperation geprägt.[382] Kooperation wird zudem als notwendig angesehen, um eine gesteigerte Wahrscheinlichkeit intelligenter Problemlösungen zu erreichen.[383] Die These, dass Problemlösungen in-

---

375 Hickman / Alexander (1998), S. XII: „democracy as a mode of community action". Jörke (2003), S. 157 weist auf Demokratie als für Dewey notwendig zur individuellen Selbstentfaltung hin. Vgl. Jörke (2003), S. 203–204 für den Ausdruck „soziale Demokratie" als Vorstellung von Demokratie als Gemeinschaft.
376 Dewey / Tufts (1914), S. 475.
377 Vgl. Westbrook (2000), S. 345 und Nida-Rümelin (2013), S. 75. Auch Peirce hatte bereits Forschungsgemeinschaften im Blick. Vgl. Wernecke (2010), S. 28 und Jörke (2003), S. 159.
378 Vgl. Kloppenberg (2000), S. 61: „In demokratischen wie in wissenschaftlichen Gemeinschaften überprüfen freie und kreative Individuen gemeinsam Hypothesen, um herauszufinden, was am besten funktioniert. Diese Gemeinschaften definieren ihre eigenen Ziele, bestimmen ihre eigenen Testverfahren und beurteilen ihre Ergebnisse im Geist konstruktiver Zusammenarbeit."
379 „[A]llein in einem offenen Diskurs der ‚scientific community' (...) sei ein Fortschreiten der Erkenntnis möglich." (Jörke (2003), S. 17).
380 Vgl. Wernecke (2010), S. 28 mit dem Hinweis, dass das Ergebnis der Transformation dieser Erkenntnis dann gerade soziale Intelligenz ist. Diesen Punkt der offenen Information und Kommunikation im wissenschaftlichen Verfahren betont auch Putnam (1997), S. 237.
381 Vgl. Dewey (2008b), S. 563.
382 „Dewey argued that inquiry is essentially social. It promotes cooperation among reflective organism because it allows them to rehearse actions before making irretrievable commitments" (Hickman (1998b), S. XIX).
383 Vgl. zum Beispiel Hartmann (2003), S. 70, der darauf hinweist.

telligenter ausfallen, wenn alle Beteiligten offen und gleichberechtigt teilnehmen, soll zeigen, dass Kooperation rational überlegen ist. Honneth beschreibt den Zusammenhang zwischen der Kooperation unter Forschern und den intellektuellen Leistungen im Ergebnis so, dass „je ungezwungener die partizipierenden Wissenschaftler eigene Hypothesen, Überzeugungen und Intuitionen in den Untersuchungsprozeß einbringen konnten, desto ausgewogener, umfassender und somit intelligenter (...) die Hypothesenbildung sein [musste], zu der sie am Ende jeweils gemeinsam gelangten (...).“[384] Dewey war in der Tat fasziniert von der „Idee der freien und uneingeschränkten Kommunikation zwischen den Wissenschaftlern in einer Experimentiergemeinschaft“[385], gerade im Hinblick auf die Lösung moralischer und politischer Probleme.

Doch Dewey wollte – so die Interpretation hier – mit diesen Parallelen vor allem seine ethische Begründung der Demokratie verstärken und sich dafür die Logik wissenschaftlicher Forschung zur Prüfung von Hypothesen und kooperativen Suche nach Lösungen als rationales Hilfsmittel nehmen.[386] Die Autorin sieht hier nicht primär eine logische Begründung der Demokratie, sondern vielmehr eine Bekräftigung Deweys, nach seinem normativen Ideal zu streben. Wie Dewey selbst in *Freedom and Culture* (1939)[387] formuliert, setzt er auf die wissenschaftliche Haltung, um sein Ziel einer sozialen Demokratie zu erreichen, denn für ihn „ist doch die Zukunft der Demokratie mit der Verbreitung der wissenschaftlichen Haltung verknüpft. Sie bietet (...) die einzige Gewähr dafür, dass die öffentliche Meinung vielleicht klug genug ist, mit den gegenwärtigen Sozialproblemen fertig zu werden.“[388] Insbesondere Putnam und in der Folge zum Beispiel Honneth sprechen in ihrer Rekonstruktion von einer regelrechten „*erkenntnistheoretische [n] Begründung der Demokratie*“[389] durch Dewey.[390] An dieser Stelle kann durchaus ein deliberativer Charakter von Deweys Demokratie gesehen werden. Aber eigentlich strebte Dewey auf Basis dieser kooperativen Forschungsgemeinschaften, die zum Problemlösen kontinuierlich den Prozess der Forschung

---

384 Honneth (1999), S. 53–54.

385 Joas (1987), S. 615.

386 Vgl. Jörke (2003), S. 167. Er spricht in diesem Zusammenhang auch von der Philosophie als „Art ‚Rückendeckung' der Demokratie“ (Jörke (2003), S. 168).

387 Vgl. Dewey (2003) für die deutsche Übersetzung *Freiheit und Kultur*.

388 Dewey (2003), S. 114.

389 Putnam (1997), S. 227 [Hervorhebung im Original].

390 Putnam (1997), S. 251 bezeichnet das Kernstück von Deweys Demokratie als „die intelligente Durchführung der gemeinschaftlichen Forschung“. Honneth überträgt die Parallele auf die soziale Wirklichkeit, um gesellschaftliche Kooperation zu rechtfertigen und sieht darin eine epistemologische Begründung. Nur in ungezwungener, gleichberechtigter Kooperation kann eine Gesellschaft intelligent kollektive Probleme lösen (Honneth (1999), S. 54).

durchlaufen, „nach einem *normativen* Ideal für eine prozedurale Demokratie"[391].
Von einer logischen *Begründung* der Demokratie hat Dewey trotz der Verbindung
von Demokratie und experimenteller Wissenschaft selbst nicht gesprochen.[392]

Dies bedeutet, dass zwar auch in diesem Buch die Parallele genutzt wird, um
deutlich zu machen, wie die wissenschaftliche Methode und Mentalität als – wie
Dewey sagt – „geistige Haltung"[393] für legitime politische Gestaltungsprozesse
und Entscheidungsverfahren fruchtbar gemacht werden kann.[394] Für Dewey ist
gerade die Methode der Intelligenz diejenige, die sein Ideal sozialer und kooperativer Demokratie in einer funktionierenden Öffentlichkeit am besten verkörpert.[395] Doch die *Begründung* zur Teilnahme an der kooperativen Lösung von
Problemen wurzelt nicht primär in einer erhöhten rationalen Lösung, sondern
vielmehr darin, dass diese Personen direkt oder indirekt von Handlungen betroffen und deshalb einzubinden sind.[396] Folglich würde eine rein deliberative
und epistemische Ansicht die ethisch-normative Komponente zu kurz kommen
lassen. Für Dewey ist klar, „dass eine lebendige demokratische Kultur nur ge-
deihen kann, wenn sie von Subjekten getragen wird, die *intrinsische Motive* zur
Teilnahme an demokratischen Kooperationsformen haben."[397] Ansonsten kann
seine Vorstellung von sozialen Forschungsgemeinschaften nicht verwirklicht
werden. Hierzu muss Dewey tiefer gehen als es eine rein epistemische Begründung zu leisten vermag:

> „Im Vergleich zu Putnam bezieht er [= Dewey] sich auf ein Demokratieverständnis, das sich
> auch in der Wissenschaft niederschlagen mag, nicht aber von hier aus begründet wird"[398].

---

391 Westbrook (2000), S. 359 konstatiert, dass „(…) Dewey gerade in den von Putnam zusam-
mengetragenen Teilen der logischen Begründung der Demokratie auf der Suche war nach einem
normativen Ideal für eine prozedurale Demokratie, das in der umfassenden Konzeption einer
Forschungsgemeinschaft wurzelt" [kursive Hervorhebung im Zitat oben durch die Autorin].
392 Vgl. Westbrook (2000), S. 343. 347. Westbrook (2000), S. 348 verweist zudem darauf, dass
Dewey im Kapitel *social inquiry* in seinem Werk *Logik* (Dewey (2008b)) nicht auf die Parallele von
wissenschaftlicher und demokratischer Gemeinschaft zurückgekommen ist. Aus der Sicht von
Hartmann (2012), S. 300 hat Dewey seine Demokratie nicht epistemisch begründet bzw. wenn,
dann ohne prominente Bedeutung.
393 Dewey (2003), S. 111.
394 Die Autorin schließt sich dabei Campbell (1993) an, den Begriff der Methode nicht zu eng,
sondern vielmehr im Sinne einer Mentalität der Herangehensweise zu sehen.
395 Vgl. Dewey (1995), S. 407, wo er sie als eindeutig bessere Methode im Vergleich zu den Alternativen Autorität, Nachahmung, Laune und Ignoranz, Vorurteil und Leidenschaft bezeichnet.
396 Vgl. Hartmann (2012), S. 307, der sehr anschaulich darlegt, dass Deweys Modell von einer
normativen Inspiration lebt.
397 Hartmann (2012), S. 303.
398 Hartmann (2012), S. 304.

Es bleibt festzuhalten: Seine Begründung einer sozialen Demokratie speist sich primär aus ethischen, normativen Argumenten – Kooperation und Partizipation sind notwendig für eine gute Gemeinschaft, in der Selbstverwirklichung möglich sein soll –, wenn auch sein normatives Ideal durchaus „(...) in der umfassenden Konzeption einer Forschungsgemeinschaft wurzelt."[399] Diesen Maßstab der Selbstverwirklichung bringt der nachfolgende Abschnitt von Deweys Menschenbild deutlich zum Ausdruck.

Subjektive Umstände: Deweys Menschenbild in der Gemeinschaft

Deweys Menschenbild kann nur in Zusammenhang mit seiner Vorstellung von Gemeinschaft gesehen werden. Dewey betonte dies selbst, insbesondere dann, wenn er seine Kritik gegen einen aus seiner Sicht falsch verstandenen Liberalismus richtete.[400] Das Entstehen einer lebendigen Gemeinschaft lässt sich mit drei Bestandteilen illustrieren.[401] Diese bauen aufeinander auf und ergeben eine Gesamtkonzeption von Gemeinschaft: So sind *zunächst* Assoziation und Interaktion Voraussetzung für eine Gemeinschaft. *Zweitens* ist gemeinsames Handeln notwendig, um über die reine Interaktion hinauszugehen.[402] Gerade in Handlungen eines Menschen soll der „Stempel seiner Gemeinschaft"[403] erkennbar und im alltäglichen Leben verankert sein.[404] Denn im gemeinsamen kooperativen Handeln können geteilte Werte entstehen. Abgesichert werden Gemeinsamkeiten gerade über geteilte Werte, wobei hier Erziehung für Dewey eine entscheidende Rolle spielt.[405] Werte sind unbedingt „socially derived"[406], sie ergeben sich erst in der Gemeinschaft und sind auf keinen Fall absolut zu verstehen. Sie müssen stets an die aktuelle Situation, die aktuellen Zielvorstellungen und

---

399 Westbrook (2000), S. 359, der gerade auf die von Putnam (1997) hervorgebrachte Begründung reagiert: Eine gewisse Verfahrensorientierung ist für Dewey nicht abzustreiten, aber doch gedacht als normatives Ideal. Demokratie epistemisch zu rechtfertigen widerspricht auch Hartmann (2012), S. 296 im Hinblick auf die Aussage, „demokratische Partizipationsprozesse verbesserten die Qualität der Gründe".

400 Vgl. Dewey (2010b), S. 174.

401 Vgl. hierzu im Folgenden Campbell (1998), S. 33 – 34.

402 Vgl. Dewey (1996), S. 130 – 131.

403 Dewey (1974), S. 235. Dewey führt an, dass das Erkennen manchmal erschwert wird, da ein Einzelner zu vielen Gruppen zugehörig ist.

404 Vgl. Dewey (1998b), S. 342.

405 Vgl. Reich (2005), S. 55. Dass Erziehung hilft, betont auch Campbell (1998), S. 39: „(...) education must help to make future thinking more social, and it must help to direct future thinking toward uncovering and solving common problems."

406 Campbell (1998), S. 27.

Bedürfnisse angepasst sein.[407] Der *dritte* und entscheidende Bestandteil liegt dann darin, diese gemeinsam geteilten Ziele und Vorstellungen im Sinne von Glauben und Wissen tatsächlich zu leben. Kommunikation sieht Dewey als Weg, wie man Dinge gemeinsam besitzt und ein geteiltes Wir-Gefühl erfährt, das über die Ziele der Einzelnen hinaus geht. Die gemeinsam geteilten Werte sind dabei unbedingt vonnöten, weil sie in gemeinsamer Aktion und im gemeinsamen Streben nach Wahrnehmung der Handlungsfolgen entstehen.[408] Dann leben die Menschen in Deweys Vorstellung in einer wahrhaft lebendigen Gemeinschaft. Dieses gemeinschaftliche Wir-Gefühl weist darauf hin, dass für Dewey politische Legitimation am Beispiel Hochschulpolitik mehr ist als allein durch deliberative Verfahren ausdrückbar. Das Ideal ist für Dewey hierbei eine *soziale Kooperationsgemeinschaft*, „in der die Mitglieder sich gegenseitig dabei unterstützen ihre je eigenen Fähigkeiten und Leistungen als Beitrag zu einem Gemeinschaftsgut zu betrachten."[409] In Deweys demokratischer Idee befreien die Menschen ihre Potenziale gerade dadurch, dass sie ihren spezifischen Beitrag zum kooperativen Ganzen leisten und teilhaben.[410] Demokratische Gemeinschaften sind für Dewey die beste Art und Weise, individuelles und Gemeinschaftswohl zusammenfallen zu lassen – eine Idee, die Dewey kontinuierlich vertrat und die essentieller Bestandteil einer lebendigen Öffentlichkeit ist (vgl. Abschnitt 2.2.3).[411] Für Dewey ist die Selbstverwirklichung des Menschen der entscheidende Maßstab (= der Zweck) zur Lösung sozialer Probleme.[412] In diesem Sinne muss sich politische Legitimation an diesem Maßstab orientieren.

Neben dieser allgemeinen Leitlinie einer lebendigen Kooperationsgemeinschaft ist es notwendig, Deweys frühes und weiterentwickeltes Menschenbild differenziert darzustellen. Im frühen Menschenbild ist insbesondere ein Punkt hervorzuheben, im weiterentwickelten Menschenbild finden sich verschiedene für die weitere Argumentation relevante Facetten. Daher ist dieser zweite Teil wesentlich umfangreicher und umfasst auch die psychologischen Grundlagen der Weiterentwicklung. Danach folgt am Ende dieses Abschnitts ein Vergleich der Anwendungsverhältnisse von Rawls und Dewey.

Dewey geht in seinem *frühen* Menschenbild davon aus, dass der Mensch bereits *von Natur aus* sozial und an der Gemeinschaft orientiert ist. Er hat für den

---

407 Vgl. Correll (1974), S. 17–18 und Dewey (1974), S. 216.
408 Vgl. Dewey (1996), S. 131.
409 Hartmann (2003), S. 295.
410 Vgl. Dewey (1996), S. 128.
411 Vgl. Westbrook (2010), S. 28.
412 Vgl. Putnam (1997), S. 249, der nochmals explizit betont, dass es um das Freisetzen der menschlichen Fähigkeiten geht.

frühen Dewey den Sinn für Kooperation bereits von Geburt an im Blut und agiert arbeitsteilig als intelligentes Element des Organismus.[413] Dies macht Dewey in seinem frühen Aufsatz *The Ethics of Democracy* (1888) deutlich, wo er sich mit dem Zusammenhang von Kooperation, Freiheit und Demokratie beschäftigt.[414] Selbstständig und freiwillig will jeder Mensch seinen Sinn für Kooperation einsetzen, um arbeitsteilig in der jeweils für ihn angemessenen Rolle zur Verwirklichung des gemeinsamen Guten beizutragen.[415] Dieses Bedürfnis hat jeder Mensch bereits von sich aus, denn es „kann nicht von außen in einen Menschen hineingelegt werden"[416] – so die Auffassung des frühen Dewey – „(...) dass das Individuum den Geist und den Willen des gesamten Organismus verkörpert und realisiert."[417] Jedes Gesellschaftsmitglied ist hierbei eine „vitale Verkörperung"[418] der gesellschaftlichen Ziele und es herrscht eine Identität von Regierung und Regierten in der organischen Gesellschaft:[419] Die Regierung ist Ausdruck der kooperativen Zielsetzungen.[420] Das Individuum ist „eine konzentrierte Gesellschaft."[421] Jeder Bürger und nicht nur eine Elitenklasse hat die volle Souveränität inne,[422] sieht die getroffenen Entscheidungen als die seinen an und die Gesellschaft existiert nur durch und für die Individuen.[423] Demokratie ist dabei als die stabilste aller Regierungsformen automatisch sichergestellt, um das gesellschaftliche Ganze zu erhalten.[424] Aus der kooperativen Arbeitsteilung entsteht

---

413 Vgl. Dewey (2010a), S. 14.

414 Vgl. Dewey (2010a) für die deutsche Übersetzung *Die Ethik der Demokratie*. Honneth (1999), S. 44 weist darauf hin.

415 Vgl. Dewey (2010a), S. 21–22. Vgl. Honneth (1999), S. 51, dass diese Prämisse sozialer Arbeitsteilung in einem freiwilligen Übernehmen sozialer Verantwortung in seinem frühen Stadium von Dewey zu optimistisch dargestellt wurde.

416 Dewey (2010a), S. 22.

417 Dewey (2010a), S. 16.

418 Dewey (2010a), S. 16.

419 Vgl. Dewey (2010a), S. 17: „Die Regierung ist für den Staat, was die Sprache für das Denken ist; sie teilt nicht nur die Absichten des Staates mit, sondern verleiht ihnen dabei überhaupt Ausdruck und Allgemeinheit."

420 Vgl. Dewey (2010a), S. 18.

421 Dewey (2010a), S. 16.

422 Dewey zieht an dieser Stelle den Vergleich zur antiken Aristokratie im Platonischen Staat. Vgl. Dewey (2010a), S. 20–21, 24.

423 Vgl. Dewey (2010a), S. 16.

424 Vgl. Dewey (2010a), S. 16. Wie Hartmann (2003), S. 62 betont, verschmelzen die vielen (nicht atomisierten) Sonderwillen zu einem Gemeinwillen à la Rousseau, so dass Demokratie zu einer Gesellschaftsform werden kann. Dies meint der frühe Dewey mit ‚Teile eines organisch verstandenen Ganzen'.

demokratische Selbstverwaltung,[425] gekennzeichnet von persönlicher Verantwortung und individueller Eigeninitiative.[426] Nur in der Demokratie verwirklicht sich der Mensch als kooperatives Wesen selbst, nur so ist er überhaupt für Dewey menschlich,[427] nur im demokratischen Staat kann der Mensch seine innewohnenden Fähigkeiten zur Persönlichkeit realisieren.[428] Demokratie ist daher für Dewey eine ethische Gesellschafts- und Lebensform, auf der ihre Bedeutung als Regierungsform erst beruht.[429] Was Dewey in seinen frühen Werken dabei auszeichnet, ist, dass für ihn *automatisch* das individuell Gute an das insgesamt Gute gebunden ist und dass daher alles dem Persönlichkeitsrecht untergeordnet werden muss.[430]

Genau an dieser Stelle geht sein *weiterentwickeltes* Menschenbild einen Schritt weiter. Den optimistischen Automatismus, dass die Selbstverwirklichung des Einzelnen automatisch mit dem insgesamt Guten überein geht, revidiert Dewey.[431] Die Menschen kommen nur „als organische Wesen (...) nicht als Mitglieder einer Gemeinschaft auf die Welt."[432] In ÖuiP spricht Dewey von einer „vom Lauf der Ereignisse überholten früheren Doktrin"[433] mit zwei wesentlichen Bestandteilen: Den ersten sieht er darin, anzunehmen, dass das Individuum schon aus Eigeninteresse heraus intelligent ist, um sich in politischen Angelegenheiten zu engagieren, und den zweiten Bestandteil darin, dass allein allgemeines Stimmrecht, regelmäßige Wahl und Mehrheitsprinzip ausreichend sind, um Wünsche und Interessen der Öffentlichkeit durch die Verantwortlichen umzusetzen.[434]

Die liberalen Werte, die für Dewey einen bleibenden Wert haben und dringend benötigt werden, sind Individualität, Freiheit und Intelligenz. Für ihn liegt

---

425 Vgl. Honneth (1999), S. 42.

426 Vgl. Dewey (2010a), S. 22.

427 Vgl. zum Beispiel Campbell (1998), S. 24.

428 Vgl. Dewey (2010a), S. 20.

429 Er vergleicht dies mit der Beschreibung eines Hauses als „geometrische Anordnung von Ziegeln und Mörtel" (Dewey (2010a), S. 19).

430 Vgl. Dewey (2010a), S. 25.

431 Vgl. Dewey (2010b), S. 170–171, wo er vor allem die Grunddoktrin der frühen Wirtschaftsliberalen dahingehend kritisiert, automatisch von möglichst viel ökonomischer Freiheit auf mehr Gleichheit und passende gesellschaftliche Einrichtungen geschlossen zu haben.

432 Dewey (1996), S. 133. Er sagt explizit: „Alles spezifisch Menschliche ist erlernt, nicht angeboren, auch wenn es ohne die angeborenen Strukturen, welche den Menschen von anderen Lebewesen trennen, nicht erlernt werden könnte." Stuhr (1998), S. 93 verweist auf die Parallelität dieser Unterscheidung „tatsächliches Individuum" und „lediglich separater Organismus" bei Dewey zur Unterscheidung zwischen „self" und „body" bei Mead.

433 Dewey (1996), S. 135.

434 Vgl. Dewey (1996), S. 135.

die Herausforderung für den Liberalismus darin, auf diese praktisch und intelligent einzugehen, um sie angepasst an die aktuelle Situation lebbar zu machen.[435] *Individualität* benötigt, genauso wie eine Gemeinschaft, einen *Wachstumsprozess* und hierzu müssen die entsprechenden Bedingungen vorhanden sein. Dann kann der Prozess der Selbstverwirklichung – als ein Freilegen der eigenen Potenziale – tatsächlich gelingen.[436] Dewey zufolge ist es eine klare, unumstößliche Tatsache, dass die Welt nicht statisch ist, sondern sich in einem ständigen gesellschaftlichen Wandel befindet. Hierbei bezieht er sich neben politischen und wirtschaftlichen Bedingungen bewusst auf Wandel in Wissenschaft und Zivilgesellschaft.[437] Gerade innerhalb dieses Wandels ist der Liberalismus und die von ihm unterstützte gesellschaftliche Organisation für Dewey noch viel mehr der Selbstverwirklichung der Menschen verpflichtet: Alle Individuen sollen ihre Fähigkeiten entwickeln können und auf diese Weise befreit werden.[438]

Die Bedeutung des Sozialen und einer lebendigen Gemeinschaft ist hierbei für Deweys weiterentwickeltes Menschenbild immens: „Aber wir leben geistig wie physisch nur *in* unserer Umwelt und *durch* sie."[439] Sein Anliegen einer sozialen Demokratie bildet das Zentrum – das Individuum ist immer in seinem sozialen Kontext zu sehen,[440] Individuum und Assoziation dürfen nie als Gegensätze gesehen werden.[441] Doch kommt eine *aktive* Komponente dazu. Die Bedingungen tragen nur in einer „aktiven Auseinandersetzung mit der Umwelt"[442] dazu bei, dass sich der Mensch entwickelt und Intelligenz, Wissen, Vorstellungen und Absichten ausbildet.[443] Dewey denkt dabei an kulturell-gesellschaftliche, ökonomische, rechtliche und politische Institutionen.[444] Der Mensch braucht soziale Gruppen, um überhaupt menschlich zu werden und zu bleiben, da er nur innerhalb der Gemeinschaft „Sittlichkeit"[445], Humanität und Individualität entwickeln

---

435 Vgl. Dewey (2010b), S. 178. Anmerkung: Individualität und Freiheit werden im Folgenden mit dargestellt, die Ausführungen zur Intelligenz folgen im Zusammenhang mit der intelligenten Methode in Abschnitt 2.2.3.
436 Vgl. Stuhr (1998), S. 92 – 94.
437 Vgl. Dewey (2010b), S. 183.
438 Vgl. Dewey (2010b), S. 183 – 184.
439 Dewey (1974), S. 242.
440 Vgl. Nida-Rümelin (1999), S. 18, der die Theoriekonstruktionen der liberalistischen politischen Ethik gerade dafür kritisiert, dass das Individuum aus seinem sozialen Kontext herausgenommen wird. Dieser Vorwurf kann Dewey nicht gemacht werden.
441 Vgl. Dewey (1996), S. 160.
442 Correll (1974), S. 13.
443 Vgl. Dewey (2010b), S. 192.
444 Vgl. Dewey (2010b), S. 238.
445 Dewey (1974), S. 61.

kann.[446] Für Dewey erfolgt individuelle Selbstverwirklichung nur in einer kooperativen Gemeinschaft, in einer „kooperativ strukturierte[n] öffentliche[n] Sphäre"[447]. Dies ist der Hauptgrund, warum Dewey der Kooperation einen so hohen Stellenwert einräumt.[448] Er grenzt sich mit dieser Auffassung von Individualität, die nur im Einklang mit der Umwelt entstehen kann, von statischen Auffassungen über Individualismus, die er stark kritisiert, ab.[449] Der Weg des Einzelnen ist nicht bereits komplett vorgezeichnet, sondern er ergibt sich im *alltäglichen Handeln* in einem Prozess fortwährenden Wachstums.[450] Dabei sind es erstens immer die einzelnen Individuen, die eine Handlung ausführen, nicht die Öffentlichkeit oder der Staat als Ganzes.[451] Zweitens ist Handeln nie isoliert, sondern stets als Assoziation zu sehen, als „ein (...) wechselseitig verbundene[s] (...) Handeln (...), das die Tätigkeit einzelner Elemente beeinflußt."[452] Bei diesen Tatsachen des menschlichen Handelns soll begonnen und beachtet werden, dass der Mensch zum Teil erst durch sein Handeln den Gegebenheiten ihre Bedeutung und Funktion verleiht.[453]

In diesem Zusammenhang hat Dewey im Vergleich zu seinem frühen Menschenbild den Wert der *Freiheit* weiterentwickelt:[454]

> „Freiheit ist die gesicherte Entbindung und Erfüllung persönlicher Potenzen, welche sich nur in einer reichen und mannigfaltigen Assoziation mit anderen ereignen: das Vermögen, ein individualisiertes Selbst zu sein, das einen spezifischen Beitrag leistet und sich auf seine Weise an den Früchten der Assoziation erfreut."[455]

Freiheit kann der Einzelne nur erreichen, wenn er entsprechend seiner Möglichkeiten kontinuierlich handelt und seine Fähigkeiten und Begabungen entdeckt, die im Ganzen wiederum dem gemeinsamen Guten dienen.[456] Es geht um eine

---

446 Vgl. Campbell (1998), S. 30, Dewey (1996), S. 36.
447 Hartmann (2003), S. 70.
448 Vgl. Hartmann (2003), S. 295.
449 Vgl. Dewey (1974), S. 34 und Dewey (2010c), S. 105. In *The Inclusive Philosophic Idea* (Dewey (1998d), S. 312) macht Dewey deutlich, dass die Philosophie das Soziale als legitime Kategorie ernst nehmen muss.
450 Dewey (1974), S. 152: „Alle Überlegung ist ein Suchen nach einem Weg zu handeln, nicht nach einem letzten Endzustand. Ihre Funktion ist, dieses Anspornen zu erleichtern."
451 Der Unterschied liegt dann darin, ob die Menschen in ihrer privaten oder in ihrer amtlichen / repräsentativen Eigenschaft handeln. Vgl. Dewey (1996), S. 31.
452 Dewey (1996), S. 34.
453 Vgl. Dewey (1996), S. 23–24 und Correll (1974), S. 13.
454 Vgl. Stuhr (1998), S. 94 und Honneth (1999), S. 50.
455 Dewey (1996), S. 130.
456 Vgl. Festenstein (2014), S. 7 und Honneth (1999), S. 48–49.

Handlungsart und nicht darum, Freiheit als individuelles Recht nur ausüben zu können, solange es das allgemeine Wohl nicht berührt. Freiheit muss für Dewey stets abhängig und nie im Widerspruch zu gesellschaftlichen Anforderungen gesehen werden.[457] Freiheit ist für Dewey gleichzeitig Sittlichkeit und wird verstanden als sachlich orientiertes Denken und Handeln. Diese Sachorientierung zeigt sich beim Blick auf die konkreten indirekten Folgen einer Handlung,[458] die für Dewey in der normativen Anforderung nach Öffentlichkeit die zentrale Rolle spielen (vgl. Abschnitt 2.2.3). Freiheit ist für ihn dabei „eine Funktion der gesellschaftlichen Bedingungen"[459]. Diese Gesellschaft ist für Dewey nie vollkommen, sondern stets im Wandel und in der Weiterentwicklung, abhängig vom *Agieren* der Menschen.[460] Auf der anderen Seite ist, wie obiges Zitat zeigt, Freiheit ein Teil der Bedingungen, dass die menschliche Selbstverwirklichung überhaupt gelingen kann. Und dies ist für Dewey nun mal nicht im negativen Sinne einer Abwesenheit von Eingriffen zu verstehen, sondern vielmehr zwingend aktiv als positive Freiheit, die „(...) kein Zustand [ist], sondern ein Akt, der Methoden und Mittel zur Kontrolle von Bedingungen einschließt."[461]

Für den Mensch selbst ist für den wichtigen Übergang zur Selbstentfaltung dann im Handeln das *gemeinsame Erfahren* ganz entscheidend: „Shared experience is the greatest of human goods".[462] Für Dewey ist Erfahrung genau die freie Interaktion von Individuen mit den sie umgebenden Bedingungen, um die Notwendigkeit bzw. das Verlangen zu entwickeln und zu befriedigen, indem Wissen vermehrt wird.[463] Erfahrung macht für Dewey den Kern der Demokratie aus: „Die Demokratie ist mehr als eine Regierungsform; sie ist in erster Linie eine Form des Zusammenlebens, der gemeinsamen und miteinander geteilten Erfahrung"[464], ein „personal (...) way of life (...)"[465]. Nur in dieser Erfahrung kann es nach Auffassung von Dewey gelingen, Selbstentfaltung und Wachstum des Einzelnen zu ermöglichen.[466] Allein in einem demokratischen Staat kann sich das Individuum durch

---

457 Vgl. Dewey (2010b), S. 189–190. Wobei Dewey den Kampf der Liberalen um Freiheit als individuelles Recht durchaus würdigt.
458 Vgl. Correll (1974), S. 17 und Dewey (1974), S. 52.
459 Dewey (2010b), S. 170.
460 Vgl. Dewey (2010c), S. 103.
461 Dewey (1996), S. 143.
462 Dewey (2008a), S. 157.
463 Vgl. Dewey (1998b), S. 343.
464 Dewey (1964), S. 121.
465 Dewey (1998b), S. 341.
466 „(...) democracy is a reality only as it is indeed a commonplace of living. (...) democracy is belief in the ability of human experience to generate the aims and methods by which further experience will grow in ordered richness" (Dewey (1998b), S. 343).

politische Partizipation selbst verwirklichen.[467] Politische Legitimation kann für Dewey nur im Zusammenspiel mit dieser aktiven Erfahrung erreicht werden. Allerdings darf der Fokus nicht auf ein bestimmtes zu erreichendes Ergebnis gerichtet werden. Vielmehr geht es Dewey um den *ständigen* Prozess der geteilten Erfahrung.[468] Das zu fördern, ist alltägliche Aufgabe der Demokratie:[469] „(...) the task of democracy is forever that of creation of a freeer and more humane experience in which all share and to which all contribute."[470] Genauso soll in der Schule Experimenten und praktischen Erfahrungen eine bedeutende Rolle zukommen. Denn eine Offenheit Erfahrungen gegenüber zu entwickeln, ist nach Dewey notwendig für eine erfolgreiche Sozialisation,[471] doch erst recht im Hinblick auf politische Legitimation wesentlich. Denn legitime Gestaltungsprozesse und Entscheidungsverfahren dürfen sich Erfahrungen keinesfalls verschließen. Sie müssen ernst genommen, im gemeinsamen Diskurs bewertet und Schlussfolgerungen für kommendes Handeln gezogen werden. Denken wir an diesem Punkt zurück zu Rawls, so spielt Erfahren auch für ihn eine Rolle. Es geht ihm in diesem Zusammenhang darum, Vertrauen und Loyalität einer politischen Ordnung gegenüber aufzubauen und – wie für politische Legitimation relevant – im Einklang mit dem öffentlichen Vernunftgebrauch zu agieren. Denn die Erfahrung, dass die anderen ebenfalls fair handeln, lässt die Menschen nach Rawls Vertrauen aufbauen und mit der Zeit eine gewisse Loyalität entstehen.[472] Wie Schaub deutlich macht, ist ebendieses Vertrauen, das eine legitime politische Ordnung auch praktisch umsetzbar macht, die wichtige Voraussetzung für Rawls, um Erfolg zu haben.[473] Aber Rawls ist im Vergleich zu Dewey nicht so stark auf die Selbstverwirklichung der Menschen fokussiert.

Dewey hat großes *Vertrauen* in die Möglichkeiten der menschlichen Natur und die Kapazität intelligenter Entscheidungen und Urteile, denn für Dewey ist grundsätzlich jeder Mensch zum kooperativen und intelligenten Handeln fähig – unter der Voraussetzung, dass die Bedingungen passen.[474] Er betont in seinen späteren Werken immer deutlicher, dass jeder individuell und unterschiedlich

---

467 Vgl. Hartmann (2003), S. 64, der Deweys sehr breite und nicht republikanisch verengte Auffassung von Partizipation betont.
468 Vgl. für eine Betrachtung von Deweys Philosophie vom Begriff der Erfahrung her Jörke (2003).
469 Vgl. Dewey (1998b), S. 343.
470 Dewey (1998b), S. 343.
471 Noetzel (2002), S. 155 akzentuiert diese für Dewey relevante Erfahrensoffenheit.
472 Vgl. Rawls (2003), S. 300.
473 Vgl. Schaub (2009), S. 285 – 286.
474 Vgl. Dewey (1998b), S. 342.

seine Selbstverwirklichung finden kann. Für ihn bedeutet diese Einmaligkeit der Menschen – im Gegensatz zu beispielsweise festen Klassen oder Arten – wahre demokratische Gleichheit.[475] Und mit diesem gleichen Vertrauen in die Möglichkeiten verbindet Dewey die demokratische Forderung nach gleichen Rechten.[476] Brüderlichkeit kommt für ihn in einer gewissen Kontinuität zum Ausdruck, in Gemeinschaft, Interaktion und Kommunikation der Menschen untereinander.[477] Genau diese mannigfaltigen Beziehungen zu anderen und das dazugehörige Handeln machen das Leben für einen selbst aus. Die „Erfahrung der Differenz"[478] ist es, die Wachstum und Selbstverwirklichung ermöglicht. Im Ganzen gesehen ist es das *gegenseitige Ergänzen*, unter großer Wertschätzung gerade des Unterschieds, was gesellschaftliche Entwicklung und Fortschritt ermöglicht.[479] Die so verstandene Individualität als Pluralismus ist für Dewey zum Vorteil aller.[480] Wie sich in Kapitel 3 zeigen wird, lässt sich diese Art der Wertschätzung des Unterschieds durchaus gut auf die deutsche Hochschulpolitik übertragen.

Psychologische Begründung zur menschlichen Selbstverwirklichung in der Gesellschaft

Um Deweys weiterentwickeltes Menschenbild zu verstehen, das so zentral ist für sein Verständnis politischer Legitimation, lohnt es sich die dahinterstehende psychologische Begründung darzulegen. Insbesondere in seinem Werk *Psychologische Grundfragen der Erziehung. Der Mensch und sein Verhalten. Erfahrung und Erziehung* (original: *Human Nature and Conduct* aus dem Jahr 1922)[481] entwickelt Dewey eine psychologische Begründung, um sein Modell der menschlichen

---

475 Vgl. Dewey (2010c), S. 105. Dewey macht die Bedeutung des Einzelnen auch in seinem Aufsatz *A Critique of American Civilization* (1928) (Dewey (1998a)) deutlich: Eine Gesellschaft kann nur so stark sein wie das schwächste ihrer Mitglieder.
476 Vgl. Dewey (1998b), S. 341.
477 Vgl. Dewey (2010c), S. 106. Vgl. auch Dewey (1996), S. 129, wo er betont, dass die Werte Brüderlichkeit, Freiheit und Gleichheit pathologisch wirken, wenn sie unabhängig von der Gemeinschaft verstanden werden.
478 Jörke (2003), S. 157.
479 Vgl. Dewey (1964), S. 396, wo er schreibt: „Für eine fortschrittliche Gesellschaft aber sind individuelle Verschiedenheiten von unschätzbarem Werte, da sie in ihnen die Werkzeuge ihres eigenen Wachstums findet."
480 Vgl. Dewey (1998b), S. 342.
481 Dewey (1974).

Selbstverwirklichung in der Gemeinschaft zu erklären.[482] In ÖuiP, das für seine Demokratietheorie und für die hier interessierende Frage nach der politischen Legitimation sehr relevant ist, greift er darauf zurück. Daher ist es notwendig, diesen psychologischen Exkurs zu machen. Dabei geht es vor allem um die praktische Gewohnheitsbildung in der Gemeinschaft mithilfe von Verhaltensformen. Diese bestehen aus individuellen Gewohnheiten und kollektiven Bräuchen. Sie sind für Dewey wichtige Teile des menschlichen Seins,[483] haben primäre Wichtigkeit und werden daher zunächst dargestellt.[484] *Individuelle Verhaltensformen* (Gewohnheiten, englisch ‚habits‘) sind für Dewey gekennzeichnet vom „Zusammenwirken des Organismus und der Umwelt"[485]. Das heißt, sie sind nicht alle schon automatisch da – obgleich Dewey gewisse erbliche Anlagen sowie bereits vorhandene Dispositionen nicht komplett leugnet –[486], sondern sie werden erworben durch Wechselwirkungen zwischen Individuum und Außenwelt.[487] Der kontinuierliche Lernprozess im Handeln und Erfahren – gerade hinsichtlich eines sittlichen, sachorientierten Blicks auf die Folgen – ist dabei für Dewey wesentlich.[488] Jede Handlung bringt mit sich, dass sich gewisse Einstellungen und Neigungen ändern und unser künftiges Handeln beeinflussen.[489] Gleichzeitig sind die Verhaltensformen damit „Hauptquelle menschlichen Handelns"[490]. Wichtig für die Ausbildung dieser individuellen Fähigkeiten sind kulturelle Bräuche, Sitten und Traditionen einer Gruppe sowie Institutionen.[491] Diese sogenannten *sozialen Gewohnheiten* („soziale Bräuche"[492]) sind von entscheidender Bedeutung was moralische Handlungsmaximen angeht.[493] Eine Gemeinschaft, die *vor* einem in diese Gemeinschaft hineingeborenen Individuum besteht, definiert Dewey über solche Bräuche bzw. allgemein Einrichtungen, die sich aus der Wechselwirkung

---

482 Aus Sicht von Hartmann (2003), S. 64 löst sich Dewey damit von seinen nicht unproblematischen (neo-) hegelianischen Anleihen und kommt zu einer differenzierten Sicht der sozialen und politischen Welt.

483 Vgl. Dewey (2010b), S. 179.

484 Und dies auch vor dem Hintergrund der Tatsache, dass Triebe im Sinne von Impulsen (= der zweite weiter unten dargestellte Bestandteil seiner psychologischen Begründung) in der psychologischen Entwicklung zuerst kommen. Vgl. Neubert (2004), S. 18.

485 Dewey (1974), S. 32.

486 Vgl. Correll (1974), S. 15.

487 Vgl. Dewey (1974), S. 32–33.

488 Vgl. Dewey (1996), S. 133 und Dewey (1974), S. 66, 104, 140.

489 Vgl. Dewey (1996), S. 136.

490 Dewey (1996), S. 136.

491 Vgl. Dewey (1996), S. 136–137, Dewey (1974), S. 61, 76 und Campbell (1998), S. 25–26.

492 Dewey (1974), S. 60.

493 Vgl. Dewey (1974), S. 72, wo Dewey Moral als „Sitte und Brauch, festgelegte Verhaltensformen der Gesellschaft, Volkssitte" charakterisiert.

von Personen miteinander ergeben haben.[494] Und alle diese Einrichtungen haben „im Lauf ihrer Entwicklung Forderungen, Erwartungen, Regeln, Maßstäbe"[495] gebildet, die Herausforderungen für die in ihnen wirkenden Individuen sind. Wechselwirkungen zwischen solchen sozialen Gruppen und den Individuen sowie das Einwirken der Individuen auf bestehende Bräuche sind für Dewey wesentlich.[496] Denn eine Gemeinschaft bietet eine Vielzahl an solchen Bräuchen oder Mustern, woraus der Einzelne je nach seinem individuellen Geschmack auswählen, umordnen und damit Einfluss ausüben kann.[497] *„Jeder beruft sich auf seinen eigenen Maßstab des Rechten."*[498] Man kann die Parallele zu Rawls' umfassenden Lehren ziehen, wenn Dewey davon spricht, dass verschiedene Gruppen ihre eigenen Sitten und Bräuche haben. Als in der Praxis miteinander verwoben bilden die Verhaltensformen den *Charakter* eines Menschen.[499] Und nur in einem derartigen Zusammenklang und keinesfalls isoliert kommt in ihnen der *Wille* zum Ausdruck:

> „Das Wesen der Verhaltensform ist eine erworbene Prädisposition zu Bahnen und Methoden des Reagierens (...). Verhaltensform bedeutet eine besondere Empfänglichkeit oder Zugänglichkeit für gewisse Klassen von Reizen, ständigen Neigungen oder Abneigungen, jedenfalls viel mehr als die bloße Wiederkehr besonderer Akte. *Sie bedeutet Wille.*"[500]

Für Dewey sind die Verhaltensformen „Gemütsbewegungen" und alle mit einer „Stoßkraft" ausgestattet als „Teil unseres Selbst (...), der viel innerlicher zu unserem Wesen gehört als unbestimmte allgemeine, bewußte Wahlentscheidungen."[501] Die Tatsache, dass Dewey an dieser Stelle den Vergleich zu politischen Wahlentscheidungen zieht, verdeutlicht, dass sich für ihn eine normative Grundlage eben nicht in politischer Entscheidungsfindung erschöpft. Vielmehr kommt es wesentlich auf die Verhaltensformen *aus unserem Inneren heraus* an, die uns auf verinnerlichten Wegen voranführen. Insgesamt geben die sehr mächtigen und wirkungsvollen Verhaltensformen dem Menschen eine gewisse

---

494 Vgl. Dewey (1974), S. 61.

495 Dewey (1974), S. 77.

496 Vgl. Dewey (1974), S. 62.

497 Vgl. Dewey (1974), S. 72.

498 Dewey (1974), S. 77 [Hervorhebung im Original].

499 Vgl. Dewey (1974), S. 48 – 49. Vgl. Hartmann (2003), S. 156, der auf das Übergehen des Begriffs der Gewohnheit hin zu Charakter oder Disposition hinweist.

500 Dewey (1974), S. 50 – 51 [Hervorhebung im Original].

501 Dewey (1974), S. 39. Correll (1974), S. 9 – 15 verweist darauf, dass gerade die Betonung der Verhaltensformen als zugehörig zum Menschsein den Einfluss Deweys auf die Verhaltenspsychologie von Skinner zeigt.

Kontinuität und Stabilität.[502] Als Bahnen des Denkens und Handelns bieten sie Sicherheit und Ordnung, indem er an sie gebunden ist und von ihnen gelenkt wird. Sie sind vorantreibende, energische, wirkungsvolle, aktive Mittel.[503] Gleichzeitig erschweren sie umgreifende Änderungen.[504] Dies bedeutet aber nicht, dass Denken dadurch gänzlich ausgeschlossen ist, sondern es ist nur „in den Zwischenräumen der Gewohnheiten versteckt."[505] Das Denken selbst ist hierbei etwas Aktives, Bewusstes, Konstruktives, da es gerade an die konkrete Handlungssituation gekoppelt ist.[506]

Dass es die objektiven Bedingungen sind, die hierbei eine große Rolle spielen, betont Dewey deutlich.[507] Denn Verhaltensformen sollen *auf keinen Fall statisch* sein. Hier zeigt sich Deweys Forderung nach einem kontinuierlichen Prozess.[508] Ändern sich die uns umgebenden Bedingungen, müssen wir anerkennen, dass sich möglicherweise alte, liebgewonnene Verhaltensformen ändern müssen, indem wir sie von Neuem – zunächst als Hypothese im Sinne von Experimentieren – unserem Handeln zugrunde legen.[509] Auf der anderen Seite ist ein unmittelbares Ändern der Verhaltensformen ohne Berücksichtigung der Zustände gar nicht möglich, sie müssen immer mit in Betracht gezogen werden.[510] Wird nun in Praxis und Übung die Notwendigkeit einer Änderung offensichtlich, ist *Kreativität* und Anpassungsfähigkeit gefragt.[511] Dewey spricht sich daher für *„intelligente oder künstlerische"*[512] Verhaltensformen aus, die aus einem inneren Gefühl heraus begleitet werden und auf keinen Fall nur schablonenhaft agieren. Eine für die Hochschulpolitik und das Miteinander der Akteure wichtige Eigenschaft. Insgesamt sind individuelle und soziale Verhaltensformen „Vorbedingungen intellektueller Leistungsfähigkeit"[513]. Zum einen können sie das Denken komplett in eine

---

502 Vgl. Campbell (1998), S. 24 und Correll (1974), S. 14.
503 Vgl. Dewey (1974), S. 39, 51.
504 Vgl. Dewey (1996), S. 137–139.
505 Dewey (1996), S. 137.
506 Vgl. Neubert (1998), S. 99.
507 Vgl. Dewey (1974), S. 36–37, 42, 59. Wenn er auch deutlich macht, dass Verhaltensformen immer nur einen Teil der objektiven Umwelt verkörpern und Unstimmigkeiten nicht vermieden werden können. Vgl. Dewey (1974), S. 56.
508 Vgl. Dewey (1974), S. 37, 59–60. Oder wie Dewey an einer anderen Stelle schreibt: „Was eine Verhaltensform schlecht macht, ist nämlich die sklavische Bindung an die gewohnten Geleise" (Dewey (1974), S. 66).
509 Vgl. Dewey (1974), S. 59–60.
510 Vgl. Dewey (1974), S. 36.
511 Vgl. Dewey (1974), S. 70.
512 Dewey (1974), S. 70 [Hervorhebung im Original].
513 Dewey (1974), S. 138.

Richtung einschränken und vollständige Routine kann soweit führen, dass Denken gar nicht mehr nötig und möglich ist.[514] Zum anderen ermöglicht eine breite Spanne an Verhaltensformen ein gutes Beobachten und Voraussehen und so haben sie eine bedeutende Rolle:[515] „Konkrete Verhaltensformen verrichten alles Auffassen, Erkennen, Imaginieren, Erinnern, Urteilen, Denken, Überlegen, das überhaupt verrichtet wird."[516] Für die für Dewey im Hinblick auf politische Legitimation im Mittelpunkt stehende Öffentlichkeit sind die Verhaltensformen ganz entscheidend.

Der Individualismus in seiner vorpolitischen Form ist laut Dewey nicht geeignet, die *benötigte Offenheit* für Erfahrungen in der Gemeinschaft sicherzustellen.[517] Dabei ist es gerade diese kontinuierliche Erfahrungsoffenheit, die – in einem offenen Prozess im Zusammenspiel Organismus-Umwelt – zu einer idealen Bürgerschaft dazu gehört und auf politische Entscheidungen zu übertragen ist.[518] Er führt das ständige Antreiben und Voranstreben in der Natur des Menschen auf die unruhigen Instinkte zurück.[519] Der Mensch strebt nach ständiger Erkenntnis und bleibt dabei nicht stehen, sondern möchte diese Erkenntnis in neues Handeln übertragen. Der Mensch ist offen für neue Perspektiven. Bei seiner psychologischen Begründung[520] knüpft Dewey bei den menschlichen *Trieben* im Sinne von Antrieben und Impulsen[521] an – sozusagen als *Quelle der Offenheit* bzw. als „Angelpunkte, um die sich die Neubildung von Tätigkeiten dreht"[522]. Ein Trieb ist für Dewey „der Beginn des Individuellen im Geist"[523] und zentral für das Führen eines menschlichen Lebens.[524] Wie die Verhaltensformen sind Triebe nicht von Geburt an vorhanden und keine puren Instinkte.[525] Vielmehr ergeben sie sich aktiv

---

514 Vgl. Dewey (1974), S. 138.
515 Vgl. Dewey (1974), S. 140.
516 Dewey (1974), S. 141.
517 Vgl. Noetzel (2002), S. 160.
518 Vgl. Noetzel (2002), S. 157 und Hartmann (2012), S. 303.
519 Dewey (2010c), S. 100.
520 Dewey (1974).
521 Es existieren verschiedene Übersetzungen des englischen Originals ‚impulse'. Wie in FN 525 erläutert, verwendet dieses Buch die Übersetzung Triebe.
522 Dewey (1974), S. 84.
523 Dewey (1974), S. 81.
524 In Dewey (1974), S. 135 betont er dies nochmals.
525 Vgl. Dewey (1974), S. 92–93, wo Dewey erläutert, dass er Instinkte und Triebe als gleichbedeutend verwendet, obgleich auf die feinen Unterschiede in der Verwendung verweisend. In vorliegendem Buch verwendet die Autorin ‚Triebe', ohne dies nur auf den rohen Trieb um seiner selbst willen zu beschränken (dagegen sträubt sich auch Dewey), sondern vielmehr als antreibende Triebkräfte.

unter dem Einfluss des Verhaltens anderer.[526] So ist ein Mensch in einer konkreten Situation mit Konflikten konfrontiert und bestrebt, diese zu überwinden.[527] Triebe können in Gang gesetzt werden, zum Beispiel, wenn verschiedene Verhaltensformen im Konflikt zueinander stehen. Sie fordern eine Veränderung von Verhaltensformen, Sitten und Konventionen durch entsprechend anderes Verhalten. Durch das Einwirken von Trieben können sich individuelle Verhaltensformen sowie kollektive in Gestalt von Sitten und Bräuchen ändern, um ihre Leistungsfähigkeit angepasst an die geänderten Bedingungen zu bewahren.[528] Es ist wichtig zu betonen, dass es jene sozialen Bedingungen sind, die auf die Triebe einwirken und sie „zu herrschenden Verhaltensformen gestalten und kristallisieren."[529] Dewey verleiht dieser Einzigartigkeit der Triebe Nachdruck: Der Organismus selbst ist nie ganz der gleiche und vor allem können die Wechselwirkungen mit der Umgebung und allen ihren Folgen immer wieder anders sein.[530] Für Dewey sind Triebe ebenso „Wirkungskräfte, um schon vorhandene soziale Kraft in persönliche Fähigkeit überzuführen"[531]. Diese gilt es zu nutzen, gerade wenn legitimes Agieren als kontinuierlicher Prozess aufgefasst wird. Denn Routineverhaltensformen reichen nicht aus bzw. sind manchmal einfach nicht passend, wenngleich sie für wiederkehrende Ereignisse äußerst wichtig sind.[532] Hier wird wiederum deutlich, dass für Dewey das „(...) Wesen des Menschen (...) etwas sich Verschiebendes, ein offener Prozeß [ist], der in der ständigen Auseinandersetzung mit der physischen und sozialen Umwelt besteht."[533] Menschliches Handeln kann nur sittlich und moralisch sein, wenn es auf diese aktuellen Bedingungen, die sich aus den Wechselwirkungen als Folgen des Handelns ergeben, bezogen ist.[534] Triebe sind dabei die Quelle der Offenheit, die notwendig ist, um Veränderung zu realisieren. Für ein Verständnis politischer Legitimation, das gerade zu dynamisch geprägten Zeiten wie in der Hochschulpolitik passt, sind sie unumgänglich. Ihre vorwärtstreibende Rolle im intelligenten Agieren, im Aufnehmen, Verstehen und korrekten Interpretieren der unterschiedlichen Wechselwirkungen hin zu einer lebendigen Öffentlichkeit wird dies nochmals verdeutlichen.

---

526 Vgl. Dewey (1974), S. 82–83. Dewey (1974), S. 130–131 betont gleichermaßen, dass gerade auch Spiel und Kunst wichtig sind, um Triebkräfte anzuregen und auszulösen.
527 Vgl. Correll (1974), S. 16.
528 Vgl. Dewey (1974), S. 80, 92.
529 Dewey (1974), S. 104.
530 Vgl. Dewey (1974), S. 125–126.
531 Dewey (1974), S. 85.
532 Vgl. Dewey (1974), S. 91, 136. Dass dann aber auch die Sittlichkeit eine nicht leichte Aufgabe hat, das Wirken der Triebe zu unterstützen, macht Dewey (1974), S. 135 deutlich.
533 Jörke (2003), S. 155.
534 Vgl. Dewey (1974), S. 66.

Zusammenfassend lässt sich festhalten, dass Dewey mit dieser gerade thematisierten psychologischen Begründung eine detaillierte Herleitung bietet, um zu verstehen, wie er unter eben genau diesem Menschenbild seine Vorstellung politischer Legitimation entwickelt: Die Verhaltensformen – ausgedrückt in individuellen Gewohnheiten und kollektiven Bräuchen – lassen verstehen, warum das Erleben und Leben so zentral ist und auch Verhaltensformen nicht einfach als angeboren vorausgesetzt werden können, sondern eines kontinuierlichen Lernprozesses bedürfen. Moral ist für Dewey ebenfalls *„eine Sache der Wechselwirkung einer Person mit ihrer sozialen Umwelt* (...). Wenn das moralische Niveau nieder ist, so ist der Grund, daß die Erziehung durch die Wechselwirkung des Individuums mit seiner sozialen Umwelt mangelhaft ist.“[535] Der Umgang mit diesen Wechselwirkungen, die sich aus dem Handeln ergeben, muss erst gelernt werden. Im Hinblick auf politische Legitimation sind dabei die Triebe wichtig, die dafür verantwortlich sind, dass der Mensch seine Offenheit gegenüber neuen Erfahrungen bewahrt. Erfolgreich eingeübte und verinnerlichte Verhaltensformen sind zwar immens wichtig – zum Beispiel für eine vertrauensvolle Zusammenarbeit der Hochschulen untereinander – doch erst durch die Triebe als Quelle der Offenheit kann legitimes Verhalten immer wieder hinterfragt und an neue Rahmenbedingungen angepasst werden. *Rawls* legt im Vergleich hierzu auf diesen Entstehungsprozess kein so großes Gewicht, wie Dewey dies tut. Dies gilt gerade auch für die für den öffentlichen Vernunftgebrauch so wesentlichen politischen Normen. Es ist jedoch ein Missverständnis, Rawls so zu interpretieren, dass er das Thema der Entwicklung gerade des für ihn so wichtigen Gerechtigkeitssinns gar nicht thematisiert. Dewey rückt das Entstehen zwar stärker in den Mittelpunkt – der Wachstumsprozess in Gemeinschaft ist notwendig für die Selbstverwirklichung, gerade in Zeiten des Wandels –, doch thematisiert auch Rawls, dass das Aufwachsen von Menschen unter gerechten Institutionen dazu beiträgt, dass sie Gerechtigkeitssinn und Zugehörigkeitsgefühl als ausreichende Motivationen, die notwendig für Stabilität sind, entwickeln.[536] Savage kann dahingehend widersprochen werden, dass er behauptet, Rawls würde gar nichts dazu sagen, wie die Menschen ihre Vermögen erwerben.[537] Rawls verweist an dieser Stelle zudem auf seine TOJ, insbesondere Kapitel VIII, wo er unter anderem im Rückgriff auf Mead erläutert, dass intellektuelle Fähigkeiten notwendig sind, um sich in den Standpunkt des anderen hineinzuversetzen. Diese Fähigkeit zum Gemeinschaftsgefühl muss erst erlernt werden, wobei das gemeinsame danach Handeln freund-

---

535 Dewey (1974), S. 236 [Hervorhebung im Original].
536 Vgl. Rawls (1998), S. 230.
537 Savage (2002), S. 135.

schaftliche und vertrauensvolle Bindungen gerade noch verstärkt und die Rolle von Vorbildern elementar ist.[538] Ebenso gesteht Rawls bei den persönlichen Konzeptionen des Guten zu, dass sich diese erst nach und nach ausbilden und während des Lebens verändern können.[539] In gleicher Weise gibt er bei den Tugenden der politischen Kooperation an, dass diese allmählich entstehen und nicht nur von gewissen Institutionen abhängen, die erst in einem langsamen Prozess aufgebaut werden müssen.[540] Vielmehr sind es die Erfahrungen der Beteiligten und das ständige Bemühen, diese Tugenden konstant durch Bestätigen und Handeln in ihrem Sinne zu erneuern.[541] Die Parallele zu Dewey wird hier deutlich.

Zwischenfazit der Anwendungsverhältnisse von Rawls und Dewey als Rahmenbedingungen für die Frage nach politischer Legitimation

Im Anschluss sollen die folgenden Punkte im Sinne eines ersten Zwischenfazits der Anwendungsverhältnisse von Rawls und Dewey die Rahmenbedingungen für die Frage nach politischer Legitimation abstecken:

–   Als Zwischenfazit lässt sich festhalten, dass für Rawls wie für Dewey *Kooperation* eine zentrale Rolle einnimmt, wenn auch für Rawls primär bezogen auf den Bereich des Politischen. Gleichzeitig ist die Kooperationsbereitschaft der Bürger dringend notwendig, um zivilgesellschaftliche Interaktion zu gewährleisten.[542] Dewey lässt uns in seinen späteren Werken verstehen, dass sie nicht schon automatisch vorhanden ist.

–   Sowohl Rawls als auch Dewey gehen von einem *demokratischen Rahmen* aus. Rawls leitet seine intuitiven politischen Ideen aus der Annahme ab, dass sie in einer öffentlichen Kultur einer demokratischen Gesellschaft implizit vorhanden sind (wobei an dieser Stelle Kritik angebracht werden kann, da dies wohl nicht einmal für die USA insgesamt als zutreffend angesehen werden kann); die Konzeptionen von Gesellschaft und Person, die daraus erarbeitet werden, sind aber dann idealisiert und abstrakt – für Rawls notwendig, um eine vernünftige politische Konzeption zu erreichen. Dewey geht von liberalen demokratischen Werten aus, wenngleich er sie nicht mehr eigens begründet. Er stellt den substanziellen Begriff einer sozialen Demokratie noch stärker in den Mittelpunkt als Rawls.

---

538 Vgl. Rawls (1975), S. 508 – 513.
539 Vgl. Rawls (1998), S. 86.
540 Vgl. Rawls (2003), S. 186.
541 Vgl. Rawls (1998), S. 248, FN 23.
542 Vgl. Nida-Rümelin (1999), S. 189.

- Der Blick auf die Gesellschaft ist für beide Theoretiker geprägt von einer positiv verstandenen *Pluralität*. Rawls berücksichtigt dabei das Faktum eines vernünftigen Pluralismus mit unterschiedlichen Herangehensweisen – entsprungen aus den je eigenen Konzeptionen des Guten – und unterschiedlichen individuellen Begabungen und Fähigkeiten. Bezogen auf die praktische Politik ist dies die Anerkennung, dass man durchaus aus guten Gründen unterschiedlicher Meinung sein kann. Und auch für Dewey ist Vielfalt konstituierendes Merkmal seiner sozialen Demokratie. Beide sehen die Vielfalt vielmehr als *Chance* denn als Herausforderung. So betont Rawls die positive Wirkung, mit der neue alternative Sichtweisen anderer Beteiligter im Rahmen des öffentlichen Vernunftgebrauchs auf uns einwirken, und gibt dabei ein ganz klares Bekenntnis zum Pluralismus. Die Menschen haben erfahren, dass es sich lohnt, Teil einer sozialen Gemeinschaft zu sein, obgleich sie mit Blick auf ihre eigene umfassende Konzeption zum Teil zurückstecken müssen. Dies würde Dewey unterstützen. Beide haben explizit Vertrauen in den Menschen, Dewey insbesondere in die Kapazität intelligenter Entscheidungen und Urteile im Sinne der Gemeinschaft – unter gleichzeitiger klarer Wertschätzung und Notwendigkeit des Unterschieds.[543] Im Hinblick auf politische Legitimation für die Hochschulpolitik bedeutet dies, die auch dort vorhandene Pluralität von Auffassungen und Zielen ernst und als Chance zu nehmen für legitime Gestaltungsprozesse und Entscheidungsverfahren.
- Die *demokratische Vorstellung von freien und gleichen Menschen* bedingt, die Perspektiven *des Staats- und des Zivilgesellschaftsparadigmas* als Gesamtprojekt einzunehmen. Dies hat die Kombination von Rawls und Dewey bereits jetzt verdeutlicht und Dewey dient hierbei anschaulich als Anreicherung von Rawls. Oder wie Nida-Rümelin es formuliert: „Die ursprünglich liberale Idee gleicher Freiheit, gleichen Respekts und gleicher Autonomie lässt sich nur als zivilgesellschaftliches und politisches Gesamtprojekt verfolgen."[544] Die Annahme von freien und gleichen Bürgern als lebenslang uneingeschränkt kooperative Mitglieder der Gesellschaft ist Rawls' Ausgangspunkt, wobei das Vermögen zu einem Gerechtigkeitssinn und das darauf aufbauende vernünftige Denken und Agieren mit Blick auf legitimes politisches Handeln zentral ist. Rawls traut dies grundsätzlich allen Bürgern zu. Für Dewey sind die Weiterentwicklung des Menschen und der Gemeinschaft nicht zu trennen. Und auch nur dann, wenn sich der Mensch innerhalb der Gemeinschaft entsprechend seiner Möglichkeiten aktiv handelnd und erfahrend entfalten

---

543 Vgl. für diesen Gedanken Dewey (1998b), S. 342.
544 Nida-Rümelin (2013), S. 193.

kann, ist er frei. Dewey stellt die Freiheit als Handlungsart hier deutlich in den Mittelpunkt, was Rawls nur indirekt zum Ausdruck bringt, indem sich für ihn die Menschen als lebenslange Mitglieder eines Systems sozialer Kooperation sehen.

Dies leitet zum nächsten Punkt über:

– Rawls' *Blickrichtung* ist in seiner politischen Konzeption auf die öffentliche Identität der Bürger fokussiert. Er grenzt dies bewusst ab von den Personen in ihrer Privatsphäre der Hintergrundkultur, in der sie von eigenen umfassenden Auffassungen geprägt sind (Rawls verwendet hierfür den Ausdruck „*nicht-öffentliche Identität*"[545]). Der Blick richtet sich auf Bürger mit all ihren Rechten, Pflichten und politischen Beziehungen zu anderen Bürgern, stets auf den politischen Aspekt fokussiert. Rawls will sich in seinem Ziel, eine politische Konzeption zu erarbeiten, auf das Wesentliche konzentrieren und mit dieser Vermeidungsstrategie die Hoffnung auf soziale Kooperation trotz bestehender Differenzen aufrecht erhalten. In dieser Hinsicht wurde ihm, was seine Personenkonzeption angeht, durchaus Kritik entgegengebracht.[546] Rawls akzentuiert dies aus der Hoffnung heraus, „(...) das Toleranzprinzip auf die Philosophie selbst an[zu]wenden (...), so daß soziale Kooperation auf der Grundlage gegenseitiger Achtung aufrechterhalten werden kann."[547] Dewey geht an dieser Stelle weiter und richtet den Fokus ganz bewusst nicht nur auf die politische Sphäre: Er betont hierzu einleuchtend, dass der Mensch erst in der Gemeinschaft zu dem werden kann, wie ihn auch Rawls in seiner öffentlichen Identität sieht. Erst durch *aktives Handeln* in der Praxis und dem damit verbundenen Erfahren in ständiger Auseinandersetzung mit den umgebenden Bedingungen kann sich der Mensch selbst verwirklichen.[548] Der Geist der Gemeinschaft soll sich gleichsam im Handeln zeigen [= Hinweis auf zugrunde liegendes Ethos]. Rawls sieht Erfahren dagegen hauptsächlich im Zusammenhang, der politischen Ordnung gegenüber Loyalität und Vertrauen aufzubauen.

---

545 Rawls (1994a), S. 279.
546 Vgl. Weber (2008), S. 366–367 für eine eher kritische Meinung zu dieser Veränderung aus bildungstheoretischer Sichtweise, interessanterweise im Vergleich zu Dewey.
547 Rawls (1994a), S. 265.
548 In den Worten von Nida-Rümelin kann sich nur durch die „Erfahrung von Gründe-geleiteter Interaktion und Kooperation" eine Persönlichkeit als Lebensform herausbilden und zu einer „Autorschaft des eigenen Lebens" beitragen (Nida-Rümelin (2014), S. 60).

2.2.3 Normative Anforderung: Öffentlichkeit – Methode der kooperativen Intelligenz

Nach dem vorangehenden Abschnitt zu den Anwendungsverhältnissen haben wir nun einen fokussierten Blick, wie für Dewey der Mensch zu dem wird, wie er ihn sich in einer liberalen Demokratie vorstellt. Dies war notwendig, denn genau unter diesem Menschenbild ist Deweys Auffassung von politischer Legitimation zu sehen, die nun im Mittelpunkt dieses folgenden Abschnitts steht. Von Rawls nehmen wir mit, dass sich die legitime Gestaltung von politischen Verfahren und Prozessen am Ideal des öffentlichen Vernunftgebrauchs orientieren sollte. Dadurch ist unser Blick geschärft erstens auf das für Rawls Wesentliche – nämlich die Einigung auf Regeln und dahinterliegende Normen, die das politisch-öffentliche Miteinander im Austausch von Gründen prägen – und zweitens darauf, Reziprozität und Allgemeinheit in den Mittelpunkt zu stellen, auch wenn die Situation von Interessensgegensätzen und Konkurrenz geprägt ist. In der praktischen Umsetzung hat Rawls auf die Bedeutung von Öffentlichkeit hingewiesen. Doch eben primär aus einem staatsparadigmatischen Blick heraus – an der Abgrenzung öffentliche / nicht-öffentliche Identität zeigt sich dies exemplarisch.

Wenn wir aber nun an die Besonderheiten des hier im Hinblick auf politische Legitimation interessierenden Politikfelds zurückdenken, dann ist dieses Rawlssche Verständnis von Öffentlichkeit – fokussiert auf das Paradigma des Staats – nicht ausreichend. Denn dem Paradigma der Zivilgesellschaft ist gleichermaßen Rechnung zu tragen und eine kooperative Verantwortung gegenüber der Gesellschaft wahrzunehmen. Ansonsten fehlt eine wesentliche Komponente, um von politischer Legitimation in der Hochschulpolitik sprechen zu können.

Für Dewey ist der Punkt, dass sich eine Öffentlichkeit finden und organisieren muss, Grundausgangspunkt und Kernangelegenheit in seinem demokratietheoretischen Hauptwerk, ÖuiP. Die für ihn so relevante Handlungstheorie der Erfahrung verbindet er in diesem Werk mit seiner Demokratietheorie.[549] Diese normative Anforderung nach Öffentlichkeit steht daher nun im Mittelpunkt – sie ist der Kern Deweys Vorstellung politischer Legitimation. Für die Hochschulpolitik bedeutet dies ein Plädoyer für eine lebendige Öffentlichkeit, verstanden als Bewusstsein der Öffentlichkeit für die Hochschulpolitik – und zwar bezogen auf die Bürgerschaft als Zivilgesellschaft im Sinne einer kooperativen und solidari-

---

549 Vgl. Noetzel (2002), S. 158.

schen Praxis und nicht nur auf all diejenigen, die direkt an und mit Hochschulen beschäftigt sind.[550]

Öffentlichkeit als die Idee sozialer Demokratie

Die Forderung nach Öffentlichkeit leitet sich aus der für Dewey so zentralen Idee sozialer Demokratie ab. „Das Bewußtsein eines gemeinschaftlichen Lebens, mit allem, was sich damit verbindet, konstruiert die Idee der Demokratie."[551] Diese Idee kam im vorangehenden Abschnitt 2.2.2 sowohl im Zusammenhang mit Kooperation als auch insbesondere mit Deweys Menschenbild bereits zum Ausdruck. So muss für ihn zuerst die Idee klar sein, bevor Gedanken auf Mittel und Wege des Erreichens im Sinne von Strukturen und Instrumenten und eine hierzu passende Methode verwendet werden können. Ansonsten kann nicht von politischer Legitimation gesprochen werden. Die bereits angesprochene lexikalische Ordnung wird deutlich: Die Methode ist dem ethischen Ideal der sozialen Demokratie nachgeordnet:[552] Denn es ist Dewey zufolge entscheidend,

> „...zur Idee selbst zurückzukehren, unsere Auffassung von ihr zu klären und zu vertiefen und unser Verständnis ihrer Bedeutung dafür zu nutzen, ihre politischen Manifestationen zu kritisieren und zu erneuern."[553]

Die Selbstverwirklichung des Menschen bildet das Zentrum seiner Idee einer sozialen Demokratie. Sie gelingt nur in einer kooperativen Gemeinschaft, in der Dewey auf den kontinuierlichen Prozess des Erfahrens setzt. Die kooperative, soziale Komponente und die Berücksichtigung der anderen auch indirekt Betroffenen, die sich im Handeln widerspiegeln muss, sind Voraussetzung dafür, dass der Mensch überhaupt frei werden kann. Übertragen auf die Gesellschaft und mit Blick auf politische Legitimation bedeutet dies eine eindeutige Forderung nach Weiterentwicklung, Wachstum und Wandel – als Chance zur Erneuerung einer sozialen Demokratie als die von ihm angestrebte Lebensform, die nicht auf den politischen Bereich beschränkt ist:

---

550 Öffentliche Kontrolle hinsichtlich der Hochschulpolitik kann nur dann gelingen, wenn sich der Steuerzahler auch für seine Hochschulen interessiert und nicht, wie von Buchanan / Devletoglou (1970), S. 68 konstatiert, die demokratische Kontrolle gar nicht wahrnimmt, da es sich um ein System in Gemeinbesitz handelt ohne Anreizstruktur zur Wahrnehmung von Engagement und Kontrolle.

551 Dewey (1996), S. 129.

552 Vgl. Jörke (2003), S. 242, der darauf hinweist, dass im Sinne der Wechselwirkung beide Dimensionen vielschichtig ineinander wirken.

553 Dewey (1996), S. 125.

> „(...) we now have to re-create by deliberate and determined endeavor the kind of democracy which in its origin one hundred and fifty years ago was largely the product of a fortunate combination of men and circumstances. (...) we have now to put forth every energy of our own to prove worthy of our heritage."[554]

Nur Elan und Kreativität kann die Demokratie hierbei wieder beleben.[555] Dewey sieht es als einen großen Fehler an, es als einen Automatismus einzuschätzen, dass Demokratie von den politischen Entscheidern automatisch vorangetrieben wird, solange die Bürger nur ihre politische Pflicht tun. Vielmehr muss Demokratie als persönlicher Weg des individuellen Lebens gesehen werden, der sich ständig und immer wieder aufs Neue in den persönlichen Haltungen und im menschlichen Charakter widerspiegeln muss.[556] Hierzu ist der erste notwendige Schritt die Rekonstruktion der Öffentlichkeit, um den Anforderungen an politische Legitimation gerecht zu werden.[557]

Dewey nimmt wahr, dass sich die Umwelt und die durch sie gegebenen Bedingungen geändert haben und von starken Gemeinschaften zu Problemen beim faktischen Entfalten der Öffentlichkeit geführt haben.[558] Die Änderungen, die sich in der deutschen Hochschulpolitik unter einem verstärkten Marktparadigma ergeben haben, hat Abschnitt 1.3 gezeigt. Dewey möchte, gerade unter neuen Rahmenbedingungen, eine Öffentlichkeit wieder so entstehen lassen, dass sein Ideal sozialer Demokratie verwirklicht werden kann. Diese Öffentlichkeit ist für Dewey erloschen, sie ist entrückt vom politischen Geschehen. Er belegt dies durch verstärkte Politikverdrossenheit und gesunkene Wahlbeteiligung, unter anderem durch gefühlten Machtmissbrauch der politischen Funktionäre.[559] Deweys Ziel liegt darin, aus den aktuellen Zuständen heraus, die lediglich einer *Großen Gesellschaft* entsprechen, eine *Große Gemeinschaft* entstehen zu lassen.[560] Denn nur in einer von Kooperation geprägten Großen Gemeinschaft kann sich für Dewey die Öffentlichkeit wiederentdecken,[561] und kann Demokratie als Lebensform, als Ort

---

554 Dewey (1998b), S. 341.
555 Vgl. *Creative Democracy – the task before us* (1939) (Dewey (1998b)).
556 Vgl. Dewey (1998b), S. 341. Dies macht er auch in Dewey (1974), S. 135 deutlich: „Das Leben führt sich nur durch Erneuerung fort."
557 Vgl. Dewey (1996), S. 112. Vgl. auch Campbell (1998), S. 37.
558 In ÖuiP ist für Dewey der Ausgangspunkt der Verfall der Öffentlichkeit in den USA hin zu einer entpolitisierten Öffentlichkeit mit einer Expertenherrschaft, die weit von den öffentlichen Interessen entfernt ist. Vgl. Dewey (1996), S. 100 ff., 172.
559 Vgl. Dewey (1996), S. 105 – 107.
560 Vgl. Dewey (1996), S. 128.
561 Vgl. Dewey (1996), S. 155.

der Selbstverwirklichung, als „personal (...) way of life (...)"[562] Realität werden. Dies ist zwingend notwendig, denn ansonsten kann nicht von politischer Legitimation gesprochen werden. Gerade für die Hochschulpolitik ist die Verbindung zur Öffentlichkeit ganz elementar, um politische Legitimation erreichen zu können. In den praktischen Implikationen in Kapitel 3 wird die Forderung nach Öffentlichkeit, gerade in veränderten Rahmenbedingungen, anhand der Idee von Wissenschaftsregionen illustriert.

Zu einer kooperativen Großen Gemeinschaft zu gelangen, sieht Dewey als praktische Aufgabe für die Große Gesellschaft[563] – eine Gemeinschaft, unter deren Bedingungen sich eine funktionierende Öffentlichkeit finden und organisieren kann. Wie kann dies vonstattengehen? Entdecken kann sich eine Öffentlichkeit Dewey zufolge dann, wenn diejenigen, die indirekt von einer kollektiven Handlung betroffen sind, sich zusammenschließen und gemeinsam diese *indirekten Folgen* wahrnehmen, interpretieren, bewerten und berücksichtigen mit Blick auf zukünftige Handlungen.[564] Er betrachtet dabei dynamisch die Handlungsfolgen aller indirekt und passiv Betroffenen.

Die folgenden drei Zitate aus ÖuiP zeigen Deweys Vorstellung von Öffentlichkeit:

> „Die Öffentlichkeit besteht aus all denen, die von den indirekten Transaktionsfolgen in solch einem Ausmaß beeinflußt werden, daß es für notwendig gehalten wird, sich um diese Folgen systematisch zu kümmern."[565]

> „Indirekte, weitreichende, andauernde und schwerwiegende Folgen vereinten und interaktiven Verhaltens bringen eine Öffentlichkeit hervor, die ein gemeinsames Interesse an der Kontrolle der Folgen besitzt."[566]

> „Die indirekt und ernstlich – zum Guten oder zum Schlechten – Beeinflußten bilden eine Gruppe, die hinreichend unterschieden ist, um Anerkennung und einen Nahmen zu fordern. Der gewählte Name ist *die Öffentlichkeit*. Diese Öffentlichkeit wird von Repräsentanten organisiert und zur Wirkung gebracht, die als Hüter der Sitten, als Gesetzgeber, Angestellte, Richter usw. sich um ihre besonderen Interessen kümmern, – mit Methoden, die dazu bestimmt sind, die vereinigten Handlungen von Individuen und Gruppen zu regulieren. Dann und insofern verbindet die Assoziation sich mit einer politischen Organisation und etwas, das eine Regierung sein kann, entsteht: die Öffentlichkeit ist ein politischer Staat."[567]

---

562 Dewey (1998b), S. 341.
563 Vgl. Hartmann (2003), S. 295.
564 Vgl. Joas (1987), S. 616.
565 Dewey (1996), S. 29.
566 Dewey (1996), S. 112.
567 Dewey (1996), S. 44.

Grundsätzlich lassen sich hier zwei Bestandteile differenzieren. Diese sind nur im Zusammenhang zu verstehen, werden hier zu Analysezwecken aber in zwei separaten Unterabschnitten dargestellt: *Erstens* muss sich eine Öffentlichkeit für Dewey entdecken und identifizieren (1.), bevor sie sich *zweitens* als organisierte Öffentlichkeit staatliche Strukturen geben und praktische Probleme lösen kann (2.). Im letzten Zitat zeigt sich zusätzlich eine dritte Komponente, nämlich die hierfür benötigten Methoden.

Verlangt sind:

1.) ein gemeinsames Wahrnehmen der indirekten Folgen assoziierten Handelns in der Gesellschaft sowie Wissen und Einsicht dessen. Dewey thematisiert „eine Art von Wissen [568] und Einsicht, die noch nicht existiert."[569]

Sowie in der Folge ein

2.) gemeinsames Interesse, diese Folgen zu kontrollieren und sich organisiert um diese Folgen zu kümmern im Sinne einer Übernahme von Verantwortung. Wichtig ist: Ohne eine Öffentlichkeit (1.) existieren keine Regierungsstrukturen, sind keine Problemlösungen möglich und kann sich kein Staat ausbilden.

Damit sich diese Idee verwirklichen lässt und eine Öffentlichkeit in einer Großen Gemeinschaft finden kann, müssen zunächst *Bedingungen* geschaffen werden, bevor man Korrekturen der politischen Maschinerie vornimmt.[570] Diese Bedingungen sind für Dewey nicht von vornherein gegeben. Das Bewusstwerden über diese für die Verwirklichung einer demokratischen Öffentlichkeit benötigten Bedingungen und Kriterien stellt für Dewey ein *intellektuelles Problem* dar.[571] Zu dessen Lösung trägt die Philosophie bei: So muss sich für (1.) die Öffentlichkeit in einem dynamischen, experimentellen Prozess gemeinsam finden. Das heißt, die Verständigung auf geteilte Interessens- und Wertegrundlagen muss gemeinschaftlich angegangen werden. Mit Blick auf (2.) müssen die Funktionen des Staats „kritisch und experimentell"[572] bestimmt werden. Die genaue Beschaffenheit kann nicht von vornherein festgelegt werden, da das benötigte Wissen und Einsicht fehlen. Daher sind für Dewey, um das Ideal in seinem Sinne zu verwirklichen, *Methoden* notwendig. Diese werden im nun folgenden Abschnitt erläutert.

---

568 Vgl. Wissen definiert als „Funktion von Assoziation und Kommunikation" (Dewey (1996), S. 136).

569 Dewey (1996), S. 142.

570 Vgl. Dewey (1996), S. 128.

571 Vgl. Dewey (1996), S. 127–128.

572 Dewey (1996), S. 73.

Methoden – angelehnt an die Wissenschaft – als Mittel

Auch für Rawls gelten die unumstrittenen Methoden und Ergebnisse der Wissenschaften als Normen für den öffentlichen Vernunftgebrauch. Doch Dewey akzentuiert stärker, dass die wissenschaftlichen Methoden helfen, die vereinigten Handlungen von Individuen und Gruppen zu regulieren und sein ethisches Ideal von Demokratie zu verstärken. Im Hinblick auf politische Legitimation in der Hochschulpolitik zeigt sich deutlich: Das Zivilgesellschaftsparadigma und ein gemeinsames kooperatives Bewusstsein im Sinne der wissenschaftlichen Mentalität weist den Weg hin zu einem geteilten normativen Ethos (vgl. dann später Abschnitt 2.3). Denn ohne eine offene Gemeinschaft wie in einer guten Forschungsgemeinschaft kann politische Legitimation nicht erreicht werden.

Im Folgenden wird der Rückgriff auf Methoden in Deweys grundsätzlicher Konzeption von Forschung zunächst allgemein dargestellt, bevor dann in den beiden Komponenten von Öffentlichkeit (1.) und (2.) auf die Teile seiner wissenschaftlichen Mentalität und Parallelen zu Forschungsgemeinschaften zurückgegriffen wird, die jeweils zur Verwirklichung seiner Idee vonnöten sind.

Diese Methoden entlehnt Dewey dabei den Methoden der Wissenschaft. Sie müssen beherrscht werden – eine nicht zu unterschätzende und gleichzeitig immens bedeutende Herausforderung.[573] Dadurch, dass die Menschen schwer Verständnis für die wissenschaftlichen Methoden aufbringen können, sind sie ansonsten den Folgen zwar ausgeliefert, können diese aber nicht bewältigen oder kontrollieren, da ihnen das Wissen über das ‚wie‘ eines Ablaufs fehlt.[574] Die Vorstellung von Forschung, die im Folgenden skizziert wird, soll für Dewey anstelle der von ihm abgelehnten Auffassung von starrem Wissen treten. Seine Vorstellung vom Ablauf von Forschung lässt sich in *fünf idealtypischen Stufen* skizzieren:

> „Forschung ist die gesteuerte oder gelenkte Umformung einer unbestimmten Situation in eine Situation, die in ihren konstitutiven Merkmalen und Beziehungen so bestimmt ist, dass die Elemente der ursprünglichen Situation in ein einheitliches Ganzes umgewandelt werden.“[575]

(1) Wie in diesem Zitat aus Deweys Werk *Logic: The Theory of Inquiry* deutlich wird, ist eine zweifelhafte, „unbestimmte“[576] Situation Ausgangspunkt für Forschungsvorhaben. Der Begriff Situation kann für Dewey hierbei nicht als einziges

---

573 Vgl. Dewey (1996), S. 140.
574 Vgl. Dewey (1996), S. 141.
575 Dewey (2008b), S. 131 [Hervorhebung im Original].
576 Dewey (2008b), S. 132.

Objekt oder als eine Menge von Objekten gekennzeichnet werden, sondern ist in einem konkreten Zusammenhang, in einem „kontextuellen Ganzen"[577] zu sehen. Dewey betont, dass diese unbestimmte Situation für Forschung offen und dabei nicht zusammenhängend in ihren Bestandteilen ist. Eine „einzigartige Zweifelhaftigkeit" kennzeichnet sie.[578] Die Erkenntnis, dass es sich um eine problematische Situation handelt und die Fähigkeit, das Problem aus dieser konkreten Situation heraus genau verstehen und beschreiben zu können, bildet den *ersten Schritt* der Forschung.[579] Oder wie Hickman es formuliert, ist dies eine Reaktion auf konkrete, den reflektierenden Menschen umgebende Bedingungen.[580]

(2) Um der Problemlösung näher zu kommen, muss der Forscher *zweitens* zunächst die Bestandteile der Situation ausfindig machen und beobachtete bzw. erfahrene Tatsachen feststellen. Es ist dabei elementar, auf die konkrete Situation zu sehen und auf die Folgen, die aus bestimmten Handlungen zu dieser Situation geführt haben. Der Blick auf beobachtbare Handlungen und ihre Folgen im Sinne von Wechselwirkungen ist für Dewey der Schlüssel.[581] Sich auf hypothetische Gründe zu stützen, lehnt er ab.[582] Dabei gilt es im Wesentlichen, die richtigen Fragen zu stellen.[583]

(3) Denn erst wenn dem Forscher die Ursache des Problems klar ist, kann er *drittens* Ideen einer möglichen Lösung entwickeln.[584] Diese ersten Ideen können noch sehr abstrakt und unbestimmt sein. Daher müssen sie, so Dewey, zueinander in Beziehung gesetzt werden, um zu Hypothesen zu gelangen, die Operationen nahe legen, die im experimentellen Vorgehen – im nächsten Schritt – auf Anwendbarkeit überprüft werden können. Denn in dieser konkreten Situation muss die Hypothese Bedeutung aufweisen.

(4) Ob die vermutete Bedeutung aber wirklich relevant ist, muss in der *vierten Phase* notwendigerweise überprüft werden und zwar so lange, bis eine Bedeutung erreicht wird, „die für das vorliegende Problem deutlicher *relevant* ist als die

---

577 Dewey (2008b), S. 87. Auch Levi (2010), S. 85 betont, dass Dewey konkrete Situationen durch Forschung zu ändern versucht und nicht zum Beispiel Blickwinkel.

578 Vgl. Dewey (2008b), S. 131–132. Er charakterisiert sie dabei als gestört, aufgewühlt, mehrdeutig, verworren, widersprüchlich und dunkel.

579 Vgl. Dewey (2008b), S. 134. Die Bezeichnung von Forschung „als Modus intelligenter Situationsbeantwortung" (Neubert (1998), S. 104) erscheint an dieser Stelle als sehr passend.

580 Vgl. Hickman (1998a), S. 172.

581 Vgl. auch die Bezeichnung seines Vorgehens „auf der Grundlage der Wechselbeziehungen beobachtbarer Handlungen und deren Resultate" (Dewey (1996), S. 45).

582 Vgl. Dewey (1996), S. 26.

583 Vgl. Jörke (2003), S. 81.

584 Vgl. Dewey (2008b), S. 136.

ursprünglich suggerierte Idee."[585] Hierbei darf „keine Perspektive vom Prozess der Wahrheitssuche ausgeschlossen"[586], sondern vielmehr muss offen und rational diskutiert werden. Wie elementar dieser Schritt ist, spiegelt auch die Aussage von Putnam wider, der Deweys Art von Forschung als „*Erkenntnistheorie ist Hypothesenbildung*"[587] kennzeichnet. Die konkret bestimmte Hypothese ist am Ende dieser Phase so operationalisiert, dass sie sich der experimentellen Überprüfung stellen kann.

(5) Die konkret bestimmte Hypothese muss dann *fünftens* in der Praxis auf ihre Anwendbarkeit hin geprüft werden. Denn, wie unter anderem Hickman betont,[588] kann wissenschaftliche Forschung nie ohne eine Überprüfung und Erprobung der Ergebnisse in der Praxis mit möglicherweise anschließender Korrektur und Weiterentwicklung sein.[589] Es ist dabei zu sehen, dass auch beim Durchführen des Experiments immer noch Modifikationen notwendig sein können, um die Anwendbarkeit der Bedeutung sicherzustellen.[590] Durch den Forschungsprozess soll eine problematische Situation gelöst werden, und zwar so, dass man am Ende zu einer erfüllenden Sachlage kommt.[591] Hickman kennzeichet den Kern von Forschung im Sinne Deweys als

> „to reorder involvement relations in such a way that a problematic situation is brought to a final resolution in terms of a judgment that carries warranted assertibility."[592]

Das Ziel des Forschungsprozesses liegt darin, „gerechtfertigt behauptbare Schlussfolgerungen"[593] zu erreichen. Diese sind Dewey zufolge für jedes Urteil notwendig. Er betont, dass er diesen Ausdruck den Worten ‚Überzeugung' und ‚Erkenntnis' vorzieht, die Deweys Meinung nach aufgrund ihrer Zweideutigkeit nicht geeignet sind, Forschungsergebnisse zu charakterisieren.[594] Dabei ist For-

---

585 Dewey (2008b), S. 139 [Hervorhebung im Original].
586 Hartmann (2012), S. 284.
587 Putnam (1997), S. 235 [Hervorhebung im Original].
588 Vgl. Hickman (1998a), S. 171.
589 Vgl. Dewey (1996), S. 143. Trotzdem betont auch Hickman (1998a), S. 174, dass für Dewey neben dem Konkreten auch das gerade beschriebene Abstrakte eine gleichrangige Phase im Forschungsprozess darstellt, allerdings auch immer als Werkzeug, um neue Bedeutungen zu entwickeln, die wiederum zu konkreten Erfahrungen gebracht werden.
590 Vgl. Dewey (2008b), S. 139–140.
591 Im Englischen ‚consummatory'. Vgl. Festenstein (2014), S. 5. Vgl. auch Hickman (1998a), S. 178, der Deweys Ablauf von Forschung darstellt.
592 Hickman (1998a), S. 184.
593 Dewey (2008b), S. 131. Der englische Originalausdruck für ‚gerechtfertigte Behauptbarkeit' lautet „*warranted assertibility*" (Dewey (2008b), S. 22).
594 Vgl. Dewey (2008b), S. 21–22.

schung als ein „*kontinuierlicher* Prozess"[595] zu sehen. Nach Dewey kann eine Überzeugung gar nicht so geklärt werden, dass sie nicht eines Tages weiterer Forschung bedarf. Erkenntnis in der Forschung kann stets nur so verstanden werden, dass weitere Forschung darauf aufbauen kann, und keineswegs als ein und allemal erledigter Tatbestand.[596] An dieser Stelle zeigt sich eine Ursache, warum politische Legitimation für Dewey nie als starr erreichter Zustand gesehen werden kann.

Methoden und Werkzeuge für die Forschung sind für Dewey nicht von vornherein fix gegeben, sondern haben sich vielmehr als Instrumente im Laufe von Forschungsprozessen als erfolgreich erwiesen,[597] indem sie zu gerechtfertigten Behauptungen geführt – und damit das Ziel des Forschungsprozesses erreicht – haben. Doch Weiterentwicklungen sind keinesfalls ausgeschlossen. Erfolgreich bedeutet für Dewey dabei „operativ in einer Weise, die auf lange Sicht (...) oder bei Fortdauer der Forschung dazu tendiert, Ergebnisse hervorzubringen, die entweder in weiterer Forschung bestätigt oder durch die Verwendung derselben Verfahren korrigiert werden."[598] Diese Prinzipien sind nicht von außen a priori vorgegeben, haben sich lediglich in der Erfahrung als vielversprechend herausgestellt und sind so hinsichtlich zukünftiger Forschungsvorhaben „*operational a priori*"[599]. Das heißt, sie bilden die Grundlage und können wiederverwendet werden, aber nicht unabhängig für jede Materie und jeden Forschungsgegenstand.[600] Denn der Wert von wissenschaftlichen Methoden, die sich zum Teil mit eigener Historie entwickelt haben, zeigt sich erst in ihrer Anwendung.[601]

Der geschichtliche Rückblick verdeutlicht für Dewey, dass es die wissenschaftliche *Methode der Intelligenz* und die mit ihr verbundenen Technologien waren, die aktiv Wandel hervorgebracht haben.[602] Dies ist für ihn ein klares Zeichen, auf was die Menschheit in Zukunft setzen solle, um zukünftigen Wandel zu gestalten: auf die wissenschaftliche Methode als verkörperte Intelligenz.[603]

---

595 Dewey (2008b), S. 21 [Hervorhebung im Original].
596 Vgl. Dewey (2008b), S. 22. Dies passt auch zur Beschreibung von „warranted assertibility" durch Hickman (1998a), S. 166–167 als etwas, das weder 100 Prozent gewiss noch dauerhaft anhaltend ist, sondern lediglich eine Messgröße für Stabilität darstellt.
597 Vgl. Dewey (2008b), S. 25.
598 Dewey (2008b), S. 27.
599 Dewey (2008b), S. 28 [Hervorhebung im Original].
600 Hickman (1998a), S. 170 weist darauf hin.
601 Vgl. Dewey (2008b), S. 19 und Dewey (2008b), S. 137.
602 Vgl. Dewey (2010b), S. 194–195, wo er sich auf Erfolge in der technischen Entwicklung bezieht aufgrund angewendeter Methoden.
603 Vgl. Dewey (2010b), S. 195.

Denn diese „Methode der experimentellen und kooperativen Intelligenz"[604] hat sich nach Ansicht Deweys insbesondere als „kritische Methode"[605] bewährt, das heißt als eine Methode, die von kritischem Urteilen gekennzeichnet ist. Wird sie als Methode bewusst eingesetzt, so kann für Dewey das Ziel von Forschung erreicht werden, gefundenes Material und vorhandene Tools in einer konkreten Situation so zu rekonstruieren, dass diese reicher an Bedeutung werden und dass eine „verworrene Sachlage"[606] Gestalt annimmt.[607] Hierzu benutzt sie Experimente, Überlegungen und Diskussionen, und zwar stets mit dem Blick auf die Folgen.[608] Dabei lässt sich diese Methode durch folgenden Dreiklang charakterisieren: Genaue Auffassung und Analyse der aktuellen konkreten Situation → Blick zurück unter zu Nutze machen vergangener Erfahrungen (Wissen und Gewohnheiten) → vorausschauende Planung und Handlungsempfehlung.[609] Oder wie Dewey es an anderer Stelle formuliert: „Zurückdenken an das Vergangene, Beobachten des Gegenwärtigen, Ausschau in die Zukunft – das ist unerlässlich (...) *für* eine Befreiung in der Gegenwart, für eine immer reichere Entwicklung des Handelns."[610]

Diese intelligente Methode verkörpert genau seine Idee einer freien und sich weiterentwickelnden Gesellschaft.[611] Und gerade im Prozess des Erfahrens spielt Intelligenz die zentrale Rolle.[612] Aus diesem Grund ist Deweys Forderung eindeutig: Die Intelligenz aus wissenschaftlichen Verfahren – das aktive Handeln und Erfahren nach Abwägung der Folgen – muss auch für die *Demokratie* übernommen werden.[613] Für Dewey gilt all das, was er bei intelligent durchgeführter Forschung allgemein als notwendig erachtet, für die ethische und politische Forschung gerade im Speziellen.[614] Damit ist die Anwendung der Methode für gesellschaftspolitische Probleme als *social inquiry* für Dewey notwendig und

---

604 Dewey (2010b), S. 207.
605 Dewey (1995), S. 406.
606 Dewey (1974), S. 143.
607 Vgl. Hickman (1998a), S. 168 und Campbell (1998), S. 30.
608 Vgl. Stuhr (1998), S. 95.
609 Vgl. Dewey (2010b), S. 188 – 189 und Dewey (1974), S. 144, wo Dewey von der „Dreiheit" des Intellekts spricht.
610 Dewey (2004), S. 189 [Hervorhebung im Original].
611 Vgl. Stuhr (1998), S. 95.
612 Vgl. Dewey (1998e), S. 52: „These questions centre attention upon the significance of reflective intelligence in the process of experience."
613 Vgl. Dewey (2010b), S. 194.
614 Vgl. Putnam (1997), S. 235. Er schickt voran, dass die Menschen durch Erfahrung wüssten, wie Forschung durchzuführen sei.

sinnvoll.[615] Gerade in Zeiten des frühen Liberalismus, in denen die Frage der gesellschaftlichen Organisation, so Dewey, besonders bedeutend war, war das Fehlen einer adäquaten Vorstellung von Intelligenz tragisch.[616] Dewey stellt sich gegen eine a priori Unterscheidung der Forschung in Naturwissenschaften und solcher in Ethik und Politik: Forschung und Logik stellen für ihn sehr wichtige Instrumente dar, um zu lernen, wie Menschen zusammenleben.[617] Die intelligente Methode ist genauso auf Institutionen und Strukturen anzuwenden, um gemeinsame politische und soziale Probleme von praktischem Interesse zu lösen – wie die aktuellen Herausforderungen in der Hochschulpolitik – und nicht nur auf physikalische und technische Dinge, wo sich die Menschen bereits an die experimentelle Methode gewöhnt haben.[618] Dies ist gerade die soziale Aufgabe der Intelligenz, in politischen Dingen das gleiche Niveau zu erreichen, das sie in wissenschaftlichen bereits erreicht hat.[619] Demokratie ist für Dewey der „Gebrauch sozialer Intelligenz zur Lösung von Problemen von praktischem Interesse"[620]. Damit dies gelingt, sieht er vor allem auch die Schule in der Verantwortung. Hier müsste Naturwissenschaft als „Methode der Intelligenz in Aktion"[621] gesehen werden, um Freude an Beobachtung und Experimentieren im Sinne einer offenen Herangehensweise zu fördern.[622] Wissenschaftliche Methoden sollen die sozialen Beziehungen bestimmen.[623] In diesem Buch ist daher die *social inquiry* – als intelligente Methode umgesetzt in den Sozialwissenschaften, als „Methode der gesellschaftlichen Handlung"[624] – im Blick. Dewey will hiermit einen Weg aufzeigen, wie das Ideal sozialer Kooperation durch eine lebendige Öffentlichkeit in einer Großen Gemeinschaft verwirklicht werden kann. Gerade in dynamischen Zeiten, wie sie aktuell die deutsche Hochschulpolitik prägen, ist die Intelligenz als Methode zu sehen, wie Menschen ihre Fähigkeiten entwickeln können und befreit werden. Dies geht nur unter „Verwendung der befreiten Intelligenz als Methode

---

615 Vgl. Neubert (1998), S. 340.
616 Vgl. Dewey (2010b), S. 177.
617 Vgl. Hickman (1998a), S. 186: „Inquiry, and the theory of inquiry, were in Dewey's view among the most important tools at our disposal for learning to live together in ways that take into account the constraints of our environing conditions, as well as the full range of human needs and aspirations." Vgl. auch Westbrook (2000), S. 346–347.
618 Vgl. Dewey (1996), S. 144.
619 Vgl. Dewey (2010b), S. 191, 194.
620 Anderson (2012), S. 264–265.
621 Dewey (2010b), S. 178.
622 Vgl. Dewey (2003), S. 115.
623 Vgl. Dewey (2003), S. 118.
624 Dewey (2010b), S. 189.

für die Ausrichtung der Veränderungsprozesse"[625]. Intelligenz hat für Dewey eine gesellschaftliche Verantwortung und gleichsam einen gesellschaftlichen Charakter. Denn wird sie angewendet, macht sich ein Individuum vielfältige kooperative Aktionen zu Nutze – generiert und zur Verfügung gestellt von unterschiedlichsten Personen innerhalb der Gemeinschaft – und entwickelt daraus Wissen, das wiederum die Gemeinschaft als Ganzes weiter bringt. Dewey bezieht sich hierfür auf empirische Beispiele, in denen sich aufgrund geänderter Rahmenbedingungen Zusammenschlüsse von Personen ergeben haben.[626]

Wenn Dewey die Übertragung der experimentellen Methode der kooperativen Intelligenz auf die Herausforderungen der Gesellschaft fordert, so denkt er dabei nicht wortwörtlich an Experimente, wie sie in Laboratorien durchgeführt werden, sondern vielmehr an die Logik der Methode.[627] Im Sinne einer *wissenschaftlichen Haltung* und Mentalität bedeutet dies, objektiv, unvoreingenommen und vor allem mit Freude an neue Herausforderungen heranzugehen, Hypothesen wirklich als noch ungeklärte Ideen und keinesfalls als Dogmen zu benutzen und den Beweisen in der Praxis zu folgen und nicht den Schlussfolgerungen, die rein persönlich sympathisch erscheinen. Für Dewey ist dies in der Tat eine neue Moral im Sinne von Einstellungen und Absichten. Diese wissenschaftliche Haltung zu verbreiten, ist für ihn entscheidend mit Blick auf die Zukunft der Demokratie.[628] Darauf sollen legitime Gestaltungsprozesse und Entscheidungsverfahren im Hinblick auf die Hochschulpolitik aufbauen. Wie sich in den folgenden Ausführungen zu (1.) der Entdeckung der Öffentlichkeit und zu (2.) ihrer Organisation zeigen wird, muss die wissenschaftliche Mentalität unbedingt über ein rein rationales Anwenden der wissenschaftlichen Methode hinausgehen. Im Zusammenhang mit der Intelligenz ist für ihn eine emotionale Komponente unabdingbar. Intelligenz und Emotionen sind kein innerer Gegensatz, denn Intelligenz kann nur Handeln veranlassen, wenn Emotionen damit verbunden sind.[629] Genau diese Bedürfnisse, Gewohnheiten, Impulse und Gefühle als nichtrationale Komponenten des menschlichen Wesens mit der Intelligenz zu verbinden, ist für Dewey wahre Kunst.[630] Nur so kann eine Öffentlichkeit auch vom notwendigen

---

625 Dewey (2010b), S. 183.
626 Vgl. Dewey (2010b), S. 191. Dewey sieht diese praktischen Beispiele als sehr hilfreich an, um dem näherzukommen, was Intelligenz ausmacht.
627 Vgl. Dewey (1996), S. 169.
628 Vgl. Dewey (2003), S. 112–113.
629 Vgl. Dewey (2010b), S. 181.
630 Vgl. Dewey (2003), S. 116.

Zugehörigkeitsgefühl geprägt sein und einen „kommunikativen Ethos der Demokratie"[631] ausdrücken.

(1.) Gemeinsames Entdecken und Identifizieren als Öffentlichkeit

Für Dewey ist die Entdeckung als Öffentlichkeit eine „Vorbedingung jeglicher wirksamen Organisation."[632] Daher stellt folgender Abschnitt das gemeinsame Entdecken und Identifizieren als Öffentlichkeit in den Mittelpunkt (1.). Hierzu sind Kennzeichen der wissenschaftlichen Mentalität wichtig im Sinne von Parallelen, die Dewey zwischen einer forschenden und einer demokratischen Gemeinschaft sieht. Im nächsten Abschnitt wird dann die Organisation der Öffentlichkeit als Staat und das darauf aufbauende Problemlösen thematisiert (2.). Hierfür bedient sich Dewey der konkreten idealtypischen Schritte im Forschungsablauf.

Eine Öffentlichkeit kann sich Dewey zufolge identifizieren, wenn die indirekten Folgen assoziierten Handelns gemeinsam wahrgenommen werden und über diese gemeinsame Betroffenheit Wissen und Einsicht herrscht. Dies ist, wie Dewey zugibt, im Laufe der Zeit herausfordernder geworden, da die Folgen komplexer und abstrakter geworden sind und den Prozess des Erkennens als Öffentlichkeit erschweren.[633] Denkt man an die Hochschulpolitik und die in Abschnitt 1.3 beschriebene entstandene Dynamik in Zeiten des Marktparadigmas, so lässt sich diese Verkomplizierung auch dort eindeutig wiederfinden. Gerade das konkurrenzorientierte Streben nach Profilierung und Ausdifferenzierung einzelner Einrichtungen sowie die unterschiedlichen Förderinstrumente, ohne ein großes Ganzes zu erkennen, lassen eher mehrere Öffentlichkeiten entstehen, so dass ein „allgemein anwendbarer Beurteilungsmaßstab praktisch unmöglich wird."[634] Wie Dewey die Ausgangslage analysiert, lässt sich also sehr gut mit der Realität in der Hochschulpolitik parallelisieren:

> „Es gibt zu viel Öffentlichkeit, die Öffentlichkeit ist zu ausgebreitet und zerstreut und in ihrer Zusammensetzung zu kompliziert.
>
> Und es gibt zu viele Öffentlichkeiten, denn die vereinigten Handlungen mit indirekten, bedeutenden und andauernden Folgen sind so unvergleichlich zahlreich, jede einzelne durchkreuzt die anderen und bringt ihre eigene Gruppen betroffener Menschen hervor, und

---

631 Neubert (1998), S. 342.
632 Dewey (1996), S. 112.
633 Vgl. Dewey (1996), S. 112.
634 Dewey (1996), S. 118.

es ist zu wenig da, um diese verschiedenen Öffentlichkeiten in einem integrierten Ganzen zusammenzuhalten.

Das Bild ist unvollständig ohne die Berücksichtigung der vielen Konkurrenten mit starken politischen Interessen. (...) Die Menschen waren zum größten Teil immer mehr von ihren eher unmittelbaren Betätigungen und Vergnügungen in Anspruch genommen worden. Die Macht von ‚Brot und Spielen‘, die Aufmerksamkeit von öffentlichen Dingen abzulenken, ist eine altbekannte Geschichte."[635]

Dewey legt einen dynamischen Begriff von Öffentlichkeit zugrunde, der geprägt ist vom Blick auf die *indirekten Folgen* des Handelns in der Gemeinschaft.[636] Das bedeutet, öffentlich ist eine Angelegenheit dann, wenn es *über die eigene Betroffenheit hinaus* geht,[637] wenn auch diejenigen betroffen sind, die die Handlung nicht selbst durchführen und dabei das allgemeine Bedürfnis entsteht, die Folgen aufgrund ihrer Bedeutung zu kontrollieren. Die Dynamik des Begriffs wird unter anderem daran deutlich, dass es dies für Dewey immer wieder neu zu entdecken gilt, denn die Konsequenzen und deren Wahrnehmung sind Änderungen ausgesetzt. Im Unterschied zu Rawls sieht Dewey nicht von vornherein eine öffentlich geschützte Privatsphäre. Für Dewey ist die Abgrenzung privat-öffentlich nicht hart, sie ist nicht essentialistisch, sondern funktional und proceduralistisch: Das heißt, Dewey betrachtet die Folgen von zwischenmenschlichen Handlungen und unterscheidet danach, ob sich die Handlungen lediglich auf die an der Handlung beteiligten Personen auswirken, oder ob darüber hinaus unbeteiligte Personen von der Handlung betroffen sind. Ist zweites der Fall, ist die Handlung öffentlich.[638] Öffentlichkeit bedeutet nichts Fixes – das heißt, ein einmaliger Verständigungsdiskurs reicht nicht aus –, sondern ist vielmehr ein „Bewußtsein der gesellschaftlichen Kooperation"[639]. Dewey charakterisiert die Folgen assoziierten Handelns, die eine Öffentlichkeit konstituieren, hierbei als bleibend, weitreichend und bedeutend.[640]

---

635 Dewey (1996), S. 120–121.
636 Dadurch, dass Dewey den Blick auf das gemeinsame Handeln richtet, wird das zentrale Kennzeichen des Pragmatismus, von der Kategorie ‚Handeln‘ auszugehen, deutlich. Vgl. Joas (1987), S. 616.
637 Vgl. Dewey (1996), S. 112.
638 Vgl. Dewey (1996), S. 27. „(...) daß nämlich die Grenzen zwischen Privatem und Öffentlichem auf der Grundlage der Reichweite und des Umfangs derjenigen Handlungsfolgen gezogen werden muß, die so wichtig sind, daß sie der Kontrolle bedürfen (...)" (Dewey (1996), S. 29). Dabei ist das „Öffentliche" nicht notwendigerweise mit dem „gesellschaftlich Nützlichen" zu beschreiben, wie Dewey (1996), S. 28 am Beispiel des Kriegführens deutlich macht.
639 Jörke (2003), S. 190.
640 Vgl. Dewey (1996), S. 68.

Genauer spezifiziert er dies allerdings nicht.[641] Die öffentlich-privat Grenze (der staatlichen Regulierung) bedarf vielmehr des praktischen experimentellen Entdeckens mithilfe der wissenschaftlichen Mentalität.[642]

Unter welchen *Bedingungen* und auf welche Art und Weise lässt sich nun eine lebendige Öffentlichkeit entdecken? Hierzu zieht Dewey Parallelen von Forschungsgemeinschaften zur demokratischen Gemeinschaft – für ihn eine wichtige Basis.[643] Diese Bedingungen lassen sich wie folgt zusammen verstehen: Grundvoraussetzung ist ein öffentlicher Verständigungsprozess hin zu einer Kommunikationsgemeinschaft (A). Wünschenswert sind für Dewey in einer solchen Gemeinschaft insbesondere zwei Kriterien, nämlich zahlreiche und mannigfaltige bewusst geteilte Interessen und ein freier Austausch mit anderen Gruppen (B). Verwirklichen kann sich dieser wünschenswerte gemeinschaftliche Zustand vor allem in lokalen, nachbarschaftlichen Gemeinschaften (C). Funktionieren diese lokalen nachbarschaftlichen Gemeinschaften, ist emotionales und intelligentes Erkennen möglich, um die indirekten Handlungsfolgen wahrnehmen zu können (D), sodass sich eine Öffentlichkeit identifizieren kann.

A) Zunächst ist ein andauernder öffentlicher Verständigungsprozess notwendig und *Kommunikation* ganz elementar. Dewey denkt dabei an vollständige Publizität im Hinblick auf die Aspekte, deren Folgen die Öffentlichkeit betreffen („careful judgement and public access to the results of free inquiry"[644]). Diese dürfen nicht blockiert oder eingeschränkt werden. Informationen und Überlegungen sollen frei, offen und gleichberechtigt ausgetauscht werden können. Erkenntnisse sollen als gemeinsamer Besitz gelten und geplant der Gesellschaft zugänglich sein. Ansonsten ist es schwierig, kollektiv eine konkrete Situation als problematisch einzustufen, die Folgen kollektiven Handelns wahrzunehmen und zu interpretieren. Über öffentliche Angelegenheiten kann nicht angemessen nachgedacht werden, es kann keine Öffentlichkeit entstehen und am Leben gehalten werden.[645] Ein Diskurs muss offen und öffentlich – angelehnt an den wissenschaftlichen Diskurs[646] – sein, um die identifizierten Folgen gemeinsam zu bewerten und wissenschaftlich abzuwägen. Denn eine Große Gemeinschaft kann nur in Kommunikation entstehen und die Öffentlichkeit sich darin entdecken:

---

641 Wie aber zum Beispiel Jörke (2003), S. 209 anmerkt, fehlt bei Dewey eine genauere Angabe, wann eine Handlung öffentlich ist.
642 Vgl. Dewey (1996), S. 67.
643 Vgl. Nida-Rümelin (2013), S. 74–75.
644 Stuhr (1998), S. 96.
645 Vgl. Dewey (1996), S. 142–143, 150.
646 Vgl. Dewey (1996), S. 150.

„Solange die *Große Gesellschaft* nicht in die *Große Gemeinschaft* verwandelt ist, wird *die* Öffentlichkeit im Dunkeln bleiben. Allein Kommunikation kann eine große Gemeinschaft erschaffen."[647]

Kommunikation sieht Dewey dabei im Sinne von Präsentation auch vielmehr als „Frage der Kunst"[648], Ergebnisse attraktiv und verständlich darzustellen. Hier kommt für Dewey ein Aspekt von Freiheit (vgl. Anwendungsverhältnisse in Abschnitt 2.2.2) zum Ausdruck. Sie beginnt mit einer grundsätzlichen (Gedanken-) Freiheit beim Forschungsprozess selbst – sprich beim Prozess, in dem sich die Öffentlichkeit entdeckt –, der ohne vorher gesetzte Schranken verlaufen soll, und setzt sich fort bis zur Verbreitung der Schlussfolgerungen, die die Öffentlichkeit betreffen.[649]

Dazu müssen sich Dewey zufolge Mittel und Wege der Kommunikation vervollkommnen, um gemeinsam geteiltes Interesse Wirklichkeit werden zu lassen.[650] Dies ist für ihn bezogen auf die Kommunikation von Bedeutungen im Sinne von geteilten Symbolen, die von allen Mitgliedern der Gesellschaft anerkannt und geschätzt werden, so dass metaphorisch ein „allgemeiner Wille", ein „soziales Bewußtsein"[651] im Sinne eines Verantwortungsbewusstseins entstehen kann. Die Sprache als „Vehikel" von Denken und Kommunikation ist hierbei am wichtigsten.[652] Indem „Ideen (...) kommuniziert, geteilt und in der Äußerung wiedergeboren werden"[653], kann Dialog entstehen. Wiederum betont er die gemeinsam geteilte Erfahrung. Offene Kommunikation muss in der alltäglichen Praxis gelebt werden und für den Einzelnen erfahrbar sein.[654] Nur dann kann Intelligenz und eine Gesellschaft als Gemeinschaft entstehen:

> „Erst wenn die instrumentellen und finalen Funktionen der Kommunikation in der Erfahrung zusammentreffen, entsteht eine Intelligenz, die die Methode und der Lohn des gemeinsamen Lebens ist, und eine Gesellschaft, die der Zuneigung, Bewunderung und Loyalität wert ist."[655]

---

647 Dewey (1996), S. 124 [Hervorhebung im Original].

648 Dewey (1996), S. 154.

649 Vgl. Dewey (1996), S. 142.

650 Vgl. Dewey (1996), S. 134. An dieser Stelle macht Dewey deutlich, „daß das Problem ein moralisches ist und von Intelligenz und Bildung abhängt."

651 Vgl. Dewey (1996), S. 132.

652 Dewey (1996), S. 174–175.

653 Dewey (1996), S. 180.

654 Vgl. Dewey (1998b), S. 342. Anderson (2012), S. 268 weist darauf hin, dass neben freier Meinungsäußerung auch unbedingte Offenheit für die Meinung anderer Kommunikation kennzeichnet.

655 Dewey (1995), S. 202.

Die Öffentlichkeit soll sich als „*Kommunikationsgemeinschaft der Betroffenen*"[656] selbst konstruieren. Ohne Kommunikation würde das Wachsen hin zu einer Gemeinschaft nicht gelingen und dem sozialen Individuum gleichsam die Chance nehmen, sich an den gemeinschaftlichen Bemühungen zu beteiligen und daran selbst zu wachsen.[657]

B) Dewey möchte mit seiner Kommunikationsgemeinschaft keinen Idealzustand konstruieren. Vielmehr geht es ihm darum, aus der Praxis des vorhandenen Gemeinschaftslebens die Züge hervorzuheben, die wünschenswert sind, und diejenigen zu kritisieren, die dies nicht sind, sowie Verbesserungen anzuregen.[658] Dewey leitet hierfür *zwei wünschenswerte Kriterien aus dem menschlichen Gemeinschaftsleben* ab, die demokratische Gesellschaften erfüllen müssen, um kontinuierliche Weiterentwicklung und Wachstum zu ermöglichen. Diese sieht er *erstens* in zahlreichen und mannigfaltigen bewusst geteilten Interessen und *zweitens* im freien Austausch mit anderen Gruppen.[659] Beide Kriterien zeigen auf die von Dewey favorisierte liberale Demokratie.[660] Aus primär lokalen statischen Gemeinschaften sind – so Deweys Beobachtung – fluktuierende, dynamische, sich ständig im Fluss befindende Gemeinschaftsformen geworden.[661] Damit sich in dieser unsteten Dynamik eine Öffentlichkeit bilden kann, ist es umso wichtiger, Verbundenheit zu erzielen, denn „(...) ohne bleibende Verbundenheiten sind Assoziationen zu veränderlich und zu schwach, um einer Öffentlichkeit ohne weiteres die Lokalisierung und Erkenntnis ihrer selbst zu gestatten."[662] Gerade diese zwei Kriterien sind es, die für Dewey „eine demokratisch aufgebaute Gesellschaft kennzeichnen."[663] Er definiert demokratische Gesellschaft als eine, „die für die gleichmäßige Teilnahme aller ihrer Glieder an ihren Gütern und für immer erneute biegsame Anpassung ihrer Einrichtungen durch Wechselwirkung zwischen den verschiedenen Formen des Gemeinschaftslebens sorgt".[664]

C) Im Hinblick auf die praktische Anwendbarkeit gibt Dewey uns mit, dass sich dieser wünschenswerte Zustand eigentlich nur in *lokalen Gemeinschaften* mit wahren zivilgesellschaftlichen Aktivitäten verwirklichen lässt,[665] da dort der

---

656 Joas (1987), S. 616.
657 Vgl. Campbell (1998), S. 29.
658 Vgl. Dewey (1964), S. 115.
659 Vgl. Dewey (1964), S. 115.
660 Vgl. Dewey (1964), S. 120.
661 Vgl. Dewey (1996), S. 122.
662 Dewey (1996), S. 123.
663 Dewey (1964), S. 120.
664 Dewey (1964), S. 136.
665 Ansonsten kann wahre Freiheit nicht erreicht werden. Vgl. Dewey (2010b), S. 172.

Austausch „von Angesicht zu Angesicht"[666] gelebt wird. An dieser Stelle zeigen sich Staats- und Zivilgesellschaftsparadigma im sich gegenseitig bedingenden Zusammenspiel. Nur, wenn lokale, nachbarschaftliche Gemeinschaften intakt funktionieren, indem freie Kommunikation im Dialog gelebt wird, hat die Öffentlichkeit überhaupt eine Chance, sich zu identifizieren. Zuerst müssen die lokalen Gemeinschaften auf unmittelbarer Assoziation basieren:[667]

> „Solange das lokale Gemeinschaftsleben nicht wiederhergestellt ist, kann die Öffentlichkeit ihr dringendstes Problem nicht angemessen lösen: sich selbst zu finden und zu identifizieren."[668]

Er gibt uns gleichsam mit, dass sein Ideal einer Großen Gemeinschaft vorstellbar ist, jedoch nie in der Art und Weise wie in lokalen Gemeinschaften: „Aber sie kann niemals über all jene Qualitäten verfügen, die eine lokale Gemeinschaft auszeichnen."[669] Umso mehr ist für Dewey die Aussage klar und wird im Hinblick auf die praktische Fruchtbarmachung in der Hochschulpolitik nochmals sehr wichtig werden: „Die Demokratie muß zu Hause beginnen, und ihr Zuhause ist die nachbarschaftliche Gemeinschaft."[670] Denn nur, wenn die lokale Gemeinschaft intakt funktioniert und vor allem offene Kommunikation im Dialog gelebt wird, kann Intelligenz zur vollen Entfaltung kommen.[671] Dewey charakterisiert den Menschen in seinem Verlangen nach Beständigkeit, Ruhe und stabilen Beziehungen, was er nun einmal insbesondere in nachbarschaftlichen Gemeinschaften findet. Zumal in eingespielten lokalen Gemeinschaften gerade diese tiefgehenden Beziehungen ein vertrauensvolles Stabilitätselement darstellen[672] – eine wichtige Voraussetzung für politische Legitimation nach Dewey. Diese „unmittelbare (...) Verbundenheit"[673] hilft für eine dauerhafte und stabile Organisation.

D) Nur in solch vertrauensvollen Gemeinschaften können sich Intelligenz und Emotionen komplett entfalten. Dabei ist doch ein intelligentes und zugleich emotionales Erkennen der Folgen so wesentlich.[674] Dies impliziert ein emotionales Gespür, sich in andere hineinversetzen zu können, um indirekte Betrof-

---

666 Dewey (2010b), S. 175.
667 Vgl. Dewey (1964), S. 176.
668 Dewey (1996), S. 179.
669 Dewey (1964), S. 176.
670 Dewey (1964), S. 177.
671 Vgl. Dewey (1996), S. 181.
672 Vgl. Dewey (1964), S. 177.
673 Dewey (1996), S. 176.
674 Vgl. Dewey (1996), S. 37.

fenheit tatsächlich zu erkennen.[675] Es zeigt sich eine Parallele zu Rawls' Rezi-prozitätskriterium. Beim Nachdenken über die Handlungsfolgen gilt es, immer auch die *anderen* – indirekt betroffenen – Personen mit einzubeziehen. Durch das Handeln ergibt sich stets ein Zusammenschluss mit anderen, das Handeln ist assoziiert. Ein Handeln in Isolation gibt es nicht und ein Beobachten der Folgen assoziierten Handelns gibt diesen Folgen einen neuen Wert: „Denn die Beachtung der Folgen zusammenhängenden Handelns zwingt die Menschen dazu, über den Zusammenhang selbst nachzudenken"[676]. Menschen ziehen ihre Schlussfolge-rungen Dewey zufolge niemals, ohne das Verhalten der sie umgebenden Men-schen zu berücksichtigen. Wirklich soziales Handeln kann für Dewey nur erreicht werden, wenn man auf die Mitmenschen in den vielfältigen und mannigfaltigen menschlichen Beziehungen schaut und es ihnen ermöglicht, Kräfte zu entwi-ckeln, um auf ihre Art und Weise ihr Glück zu finden.[677] Diesen offenen Blick für den Kontext zu behalten, den die wissenschaftliche Mentalität charakterisiert, ist eine Herausforderung. Intelligenz sieht Dewey als Verhaltensform in einer ver-mittelnden Funktion zwischen Gewohnheiten, Trieben, Emotionen, Erinnerungen und neuen Entdeckungen und Bedingungen:

> „Dewey (...) begreift uns Menschen vor allem im Hinblick auf unsere Fähigkeit, Handlungen auf intelligente Weise in Gang zu bringen, zu reden und zu experimentieren."[678]

> „This need and principle, I am convinced, is the necessity of a deliberate control of policies by the method of intelligence, an intelligence which is not the faculty of intellect honored in text-books and neglected elsewhere, but which is the sum-total of impulses, habits, emo-tions, records, and discoveries which forecast what is desirable and undesirable in future possibilities, and which contrive ingeniously in behalf of imagined good."[679]

Dabei ist zu betonen, dass sich Dewey abgrenzt von der Annahme des frühen Liberalismus, Intelligenz sei ein „individueller Besitz"[680], entstanden „aus der Assoziation isolierter Elemente, Empfindungen und Gefühle"[681]. In dieser inad-äquaten Auffassung von Intelligenz ist für Dewey die eigentliche Krise des Libe-ralismus begründet.[682] Intelligenz ist für Dewey keine Eigenschaft, die ein Mensch individuell als Begabung von Geburt an besitzt, nicht besitzt oder nur in einem zu

---

675 Vgl. Jörke (2003), S. 189–190, Hartmann (2003), S. 149 und Nida-Rümelin (2013), S. 130.
676 Dewey (1996), S. 35.
677 Vgl. Dewey (1974), S. 220–221.
678 Putnam (1997), S. 229.
679 Dewey (1998e), S. 68.
680 Dewey (2010b), S. 177.
681 Dewey (2010b), S. 175.
682 Vgl. Dewey (2010b), S. 176.

geringen Ausmaß hat. Genauso wenig ist es eine Begabung, die er sich selbst aneignet. Dewey kritisiert, dass die Menschen lange Zeit an diese individualistische Ausprägung des Begriffs gewöhnt waren.[683] Vielmehr ist Intelligenz mit der sozialen Gemeinschaft verbunden und hat eine soziale Aufgabe. Sie kann eben erst entstehen, wenn die Gesellschaft konkret von Kooperation geprägt ist.[684] Gemäß den von der Intelligenz in uns gebildeten Verhaltensformen und der aufgenommenen kooperativen Verantwortung für Folgen wird die Intelligenz uns dabei vielmehr erst zu eigen.[685] Mit Blick auf politische Legitimation ist es wichtig, dies im Hinterkopf zu behalten. Dewey betont Intelligenz – gerade im Vergleich zu Rawls – stärker als Vernunft. Etwas Vernünftiges ergibt sich im und mit dem Handeln als „Erzeugnis eines Austausches mit objektiven Angleichungen und Beziehungen"[686]. Als Bestandteil des Handelns im menschlichen Leben ist die Vernunft, genauso wie die Sittlichkeit, elementar.[687] Auch Dewey sieht vernünftiges Handeln als Verhaltensform und Wesensart sehr positiv, insbesondere da sie gegenüber alten Gewohnheiten und Zielen eine kritische Rolle einnimmt, dabei aber darauf bedacht ist, Harmonie herzustellen und alle konkurrierenden Verhaltensformen und Triebe überlegt zu berücksichtigen.[688] Vernunft ist für Dewey nicht angeboren, sondern bedarf der Ausbildung als Gewohnheit.[689] Dewey sträubt sich gegen eine objektive externe Vernunft, die das Handeln vorgibt. Vernunft kann „nicht ein fix und fertiger, zum voraus vorhandener Faktor [sein], der nach Belieben aufgerufen und in Bewegung gesetzt werden könnte."[690] Vielmehr ergibt sich Vernunft, eine vernünftige Einstellung als Verhaltensform, eben gerade erst in intelligentem Handeln als „geschmeidiges Vorausdenken"[691], indem sie gleichzeitig Begeisterung für neue Ziele und Verhaltensformen stiftet.

---

683 Vgl. Dewey (2010b), S. 189. Vgl. Dewey (2003), S. 113, wo er zugleich die Behauptung kritisiert, es seien nicht grundsätzlich alle Menschen in der Lage, sich eine wissenschaftliche Haltung anzueignen.

684 Vgl. Dewey (2010b), S. 190.

685 Vgl. Dewey (1974), S. 233–234.

686 Dewey (1974), S. 73.

687 Vgl. Dewey (1974), S. 76.

688 Vgl. Dewey (1974), S. 74, 153–154. Dewey vergleicht die Vernunft an dieser Stelle mit der Gerechtigkeit: „Beide begreifen eine wohlausgewogene Verteilung von Denken und Energie in sich" (Dewey (1974), S. 155).

689 Dies explizit als Gewohnheit zu bezeichnen, stellt einen Unterschied zu Rawls' moralischem Vermögen der Vernunft dar.

690 Dewey (1974), S. 154.

691 Dewey (1974), S. 155.

Intelligenz hilft, dass Folgen konkret vollzogener Handlungen adäquat als Folgen gesehen werden können.[692] Zudem sollen durch den Gebrauch der Intelligenz Erfahren und Handeln frei von Schranken sein:

> „As a matter of fact, the pragmatic theory of intelligence means that the function of mind is to project new and more complex ends – to free experience from routine and from caprice. (...) but the use of intelligence to liberate and liberalize action (...) is the pragmatic lesson."[693]

Mit Blick auf das Entstehen einer Öffentlichkeit ist dieses *befreite Handeln in der Gemeinschaft* so entscheidend. Denn nur in der Interaktion mit anderen – in einem Prozess der kooperativen Forschung („process of cooperative inquiry"[694]) – können die Werte entdeckt werden, auf die man aufbauen und nach denen man handeln möchte. Mögliche unterschiedliche Intelligenzquotienten der Einzelnen sind dabei nicht ausschlaggebend. Vielmehr soll das „Niveau (...), auf dem die Intelligenz aller operierte"[695], möglichst hoch sein, um öffentliche Angelegenheiten so gut wie möglich zu beurteilen. Und hierzu muss wiederum Kommunikation (A) einen ganz wichtigen Beitrag leisten.

Mit Blick auf die Hochschulpolitik wird sich in Abschnitt 2.2.4 zeigen, dass eine solche Öffentlichkeit im Deweyschen Sinne noch nicht existiert.

(2.) Organisation der Öffentlichkeit zum praktischen Problemlösen

Hat sich die Öffentlichkeit identifiziert und das gemeinsame Interesse, die wahrgenommenen Folgen zu kontrollieren und sich um ihre Organisation zu kümmern, herausgebildet, steht nun in Teil (2.) folgende Frage im Mittelpunkt: Wie kann sich die identifizierte Öffentlichkeit gemeinsam organisieren, Vertretungsstrukturen einrichten und vor allem gesellschaftspolitische Probleme lösen – im Sinne von praktischem Entscheiden, Wirken und Gestalten?

Dewey selbst erklärt – schematisch und generisch – wie aus der Öffentlichkeit ein politischer Staat entsteht:

> „Diese Öffentlichkeit wird von Repräsentanten organisiert und zur Wirkung gebracht, die als Hüter der Sitten, als Gesetzgeber, Angestellte, Richter usw. sich um ihre besonderen Interessen kümmern, – mit Methoden, die dazu bestimmt sind, die vereinigten Handlungen von Individuen und Gruppen zu regulieren. Dann und insofern verbindet die Assoziation sich mit

---

692 Vgl. Dewey (1996), S. 26.
693 Dewey (1998e), S. 67.
694 Campbell (1998), S. 29.
695 Dewey (1996), S. 175.

einer politischen Organisation und etwas, das eine Regierung sein kann, entsteht: die Öffentlichkeit ist ein politischer Staat."[696]

Ein Staat kann Dewey zufolge nicht unabhängig von der Öffentlichkeit und nur als Agieren der Regierung gesehen werden.[697] Eine demokratische Regierung ist „eine Funktion der Meinung und Gesinnung der Öffentlichkeit"[698]. Dabei muss stets leitend sein, dass die Amtsträger der Öffentlichkeit dem öffentlichen Interesse dienen.[699] Hierfür sind *Experten* notwendig, die in besonderer Verantwortung eine wissenschaftliche Haltung einnehmen und sich systematisch um die weitreichenden Folgen kollektiven Handelns im öffentlichen Interesse kümmern.[700]

> „Die Regierung ist nicht der Staat, denn dieser schließt die Öffentlichkeit ebenso mit ein wie die Regierenden, die mit besonderen Pflichten und Rechten ausgestattet sind. Die Öffentlichkeit ist jedoch in jenen und durch jene Amtspersonen organisiert, die im Namen ihres Interesses handeln."[701]

Doch stellt sich Dewey *erstens* klar gegen eine reine Expertokratie einer intellektuellen Elite. Denn eine solche Elite wäre abgeschnitten von den öffentlichen Bedürfnissen, denen sie verpflichtet ist.[702] Vielmehr rückt er den öffentlichen Verständigungsprozess und Austausch in den Mittelpunkt.[703] Denn Dewey zieht Negativbeispiele heran, wo Macht anstelle eines öffentlichen Verständigungsprozesses im Mittelpunkt steht:

> „Und wie die politische Geschichte zeigt: Macht und Ansehen, welche mit der Verfügung über politische Positionen einhergehen, machen die Herrschaft zu etwas, das um ihrer selbst willen ergriffen und ausgebeutet wird."[704]

---

696 Dewey (1996), S. 44.
697 Vgl. Dewey (1996), S. 69.
698 Dewey (2003), S. 116.
699 Vgl. Dewey (1996), S. 71–72.
700 Vgl. Dewey (1996), S. 29. Hier zeigt sich eine Parallele zu Rawls, der sein Legitimitätsprinzip im Sinne des öffentlichen Vernunftgebrauchs auch zunächst primär auf Amtspersonen bezieht und sie zu legitimer Machtausübung verpflichtet.
701 Dewey (1996), S. 38.
702 Vgl. Dewey (1996), S. 172.
703 Putnam (1997), S. 249 führt aus, die Anwendung der wissenschaftlichen Methode auf die Demokratie meine nicht, alles den Experten überlassen und sich auf sie verlassen zu können. Denn Experten dürften, wenn es um soziale Probleme geht, eben gerade den Menschen nicht sagen, was sie zu tun hätten, sondern vielmehr darauf hinwirken, „ihre Kräfte freizusetzen, damit sie die Fähigkeit erlangen, selbständig zu handeln."
704 Dewey (1996), S. 39.

„....etablierte Macht hat es an sich, sich selbst zu legitimieren."[705]

Eine Regel, deren Befolgung stets einen guten Staat hervorbringen würde, gibt es dabei *zweitens* ebenfalls nicht. Es kann für Dewey nicht a priori gesagt werden, *das genau* ist die Öffentlichkeit, die einen guten Staat hervorbringt. Festgelegt ist nichts, was über die Definition des Staats als organisierte Öffentlichkeit hinausgeht. Denn Bedingungen sind unterschiedlich und verlangen eine andere Herangehensweise. Daher: „Die Bildung von Staaten muß ein experimenteller Prozeß sein"[706] und die Funktionen des Staats müssen „kritisch und experimentell"[707] bestimmt werden. Dies ist, so Dewey, ein komplexes praktisches Problem für die Menschen und umfasst neben dem Wahrnehmen, Anerkennen der Folgen von Handeln in Gruppen und Identifizieren von Quelle und Ursprung die Auswahl von Interessensvertretern, die Bestimmung ihrer Funktionen und das Einsetzen einer Regierung mit Fähigkeiten, die diese zum Wohl der Öffentlichkeit gebrauchen.[708] Wie der Staat genau auszusehen hat, kann nicht von vornherein gesagt werden. Dewey sagt lediglich: „Der Staat ist die Organisation der Öffentlichkeit, die durch Amtspersonen zum Schutz der von ihren Mitgliedern geteilten Interessen bewerkstelligt wird."[709] Die Öffentlichkeit muss sich für Dewey so organisieren, dass der institutionelle Rahmen keinesfalls starr und in alten Formen verhaftet bleibt, sondern vielmehr beweglich von einer experimentellen Herangehensweise geprägt ist.[710] Es bedarf eines Abwägens, wo freiwillige Initiative leitend und die Handlungen dieser überlassen werden kann und wo Regelung durch Öffentlichkeit notwendig wird. Dies kann „nur durch genaue Beobachtung [der Folgen] und reflektierende Nachforschung erkannt werden"[711] und zwar bezogen auf den konkreten Zeitpunkt, den Ort und die Bedingungen. Insbesondere die Experten und verantwortlichen Amtsträger sind hier in der Pflicht. Bezüglich der praktischen Probleme, die die Öffentlichkeit betreffen, geht es Dewey darum, einen ganz bestimmten vorherrschenden Konflikt durch den gemeinsamen Blick auf die sachlichen Folgen einer Handlung so zu lösen, „daß weiteres Handeln in der Gemeinschaft möglich bleibt."[712] Denn die

---

705 Dewey (1996), S. 78.
706 Dewey (1996), S. 42.
707 Dewey (1996), S. 73.
708 Vgl. Dewey (1996), S. 41.
709 Dewey (1996), S. 42.
710 Vgl. Dewey (1996), S. 40.
711 Dewey (1996), S. 162.
712 Correll (1974), S. 17.

Realität ist als ein „Experimentier- und Versuchsfeld"[713] (im Sinne von ‚trial and error') zu sehen, das immer wieder neu bespielt werden muss. Auch ist das praktische Handeln, wie in Abschnitt 2.2.2 zu Deweys Menschenbild erläutert, wesentlich für die Freiheit der Menschen. Dabei soll die gemeinsam angewendete praktische „Methode der kooperativen, experimentellen Intelligenz"[714] helfen.[715] Der Ablauf des praktischen Problemlösens – im Sinne von politischen Entscheidungsprozessen stets ausgerichtet auf Verbesserungen – in einer für Dewey legitimen Art und Weise stellt sich dabei wie folgt dar und basiert auf dem oben dargestellten Ablauf von Forschung in den fünf idealtypischen Stufen:

(1) Ein intelligentes Vorgehen geht *erstens* von einer ganz *konkreten Konfliktsituation* aus, mit denen soziale und politische Gemeinschaften immer wieder konfrontiert sind.[716] Dewey nimmt Bezug auf das Verhältnis von Organismus und Umwelt.[717] Dieses kann in einer konkreten Situation durch einen Konflikt von neuen Impulsen, die aus der Umwelt auf den Organismus einwirken, und einem Verharren in alten, gewohnten Verhaltensformen kurzfristig gestört werden.[718] Die davon ausgelösten, stets in Bewegung befindlichen Triebe streben nach vorne, regen die Phantasie an und geben ihr Gelegenheit zu wirken.[719] Die gewohnten Verhaltensformen wirken mit bekanntem Inhalt und setzen auf Wiederholen und Routine, wobei der Einfluss sozialer Sitten und Bräuche immens ist.[720] Besonders bei kollektivem Handeln – wie wir es in der Hochschulpolitik haben – entstehen solche Konflikte.[721] Dewey führt aus, dass gesellschaftliche Ereignisse in der Regel eine Kombination zweier Elemente darstellen, die oft von Gegensätzen geprägt ist: das statische Rechtssystem als institutioneller Rahmen (= institutionalisierte alte Gewohnheiten) auf der einen und das revolutionäre Vorstreben von Wis-

---

713 Dewey (2010c), S. 103.
714 Dewey (2010b), S. 178.
715 Vgl. Dewey (2010b), S. 200–201, 206.
716 Vgl. Westbrook (2000), S. 349. Correll (1974), S. 11, 14 weist in seiner Einleitung zu Dewey (1974) darauf hin, dass es laut Dewey darum geht, diese immer wieder neu auftauchenden Konfliktsituationen für den Menschen pragmatisch bewältigbar zu machen.
717 Dewey (1974), S. 142–144.
718 Correll (1974), S. 11 betont, dass Dewey zufolge der Mensch gern auf Bewährtes zurückgreift und dies bei Veränderungen in der Umwelt die Konfliktquelle darstellt.
719 Vgl. Dewey (1974), S. 136, 138. Vgl. Dewey (1974), S. 108, wo Dewey darauf hinweist, dass gerade die Jugend noch mit einem Drang zum Experimentieren und Ausprobieren ausgestattet ist. Vgl. Dewey (1974), S. 154, wo Dewey die Vorzüge von mannigfaltigen Trieben hervorhebt.
720 Vgl. Dewey (1974), S. 235. In diesem Zusammenhang sei erwähnt, dass Dewey gerade wieder bei den Erziehungseinrichtungen die wichtige Aufgabe sieht, Jugendliche auf den Umgang mit sozialen Bräuchen vorzubereiten.
721 Vgl. Joas (1987), S. 616 und Dewey (2010b), S. 180.

senschaft und Technik auf der anderen Seite. Das zweite Element ist das, was Wandel vorantreibt und gleichzeitig – illustriert an Deweys Beispiel der wissenschaftlichen Technik – „ein großkalibriger Beleg für die organisierte, aktive Intelligenz" ist.[722] Diese neuen dynamischen Kräfte,[723] die gerade auch geänderte öffentliche Anliegen sein können,[724] sind hierbei eine große Chance.

(2) Der aktiven Kraft der wissenschaftlichen Methode und ihrer Anwendung sind oft die alten Institutionen und Gewohnheiten aus ihrem Umfeld entgegengesetzt. Diese Gewohnheiten können als bereits vorhandene Verhaltensformen hilfreich sein, da sie den Beteiligten damit ein gewisses Wissen bereitstellen.[725] Doch sind sie stets den aktuellen Bedingungen und der Idee entsprechend einzusetzen. Diese Einsicht für das Problem von öffentlichem Interesse in der *aktuellen Situation* ist *zweitens* unbedingt notwendig, oft aber leider noch nicht der Fall.[726] Vielmehr werden Fragestellungen oft schnell als rein technische Probleme angesehen und die gesellschaftspolitische Relevanz dahinter wird verdeckt. Dabei geht es um das spezifische Abwägen von Folgen wie in einem Experiment und der Frage ihrer auch indirekten Auswirkungen. Wunsch nach Neuem, Veränderlichkeit, Experimentierfreude und Abwechslung sind dabei zentral. Dies ist für Dewey gelebte Freiheit.[727] Für die Beteiligten ist hierfür eine offene, experimentelle und kreative Einstellung hilfreich. Dewey motiviert uns dazu. Dies bedeutet, dass vor allem die Antriebskräfte aktiviert werden müssen. Denn durch das Freisetzen dieser Kräfte kann Energie entstehen, um Veränderung nach vorne zu treiben und nicht nur in den gewohnten technokratischen Bahnen zu denken. Und schließlich ist für Dewey keine Institution so grundlegend, als dass sie nicht im Sinne des experimentellen Vorgehens auf mögliche Verbesserungen hin hinterfragt werden darf. Dieser Zielsetzung muss durch entsprechende organisatorische Strukturen Rechnung getragen werden.[728] Die *Intelligenz* nimmt in dieser Situation die wesentliche aufklärerische Funktion wahr: Sie hilft, diesen Prozess des Suchens und Entdeckens bewusst gelenkt und zielgerichtet zu gestalten, indem sie kritisch mögliche Hindernisse entdeckt, sich zurückbesinnt, kombiniert und dann mutig, aber überlegt die Situation nutzt und nach vorne strebt (= an-

---

722 Dewey (2010b), S. 199.
723 Wirkte oft verwirrend, kann aber für Dewey positiv genutzt werden. Vgl. obige Ausführungen zum Menschenbild.
724 Vgl. Dewey (2010b), S. 195 und Neubert (1998), S. 316.
725 Vgl. Dewey (1974), S. 145.
726 Vgl. Dewey (2010b), S. 196 – 197.
727 Vgl. Dewey (1974), S. 226 – 233.
728 Vgl. Dewey (2010b), S. 204 – 205.

gesprochener Dreiklang der intelligenten Methode).[729] Denn es ist notwendig, sich der Folgen des gemeinsamen Handelns bewusst zu sein und sie wahrnehmbar zu machen, sie aber zudem auf ihr Entstehen gedanklich zurückzuverfolgen, um sie intelligent analysieren zu können.[730] Insbesondere den Experten, oft in Person von Amtsträgern, kommt hier eine Aufgabe zu. Sie müssen möglichst alle betroffenen Interessen im Blick behalten – dazu sind verschiedene Wissensträger einzubinden – und Sorge dafür tragen, dass Kooperation tatsächlich erfahrbar wird. Ansonsten kann ein kooperatives Bewusstsein nur schwerlich entstehen.[731] Intelligentes Handeln im Sinne Deweys und eine kooperative Wahrheitssuche sind dann nicht möglich. Mithilfe des kooperativen Bewusstseins ist ein gemeinsames Interesse verbunden, sich systematisch um die Kontrolle der indirekten Handlungsfolgen zu kümmern. Mit Blick auf die psychologischen Grundlagen betont er an dieser Stelle die vermittelnde Funktion der Intelligenz: Die Triebe wären hierzu allein nicht in der Lage und die Verhaltensformen allein würden im Wiederholen feststecken. Die Intelligenz hingegen nimmt die mannigfaltigen Bedingungen auf, kombiniert und plant systematisch nach vorne.[732] In dieser Situation sind bestehende Konflikte, insbesondere widerstreitende Interessen, unbedingt offen und öffentlich darzulegen, um sie klar zu erkennen, zu diskutieren, zu bewerten und wissenschaftlich abwägen zu können. Nur so kann öffentliches Interesse wirklich Berücksichtigung finden.[733]

(3) Einem guten Forscher ist es dann *drittens* möglich, die Folgen vollzogener Handlungen, das heißt vergangener Erfahrungen, nicht nur als Folgen zu erkennen, sondern auch *zukünftiges* Handeln danach auszurichten.[734] Diese Erkenntnis gilt in gleichem Maße für die Mitglieder der Öffentlichkeit allgemein (denn als Wahlbürger sind sie für Dewey auch Amtsträger der Öffentlichkeit[735]) sowie spezifisch für Amtsträger als stellvertretende Repräsentativorgane. Dabei machen genau das Projizieren und Modifizieren des Erfahrenen auf konkrete Situationen, das Ableiten von Handlungsideen (immer mit Blick auf mögliche, kommende Folgen) im Sinne von Hypothesen und das folgende aktive Handeln

---

729 Vgl. auch Dewey (1974), S. 136–137.
730 Vgl. Dewey (1996), S. 41.
731 Vgl. Jörke (2003), S. 190, der nochmals betont, dass Dewey das Gemeinwohl nicht über identische inhaltliche Merkmale definiert, sondern vielmehr ein Bewusstsein gesellschaftlicher Kooperation als entscheidend ansieht.
732 Vgl. Dewey (1974), S. 194.
733 Vgl. Dewey (2010b), S. 198.
734 Vgl. Dewey (1996), S. 26, 162.
735 Vgl. Dewey (1996), S. 74.

intelligentes Agieren aus.[736] Dewey betont, dass ein intelligenter Blick auf die Folgen neben den sachlichen Auswirkungen auch die Wirkungen auf den Charakter umfassen soll. Folgen dürfen also nicht in einem zu engen Sinne gesehen werden.[737] Auf diese Art und Weise können Veränderungen nach und nach stattfinden, wenn die Menschen mithilfe der Intelligenz die Folgen erkennen und sich darauf aufbauend aufmachen, zu reflektieren, zu entdecken und auszuprobieren.[738]

(4) Hierzu ist es *viertens* notwendig, – genau wie beim Blick zurück – die Abwägungen für die Zukunft und die Lösungsideen im Lichte möglichst *aller* Interessen zu diskutieren, alle notwendigen Perspektiven einzubeziehen und im Hinblick auf die Folgen zu beurteilen.[739] Die Vorschläge müssen der Argumentation ausgesetzt und gemeinsam weiterentwickelt werden. Kreativität spielt hier wieder eine entscheidende Rolle – ansonsten können neue Einsichten und Regelungen nicht entstehen. Nur so bietet sich die Möglichkeit, möglichst objektiv und fair die Realität zu evaluieren und perspektivisch Ansätze für die Zukunft der Gemeinschaft zu entwickeln. Dabei geht es – wie bei Rawls – um öffentliches Begründen und Argumentieren. Für Dewey spielen an dieser Stelle Experten beim Identifizieren, Analysieren und Bekanntmachen von Folgen eine wichtige Rolle. Trotzdem müssen die Bürger bzw. allgemein die indirekt Betroffenen mit diesem im Diskurs zur Verfügung gestellten Wissen im Austausch von Gründen reflektieren und kommunizieren, welche Folgen diese Erkenntnisse für die gemeinsamen Angelegenheiten haben.[740] Denn schließlich haben sie oft das faktische Problembewusstsein:

> „Der Mann, der die Schuhe trägt, weiß am besten, daß und wo sie drücken, auch wenn der fachkundige Schuhmacher am besten beurteilen kann, wie den Beschwerden abzuhelfen ist."[741]

---

736 Vgl. Dewey (2010b), S. 180: „Umwandlung vergangener Erfahrung in Wissen und die Projektion dieses Wissens in Vorstellungen und Absichten, die dasjenige antizipiert, was möglicherweise in der Zukunft eintritt und die anzeigt, wie das Erwünschte realisiert werden soll."
737 Vgl. Dewey (1974), S. 52–54.
738 Vgl. Dewey (1996), S. 139, wobei er betont, dass gerade zum Teil Denkgewohnheiten am Anfang hartnäckig sein können.
739 Vgl. Dewey (2010b), S. 198. Anderson (2012), S. 265 verwendet hier den Ausdruck „Gedankenexperiment", indem die im Raum stehenden Lösungen mit Blick auf ihre Konsequenzen durchdacht werden.
740 Vgl. Dewey (1996), S. 174.
741 Dewey (1996), S. 172.

Die Beteiligten selbst müssen wachsam sein, um auf das Handeln im Sinne des öffentlichen Vernunftgebrauchs und die daraus entstehenden Handlungsfolgen zu blicken. Sie müssen Einwände kommunizieren, zum Beispiel „wenn reziprok zu rechtfertigende Ansprüche oder Gründe übergangen wurden"[742]. Damit erinnern sie die Herrschenden, der Pflicht zur Bürgerlichkeit gerecht zu werden und erfüllen zugleich ihre eigene Pflicht. Zivilgesellschaftliche Assoziationen können helfen, damit Mitglieder erstens gemeinsam die Erfahrung des politischen Miteinanders austauschen und zweitens auch als Feedback-Mechanismus Rückmeldung über die Wirkung bestimmter Politiken an die Leitungsebenen geben können:[743]

> „Fehlen solche Assoziationen in der Zivilgesellschaft, wird der Staat blind für die Wirkungen seiner Politik, und die Entscheidungsträger werden immun gegenüber der mit diesen Wirkungen einhergehenden Rechenschaftspflicht, und das selbst dann, wenn der formale Apparat der Demokratie intakt ist."[744]

Freiwillige Organisationen können als Plattform für einen sinnvollen Umgang sowie Einbindung von Experten dienen – hin zu einem Verhältnis gegenseitiger Beratung.[745] Öffentliche Diskussionen sind Dewey zufolge unbedingt positiv, sowohl was das Aufkommen neuer Ideen angeht als auch die signalisierte Offenheit dabei mitzuwirken. Hier kann wieder die Parallele zur Forschung gezogen werden. Wissen entsteht nur, wenn die Forschung so durchgeführt wird, dass alle Betroffenen teilhaben und ihren Teil zur Lösung des gemeinsamen Problems beitragen.[746] Nur wenn das Partizipieren in Debatte, Diskussion und Überzeugung mit Blick auf Methode und Bedingungen gelingt,[747] kann von politischer Legitimation gesprochen werden. Das gemeinsame Experimentieren macht sich dabei die unterschiedlichen Perspektiven und Erfahrungen bei der Interaktion mit den umgebenden Bedingungen zu Nutze.[748] Gleichzeitig ergibt sich so vielmehr ein Ergebnis „des gemeinsamen Wollens (...) als ein Fall blinder Unterordnung"[749]. Dies ist für einen erfolgreichen Kommunikationsprozess in der Hochschulpolitik,

---

742 Forst (2007), S. 262.
743 Vgl. Anderson (2012), S. 267.
744 Anderson (2012), S. 267.
745 Vgl. Campbell (1993), S. 18 – 19.
746 Vgl. Peter (2009), S. 119.
747 Vgl. Dewey (1996), S. 173.
748 Vgl. Peter (2009), S. 120.
749 Anderson (2012), S. 270.

dem nach Dewey politische Legitimation zugesprochen werden soll, von ganz entscheidender Bedeutung.

(5) Der Test der getroffenen Entscheidung muss dann *fünftens* in der gemeinsamen praktischen *Anwendung* geschehen. Dazu müssen die entschiedenen Maßnahmen im Handeln umgesetzt und im Hinblick auf die praktischen, beobachteten und erfahrenen Konsequenzen bewertet werden. Bei nicht zufrieden stellenden Ergebnissen im Sinne ausbleibender Verbesserungen sollen diese ganz in „wissenschaftlichem Geist" als Begründungen dafür angesehen werden, die Maßnahmen zu revidieren, um zu besseren Problemlösungen zu kommen.[750] Denn auch aus der Beobachtung von Folgen können Irrtümer resultieren.[751] Nur im Ausprobieren und möglicherweise wieder Revidieren kann herausgefunden werden, in welchen Fällen der Rückgriff auf vorhandene Verhaltensformen ausreicht und in welchen eine genauere Untersuchung angebracht ist.[752] Für Dewey ist das als ein grundsätzlich offener Prozess zu sehen, der durch das Wechselspiel Theorie-Anwendung möglicherweise so lange revidiert werden muss, bis die konkrete Situation wieder unproblematisch wird.[753] Zur ständigen Verbesserung und zum Einüben der epistemischen Vorgehensweise für Verfahren und Prozesse sieht Dewey genau Demokratie (wie die Wissenschaft: Lösung wissenschaftlicher Probleme durch mehr Wissenschaft und so die Empfehlung als „Kur für die Leiden der Demokratie mehr Demokratie"[754]) als Verkörperung der „zwei für jede Selbstkorrektur relevanten Praktiken: Dissens und Experiment."[755] Für die Amtsträger bedeutet dies nach ihrer Bestimmung als Organisatoren und Vertreter, die Ideen in Handlungen zu überführen und ein konkretes Handlungsprogramm für die Praxis zu formulieren.[756] Den Punkt der Praxistauglichkeit als Maßstab für legitime Maßnahmen rückt Dewey in den Mittelpunkt. Doch auch Rawls hat vor Augen, dass es notwendig ist, eine politische Konzeption erfolgreich in der Praxis umsetzen zu können.[757]

Abschließend bedeutet dies für die Einzelnen, dass sie sich die Ergebnisse auch *wirklich zu eigen machen* und verinnerlichen können und nicht nur rein argumentativ nachvollziehen. Dies geht nur, wenn sie sich emotional auf das

---

750 Vgl. Anderson (2012), S. 265.
751 Vgl. Dewey (1996), S. 39.
752 Vgl. Dewey (1974), S. 210 – 211. Hier zeigt sich dann auch Intelligenz in der Praxis angewandt. Vgl. Stuhr (1998), S. 97.
753 Jörke (2003), S. 213 weist hierauf nochmals hin.
754 Dewey (1996), S. 127.
755 Anderson (2012), S. 276.
756 Vgl. Dewey (2010b), S. 206.
757 Vgl. Rawls (1998), S. 167.

Resultat einlassen können, da sie im Prozess Kooperation erfahren haben und dadurch Vertrauen gewachsen ist.[758] Dass die Amtsträger im Laufe des Prozesses eine besondere Verantwortung haben, dieses kooperative Bewusstsein zu fördern, zeigt sich wiederum. Im Ziel soll bei allen indirekt Betroffenen ein geteiltes Gefühl der Verantwortung entstehen, das Eingang in die Lebensform der Einzelnen findet, und zwar im alltäglichen Leben – in der Lebenspraxis. Denn dieses intelligente Vorgehen, um eine politische Öffentlichkeit in einer Großen Gemeinschaft lebendig zu halten, ist für Dewey unbedingt in Form „gesellschaftlich organisierter Intelligenz"[759] zu leben. Im alltäglichen Interagieren der Experten mit der Öffentlichkeit wie auch der Öffentlichkeit selbst muss Intelligenz von Kooperation geprägt sein, so dass drängende Probleme wirklich als öffentliche Probleme anerkannt und eine Lösung für die konkrete Situation unter Einbezug aller relevanten Informationsquellen und Beteiligten herbeigeführt werden kann.[760] Ansonsten kann nach Dewey nicht von politischer Legitimation gesprochen werden. Denn diese ist – hier nochmals betont – elementar mit der menschlichen Selbstverwirklichung in der Entfaltung der individuellen, mannigfaltigen Potentiale verbunden:

> „Nur durch die Teilnahme an der gemeinsamen Intelligenz und durch die Übernahme der gemeinsamen Absicht, wie sie sich für das Gemeinwohl auswirkt, können individuelle menschliche Wesen ihre wahre Individualität verwirklichen und werden wahrhaft frei."[761]

Dewey sieht die gerade dargestellte methodische Unterstützung der kooperativen Intelligenz als notwendig an, um Gewohnheiten, Sitten und Institutionen so *an die neuen Rahmenbedingungen* anzupassen, dass die dahinterliegenden Werte (Freiheit, Individualität, Intelligenz, Fairness, Kooperation) verwirklicht werden. Er geht hiermit auch über Rawls hinaus, „sich ganz auf den guten Willen der Bürger zu fokussieren"[762]:

> „Das wesentliche Erfordernis besteht (...) in der Verbesserung der Methoden und Bedingungen des Debattierens, Diskutierens und Überzeugens. Das ist *das* Problem der Öffentlichkeit."[763]

---

758 Vgl. Jörke (2003), S. 218.
759 Dewey (2010b), S. 204.
760 Vgl. Neubert (1998), S. 324.
761 Dewey (2010b), S. 164.
762 Schaub (2009), S. 288.
763 Dewey (1996), S. 173.

2.2.4 Zwischenfazit: Politische Legitimation nach Dewey im Hinblick auf die Hochschulpolitik

Nach dieser Darstellung von Deweys zentraler Anforderung nach Öffentlichkeit – was ihre Identifikation wie ihre Organisation im Sinne von Prozessen des legitimen Problemlösens angeht – wurde deutlich, dass in dieser so elementaren Betonung der Öffentlichkeit das Paradigma der Zivilgesellschaft im Hinblick auf politische Legitimation eine zentrale Rolle einnimmt. Bevor in Abschnitt 2.3 die Anforderungen an politische Legitimation mit Blick auf die Hochschulpolitik von Rawls und Dewey zusammengefasst werden, akzentuieren die folgenden Absätze Punkte, die spezifisch von Dewey im Hinblick auf die praktische Fruchtbarmachung besonders relevant sind. Hierzu erfolgt eine Betrachtung der aktuellen Situation in der Hochschulpolitik im Hinblick darauf, inwieweit diese Punkte heute verwirklicht sind.

Dewey gibt uns die Methode des praktischen Problemlösens als sinnvolle Leitschnur für Handeln in der Hochschulpolitik mit. Sie soll zur Gewohnheit werden, um Kooperation in der Gemeinschaft wiederzubeleben und dem zivilgesellschaftlichen Paradigma ausreichend Rechnung zu tragen. Dabei gilt es zu verinnerlichen, dass immer *Handlungsoptionen* als eine Chance zur experimentellen Weiterentwicklung bestehender Institutionen vorhanden sind. Gleichsam festigt Dewey so seine Forderung an die Politik, dass auch sie – und nicht nur die Wissenschaft – sich der kritischen Rationalität unterwerfen soll. Es gilt, „gesellschaftliche Wirklichkeiten im Hinblick auf Ursache und Wirkung und Gesellschaftspolitik im Hinblick auf Mittel und Konsequenzen zu betrachten"[764]. Nur eine derart freie und unvoreingenommene Herangehensweise ist für Dewey legitim.[765] Was die Anwendung bei Entscheidungsverfahren und Gestaltungsprozessen in der Hochschulpolitik anbelangt, ist dies ein klares Plädoyer, Denktabus aufzubrechen[766] und die Kontingenz von Institutionen und institutionellen Regeln in der Praxis zu leben. Denn Dewey ist *zuversichtlich* ob der Veränderbarkeit auf einen besseren Zustand hin. Wenngleich er selbst zugibt, dass sein Vertrauen in das so verstandene intelligente Agieren und Urteilen vielleicht utopisch erscheint,[767] sieht er trotzdem keine Alternative, um zu einer Großen Gemeinschaft zu gelangen.[768] Denn für Dewey reduziert sich Legitimation nicht auf Institutionen und externe Faktoren, sondern es geht um die gemeinsame demokratische Le-

---

764 Dewey (2010b), S. 194.
765 Vgl. Dewey (1991), S. 353.
766 Vgl. Jörke (2003), S. 211.
767 Vgl. Dewey (1998b), S. 342.
768 Stuhr (1998), S. 87 weist darauf hin. Vgl. auch Dewey (1998b), S. 342.

bensform.[769] Damit dies gelingt, sind *Institutionen als Mittel* entsprechend aus-zugestalten. Seine methodische Herangehensweise im Sinne einer Mentalität richtet den Blick darauf, durch kontinuierliches Diskutieren unter Berücksichti-gung unterschiedlicher Perspektiven überein-zukommen, welche Probleme tat-sächlich öffentlich von Interesse sind und wie eine Lösung gelingen kann. Eine Herangehensweise, die für die Hochschulpolitik von wesentlicher Notwendigkeit sein wird und den Funktionsträgern eine besondere Verpflichtung auferlegt.

So gibt uns Dewey für politische Legitimation in der Hochschulpolitik mit, dass sich zunächst eine *Öffentlichkeit* identifizieren muss, um als Basis für die legitime Ausgestaltung von Entscheidungsverfahren und Gestaltungsprozessen zu dienen. Denken wir an die *aktuelle Ist-Situation in der Hochschulpolitik*, so ist die erste Frage, ob sich in Deutschland eine lebendige Öffentlichkeit in Bezug auf die Hochschulen bereits identifiziert hat. Es wird sich zeigen: Aktuell existiert eine solche Öffentlichkeit im Deweyschen Sinne mit Blick auf die gesamtgesell-schaftlichen Interessen noch nicht.

Nach Dewey muss sich eine Öffentlichkeit aus all denen identifizieren, die direkt und indirekt von den Handlungsfolgen betroffen sind. Dies impliziert nicht nur Studierende, Lehrende und Forschende (Professoren auf der einen, Nach-wuchswissenschaftler auf der anderen Seite) sowie Angestellte in der Hoch-schulverwaltung, sondern kann die ganze Gesellschaft betreffen. Wenden wir dies nun auf die aktuelle Situation in der Hochschulpolitik an: Wie bereits mehrfach betont, war diese insbesondere im letzten Jahrzehnt umfangreichen Änderungen ausgesetzt. Blicken wir auf die Finanzierung – in Form diverser Pakte als Pro-jektförderung des Bundes, aber auch die Grundfinanzierung durch die Landes-haushalte –, so werden die Verteilungskämpfe scheinbar ohne eine beteiligte Öffentlichkeit geführt. Wenn wir auf die Landtagswahlkämpfe 2016 in Baden-Württemberg, Rheinland-Pfalz und Sachsen-Anhalt blicken, so war das Thema Hochschulen so gut wie nicht im *öffentlichen Diskurs*.[770] Warum finden diese Debatten nicht statt? Warum müssen sich Hochschulleitungen, Wissenschafts-minister und Hochschulräte diesem kritischen Diskurs mit ihren Hauptgeldgebern nicht stellen? Schon Dewey ist sich allgemeiner Politikverdrossenheit bewusst und der Schwierigkeit, dass politische Angelegenheiten stets starke Konkurrenz durch Bereiche haben, die die Menschen unmittelbarer und mit größerer Freude betreffen. Dennoch ist es notwendig, dass sich eine Öffentlichkeit bildet, die durch ein gemeinsam geteiltes großes Ganzes zusammengehalten wird, ohne in

---

769 Vgl. Dewey (1998b), S. 342–343.
770 Und dies auch in der Zeit, bevor das Thema Flüchtlinge in den Vordergrund rückte.

viele einzelne Öffentlichkeiten zerstreut zu sein.[771] Und dabei ist gerade *Kommunikation* im Sinne von Partizipation insbesondere in lokalen Assoziationen für Dewey der einzige Weg, um das Problem der Öffentlichkeit zu lösen. Denn ansonsten kann ein Gefühl dafür, wie und in welchem Ausmaß Bürger von den Handlungen der Hochschulen betroffen sind, nicht ausreichend entstehen – eine öffentliche Meinung kann sich nicht bilden. Eine Rückkopplung als „Verschränkung von sozialwissenschaftlicher Expertise und demokratischer Partizipation"[772] ist essentiell. Für Dewey muss in der Demokratie die Masse der Menschen stets die Chance haben, die Experten über ihre Bedürfnisse zu informieren. Denn die Experten können diese aus sich heraus nicht kennen. Die Forderung nach Einbindung und Partizipation verbindet Rawls und Dewey. Dewey stärkt Rawls darin, dass eine kommunikative, partizipative, sprich deliberative Demokratie notwendig ist, wenn auch Dewey den Zweck der Selbstverwirklichung viel stärker in den Mittelpunkt rückt. Mit Blick auf legitime Prozesse und Verfahren ist ein Punkt sehr wichtig: Rawls wie Dewey wären falsch verstanden, würde man dies als Plädoyer für direkte Demokratie interpretieren. Vielmehr geht es nicht um Mitbestimmung per se, sondern um *Partizipation*, damit die Beurteilung der allgemeinen Auswirkungen möglich ist. In der Praxis erscheinen Hochschulen aber oft als Black Box: Landesparlamentarier haben einen erhöhten Informationsbedarf[773] und strategische Entwicklungsplanungen über einzelne Einrichtungen hinaus als wissenschaftsstrategische Leitplanken werden nicht in allen Bundesländern mit der gebotenen Intensität gelebt.[774] Die Rolle der Hochschulräte, die mit dem Ziel eingeführt wurden, Bindeglied und Advokat zur Öffentlichkeit darzustellen, darf bezweifelt werden, da oft die institutionenbezogenen Interessen der Wirtschaftsvertreter in diesen Gremien dominieren.[775]

Grundsätzlich sind Hochschulen wie Wissenschaft im Allgemeinen komplex und die kollektiven wissenschaftlichen Erkenntnisprozesse alles andere als trivial zu verstehen.[776] Dewey selbst thematisiert die Problematik der *grundsätzlichen Entrücktheit* der Wissenschaft von der Bevölkerung:

„Für die meisten Menschen, außer den wissenschaftlich Arbeitenden, ist die Wissenschaft ein Mysterium in den Händen von Eingeweihten, die durch das Befolgen ritualistischer Ze-

---

771 Vgl. Dewey (1996), S. 120 – 121.
772 Jörke (2003), S. 217.
773 Vgl. Zabler (2010), S. 95.
774 Vgl. Marettek / Holl (2012), S. 106 – 107 für eine Differenzierung in drei Gruppen von Ländern. In Nordrhein-Westfalen zeigt sich in den letzten Jahren, wie schwer sich die SPD-Grüne-Regierung in diesem Punkt tut. Vgl. Schulze (2013) und Schneidewind (2014).
775 Vgl. Abschnitt 1.3.
776 Vgl. Hinsch (2016), S. N4, der ein Verständnis für Ziele und Art der Steuerung bemängelt.

remonien zu Adepten geworden sind, von welchen der gewöhnliche Haufen ausgeschlossen ist."[777]

Die insgesamt sehr eigene Materie kann den Bürgern nicht leicht näher gebracht werden. Den Medien kommt in dieser Vermittlung eine wichtige Rolle zu. Nida-Rümelin bemängelt, dass die breite Wissenschaftsberichterstattung in Tageszeitungen oft von Oberflächlichkeit sowie Voreingenommenheit und fehlender Fachkenntnis geprägt ist. Dies verstärke die ohnehin existierende Skepsis gegenüber einer Selbstisolierung der Wissenschaft. Er verbindet dies – im Zuge einer integrativen Wissenschaftsethik – mit der Forderung an die Wissenschaft selbst, sich für eine sachgerechte Information der Öffentlichkeit verantwortlich zu fühlen, indem Transparenz und Eindeutigkeit öffentliche Auftritte prägen und zum Beispiel journalistische Berichterstattung wissenschaftlich begleitet wird.[778] Im Zusammenhang mit dieser allgemeinen Entrücktheit ist ein ganz anderer Unterschied beispielsweise zu den USA zu nennen. Dort ist die Einbettung der Hochschulen in die Gesellschaft allein schon durch das Auftreten der amerikanischen Universitäten in Sport und Kultur sicher gestellt. Die Hochschulen haben ihren Stellenwert als Weiterbildungseinrichtung und Ideenschmiede für Start-ups bis hin zu von der Hochschule vermittelnden Engagements der Studenten in sozialen Projekten in der Nachbarschaft.[779]

Was hat sich nun aber wirklich verändert, das das Erkennen als Öffentlichkeit mit Blick auf die Hochschulen in Deutschland so erschwert? Zwei Aspekte sind zu nennen: Dewey ist sich der Schwierigkeit bewusst, dass sich eine Öffentlichkeit nur schwer gewahr werden kann, wenn die indirekten Folgen so umfassend und *komplex* miteinander verschlungen und technisch spezialisiert und daher als Folgen assoziierten Handelns schwer zu erkennen sind. Unter den Bedingungen von Konkurrenz und Marktparadigma und einer neuen Art von Wettbewerb ist die Komplexität und Ausdifferenzierung in der Hochschulpolitik durchaus stärker geworden. Dies zeigt sich im Streben nach Profilierung und Ausdifferenzierung einzelner Einrichtungen sowie in unterschiedlichen Förderinstrumenten, zum Teil gefühlt mit mangelhafter Koordinierung bzw. einer gefühlten Scheu auf das große Ganze zu blicken. Dies lässt an verschiedenen Stellen eher mehrere Öffentlichkeiten entstehen, so dass ein „allgemein anwendbarer Beurteilungsmaßstab praktisch unmöglich wird."[780] Hier denkt man vor allem an einzelne

---

777 Dewey (1996), S. 140.
778 Vgl. Nida-Rümelin (2005), S. 852–853.
779 Wiarda / Spiewak (2016), S. 66 ziehen diesen Vergleich zu den USA.
780 Dewey (1996), S. 118.

Lehrstühle bei Verteilungskämpfen innerhalb der Hochschule, einzelne Hochschulen im Wettbewerb, fast schon abgekapselte Exzellenzcluster, aber genauso an die Verbünde spezifischer Hochschularten mit gemeinsam geteilten Interessen wie ‚TU9' als Allianz führender Technischer Universitäten oder ‚German U15' als Interessenvertretung von fünfzehn forschungsstarken Universitäten.[781] Die Beteiligten werden von ihren unmittelbaren Betätigungen und Belangen, wo sie sich indirekt von den Folgen betroffen fühlen und das Verlangen haben, sich zu organisieren und zu kümmern, so stark ‚vereinnahmt', dass dies den Blick „in einem integrierten Ganzen"[782] als Öffentlichkeit erschwert. Neben dieser allgemeinen Verkomplizierung ist ein zweiter Aspekt zu nennen, der negativ wirkt: Hochschulen waren in den letzten Jahren verstärkt mit Betrugsfällen in der Presse, allen voran die medial aufgebauschten Politiker-Plagiatsaffären.[783] Daneben dominiert die Konkurrenz untereinander um Posten, Fördermittel, Preise oder ‚die besten Köpfe' wie nie zuvor. Dies unterminiert in der öffentlichen Wahrnehmung in gewisser Weise die Überzeugung kollektiver Wahrheitssuche als lange andauerndes, gemeinschaftliches, generationenübergreifendes Projekt kollektiven Strebens.[784] An dieser Stelle wird deutlich, dass sich etwas verändert hat hin zu einem widersprüchlichen Bild, das der Öffentlichkeit nicht gerade Vertrauen in Hochschulen und Wissenschaft gibt:

> „Einerseits geben sich Hochschulen und Akademien weiterhin als der generationenübergreifenden Wahrheitssuche und Problemlösung verpflichtet. Andererseits definieren sie ihren eigenen Erfolg gegenüber Geldgebern anhand von kurzfristig nachprüfbaren Siegen im Wettbewerb um Fördermittel, Studierende und berühmte Forscher und über den wirtschaftlichen Ertrag, den die Erkenntnis bei ihrer Umwandlung in Technologien den jeweiligen Gesellschaften vermeintlich sehr bald verspricht."[785]

Die Gesellschaft nimmt es oft so wahr, dass die Personen in den Hochschulen primär ihren eigenen individuellen Erfolg, bestenfalls zusammen mit der Ranking-Position ihrer Einrichtung, im Blick haben. Lässt sie dies nicht irgendwann nachdenklich stimmen mit Blick auf die öffentliche Finanzierung?[786]

---

781 Auch innerhalb der Hochschulrektorenkonferenz zeigten sich zeitweise regelrechte Grabenkämpfe, die die Hochschulen nicht mit einer Stimme sprechen ließen. Vgl. Burchard (2014).
782 Dewey (1996), S. 120.
783 Vgl. Grabitz (2011), S. 10 und Seibold (2014), S. 5.
784 Vgl. Hampe (2016), S. 44.
785 Hampe (2016), S. 44.
786 Vgl. auch das Thema Abschaffung von Studiengebühren, das die Hochschulfinanzierung betreffend immer wieder diskutiert wird. Vgl. Nida-Rümelin (2009a), S. 358 und Kerstan (2015).

„Die Frage ist, inwiefern eine Öffentlichkeit, die den Bekundungen von Vertretern wissenschaftlicher Institutionen, langfristigen Wahrheitsinteressen zu folgen, nicht mehr traut, noch bereit sein wird, die entsprechenden Institutionen zu alimentieren. Ein Wissenschaftssystem, das von auf Konkurrenzerfolg geeichten Individuen getragen werden soll, wird deshalb nicht nur seinen Sinn verlieren, sondern vermutlich auch seine finanzielle Basis in der öffentlichen Hand."[787]

So ist die Frage: Kann diese Identifikation als eine Öffentlichkeit mit Blick auf das große Ganze im Sinne Deweys nun vielleicht gar nicht gelingen, wenn wir die Veränderungen ansehen? Hinsichtlich des von ihm zu beobachtenden Rückzugs der Wissenschaftler aus der Öffentlichkeit kritisiert der Medienwissenschaftler Pörksen in seiner Stellungnahme im Rahmen der Zeit-Serie ‚Wo seid ihr, Profs?' die Anreize des „fortwährenden Zählens und Messens"[788] im Sinne der dargestellten *Pseudo-Ökonomisierung* als eine Ursache.[789] Gerade bezogen auf die deutschen Geistes- und Sozialwissenschaften stellt er seine Frage:

„Wo liegen die Ursachen für die Selbstkastration einer kritischen Intelligenz, die gerade jetzt – in Zeiten der Krisen und des Klimawandels, der geopolitischen Verwerfungen und der Terrordrohungen – so nötig und nützlich wäre?"[790]

Damit skizziert er eine zugleich klare und erschreckende Folge der Selbstabschottung der Wissenschaft mit Blick auf die Identifikation als Öffentlichkeit:

„Es ist ein verborgenes Plädoyer für die Selbstabschottung des Systems und eine Anleitung zur geistigen Bravheit, das diese Initiation in die wissenschaftliche Lebensform begleitet. Das Engagement für die Politik vor Ort, die kritische Stellungnahme, die entschiedene Zuspitzung haben hier keinen Platz."[791]

Es existiert das Problem, dass Hochschulpolitik verstärkt technokratisierte Formen angenommen hat.[792] Ein Beispiel ist die gerade erwähnte Mentalität des Zählens und Messens. Darüber hinaus zeigt das Beispiel der Diskussion in der Nachfolge der Exzellenzinitiative, wie der öffentliche Diskurs um die dahinterstehenden Ideen und Folgen – als Voraussetzung für ein Erkennen als Öffentlichkeit – oft ausgespart wird. Stattdessen liegt der Schwerpunkt immer gleich auf

---

787 Hampe (2016), S. 44.
788 Pörksen (2015), S. 57.
789 Also genau das, was sich bei den allgemein zustimmbaren Regeln in Abschnitt 2.1.4 zu Rawls als kritisch herausgestellt hat.
790 Pörksen (2015), S. 57.
791 Pörksen (2015), S. 58.
792 Vgl. Bultmann (1999), S. 11.

den – eben dann auch technokratisch anmutenden – Verfahren und Prozessen. Aufgrund von Aktualität und Anschaulichkeit sei dies kurz erläutert. Bund und Länder hatten im September 2014 eine internationale unabhängige Expertenkommission eingesetzt und mit der Evaluation der Exzellenzinitiative und ihrer Auswirkungen auf das deutsche Wissenschaftssystem beauftragt. Diese legte im Januar 2016 einen Evaluationsbericht vor, der eine Schwachstellenanalyse sowie Anregungen für die Weiterentwicklung enthielt.[793] Diskussionswürdig ist unter anderem die Aussage, dass Universitäten am Ende ihre Legitimation gegenüber der Öffentlichkeit (nur) aus der Qualität von Forschung und Lehre beziehen.[794] Denn Legitimation kann nach Dewey eben nur gelingen, wenn sich eine Öffentlichkeit auch von den indirekten Handlungsfolgen betroffen fühlt. Aber die anschließend entfachte Diskussion ist ein gutes Beispiel für eben jene Technokratisierung, die vor allem Instrumente und Mittel ins Zentrum rückt. Am Ende wurde die Diskussion – zumindest in der öffentlichen Wahrnehmung – auf die Zahl zugespitzt, wie viele Exzellenzuniversitäten nun dauerhaft von Bund und Ländern gefördert werden können. Es erschien wie eine Konzentration der Diskussion auf die Person der Hamburger Wissenschaftssenatorin, die vor allem Angst hatte, ‚ihre' Universität Hamburg könnte bei den Exzellenzuniversitäten nicht vertreten sein. Wenn auch dadurch das Thema Hochschulen zumindest teilweise in den Zeitungen auftauchte, so stand der machtpolitische Verteilungskampf zwischen den Bundesländern, medial scheinbar attraktiver, und nicht die zu diskutierenden Ideen hinter den Instrumenten, insbesondere was die Zukunft des Hochschulund Wissenschaftssystems angeht, im Mittelpunkt. Um den Bürgern sachlich die Folgen der angeregten Maßnahmen darzulegen und sich als Öffentlichkeit mit Blick auf die Hochschulen zu identifizieren, war dies auf jeden Fall nicht gerade förderlich. In eingeweihten Kreisen – eigenen Öffentlichkeiten – wurden dabei sehr wohl Alternativen diskutiert und Umsetzungsmöglichkeiten erarbeitet, wie beispielsweise in der Schriftenreihe „Wissenschaftspolitik im Dialog" der Brandenburgischen Akademie der Wissenschaften. Aber die grundlegende Verständigung auf das, was dahinter steht, war öffentlich schwer wahrnehmbar und die Folgen, die damit verbunden sind, umso mehr.

Es wäre nach Dewey keine Entschuldigung, sich unter diesen Bedingungen nicht um eine Öffentlichkeit zu bemühen. Vielmehr ist es gerade *unter den jetzigen Bedingungen* dringend notwendig, Gestaltungsprozesse und Entscheidungsverfahren durch eine lebendige Öffentlichkeit zu fundieren, denn die indirekte Betroffenheit zeigt sich vielleicht so deutlich wie noch nie zuvor. Insbesondere die

793 Vgl. IEKE (2016).
794 Vgl. IEKE (2016), S. 20.

Änderungen, die die neue sogenannte *Exzellenzstrategie* mit sich bringt, sind alles andere als unwesentlich. Doch der Blick auf die jetzigen Bedingungen geht darüber hinaus und sei zum Abschluss an folgenden *Fragen* illustriert:

Bilden Innovation und Erkenntnis, die rund um die Hochschulen entstehen, nicht die Grundlage für die Weiterentwicklung unserer Gesellschaft? Welche Hochschul- und Wissenschaftslandschaft wird dafür als erstrebenswert angesehen? Verlangen nicht gerade drei Grundsatzentscheidungen im Jahr 2016 nach einem öffentlichen Diskurs?[795] So ist die Frage nach dem Verhältnis von Lehre und Nachwuchsförderung im Vergleich zur universitären Spitzenforschung doch eigentlich offenkundig. Für die *Exzellenzstrategie* nehmen Bund und Länder insgesamt 533 Millionen Euro pro Jahr in die Hand und es ist eine dauerhafte Förderung möglich,[796] wohingegen mit dem Wegfall der Förderung der Graduiertenschulen in der neuen Exzellenzstrategie genau wieder der Aspekt der Nachwuchsförderung geschwächt worden ist. Für das *Programm zur Förderung des wissenschaftlichen Nachwuchses* stehen jedoch nur 1 Milliarde Euro für fünfzehn Jahre zur Verfügung. Dabei wäre dies doch der Ansatzpunkt, um wirklich innovative Forschung zu erreichen. Entspricht es der öffentlichen Meinung, nur so viel in die Nachwuchsförderung zu investieren oder ist das nicht nur „mit rund tausend Tenure-Track-Professuren (...) ein Tropfen auf den heißen Stein"[797]? Die Förderinitiative *Innovative Hochschule* (550 Millionen Euro für zehn Jahre) ist nun dazu gedacht, Zielgruppen der Zivilgesellschaft näher an die Hochschulen heran zu bringen, seien es Schulen, Bürgerinitiativen, oder andere. Wissenstransfer und Regionalförderung sollen gefördert werden im Sinne der ‚dritten Mission'. Hätte das nicht ein Anknüpfungspunkt sein können, um im öffentlichen Dialog ein stärkeres Gefühl für die Bedeutung der Hochschulen als Motor für die Zukunftsfähigkeit einer Region zu schaffen?

Noch viel gewichtiger – mit Blick auf die indirekte Betroffenheit – erscheint die Tatsache, dass so viele Studierende an deutschen Hochschulen eingeschrieben sind wie nie zuvor.[798] Gerade im Bereich Lehre könnte deshalb die indirekte Betroffenheit vom Großteil der Bürger immer stärker wahrgenommen werden in Anbetracht des hohen Anteils an jungen Menschen, die studieren. Eigentlich könnte dies dazu führen, dass die Themen wie Qualität der Lehre, Studierbarkeit, Betreuungsrelationen und Abbrecherquoten stärker in den Fokus kommen. Bei

---

795 Auch im Vorfeld der Umsetzung des Bologna-Prozesses fehlte diese ehrliche Diskussion in der Öffentlichkeit.

796 Vorausgesetzt die alle sieben Jahre stattfindende Evaluation verläuft positiv. Vgl. Bundesministerium für Bildung und Forschung (2016a).

797 Thiel (2016), S. N4.

798 Vgl. FN 197 in Kapitel 1.

aller Kritik, die im Hinblick auf einen „Akademisierungswahn"[799] und die Folgen für die Zukunft der akademischen und beruflichen Bildung als berechtigt eingeschätzt wird, könnte dies doch ein Anknüpfungspunkt für das Erkennen als Öffentlichkeit sein. Vielleicht ist eine zu starke Fokussierung auf die Forschung ein Aspekt, der es der Öffentlichkeit erschwert, sich mit Hochschulen in ihrem Gesamtkontext zu identifizieren. Dabei könnte gerade die Kopplung von Forschung und Lehre elementar für die Verbindung Hochschulen – Gesellschaft genutzt werden.[800]

Das bedeutet, ein Wir-Gefühl im Sinne eines kooperativen Verantwortungsgefühls basierend auf einer geteilten Idee der institutionellen Ausgestaltung der Hochschulpolitik ist gerade jetzt unter diesen Bedingungen notwendig. Gerade jetzt muss erreicht werden, dass „(...) die Folgen verbundenen Handelns wahrgenommen werden und ein Gegenstand von Wünschen und Bestrebungen werden (...)"[801]. Ansonsten hat die Öffentlichkeit, wenn wir Dewey ernst nehmen, keine Chance, sich zu identifizieren und eine soziale Demokratie in einer Großen Gemeinschaft Realität werden zu lassen.

2.3 Zusammenfassung: Politische Legitimation nach Rawls und Dewey

Der folgende Abschnitt fasst die normativen Kern-Anforderungen für politische Legitimation nach Rawls angereichert um Dewey zusammen, die in 2.1 und 2.2 erarbeitet wurden. Die Zwischenfazits je Theoretiker (Abschnitte 2.1.4 und 2.2.4) haben den Blick in Richtung Fruchtbarmachung für die Praxis der Hochschulpolitik gerichtet, wobei der Fokus vor allem auf der Ist-Situation lag. An dieser Stelle wird gebündelt verdeutlicht, wie Rawls und Dewey ineinander spielen, wie Dewey Rawls anreichert und was Nida-Rümelin in dieser Kombination beitragen kann. Der Fokus liegt dabei auf der Theorie, bevor Kapitel 3 praktische Implikationen für die Hochschulpolitik aufzeigt.

---

799 Nida-Rümelin (2014).
800 Die Verkopplung von Forschung und Lehre an den Universitäten ist für Nida-Rümelin das „vielleicht wirksamste Bindeglied zwischen Wissenschaft und Gesellschaft". Vgl. Nida-Rümelin (2005), S. 853.
801 Dewey (1996), S. 131

Hierfür lassen sich drei normative Anforderungen mit Blick auf politische Legitimation zusammenfassen:

(1) Die Basis politischer Legitimation bildet eine lebendige *Öffentlichkeit*.

(2) Gemeinsam akzeptierte *Regeln* können auf dieser Basis, getragen von einem Konsens über das zugrunde liegende *Ethos*, Gestaltungsprozesse und Entscheidungsverfahren in der Hochschulpolitik prägen.

(3) Eine grundsätzliche Kontingenz und Weiterentwicklung institutioneller Organisation ermöglicht und erfordert zugleich, die wissenschaftliche Mentalität zu *leben*.

Die Basis politischer Legitimation bildet eine lebendige Öffentlichkeit

Im Mittelpunkt dieses Buchs steht, Gedankenschärfe zu liefern, wie in Gestaltungsprozessen und Entscheidungsverfahren dem Legitimationserfordernis Rechnung getragen werden könnte. Will man aber ernsthaft politische Legitimation in der Demokratie verwirklichen, so erschöpft sich diese nach der Kombination von Rawls und Dewey *nicht* in Prozessen und Verfahren. Vielmehr muss sich im Sinne des Zivilgesellschaftsparadigmas zuerst eine lebendige Öffentlichkeit als Basis identifizieren – hier mit Blick auf die Hochschulpolitik. Hat sie sich entdeckt, kann darauf die Organisation der Öffentlichkeit aufbauen – dies kommt in den darauf folgenden Abschnitten zum Ausdruck.

Für Rawls bringt das spezifische Öffentliche den Blick auf den anderen zum Ausdruck und bildet eine Basis seines öffentlichen Vernunftgebrauchs. In Kombination mit Dewey geht es insbesondere darum, dass die Bürgerschaft ein positives Gefühl den Hochschulen gegenüber entwickelt, indem sie sich bewusst wird, in welchem Ausmaß sie von den indirekten Handlungsfolgen betroffen ist. Dass ein gemeinsames Interesse und Verantwortungsgefühl ihnen gegenüber zur Kontrolle der indirekten Folgen entstehen kann – gerade in Zeiten, in denen die Umwelt und die sich ergebenden indirekten Handlungsfolgen umfassender und komplizierter geworden sind. Denn wie in der Beschreibung der Ist-Situation dargestellt, ist dieses Bewusstsein als Öffentlichkeit aktuell nicht mehr vorhanden. Dabei wäre dies wichtiger denn je: Wenn man es den marktparadigmatisch orientierten Akteuren wie dem Centrum für Hochschulentwicklung und der dahinter stehenden Bertelsmann Stiftung überlässt, den Diskurs zu dominieren, trägt dies der Bedeutung der Hochschulpolitik nicht ausreichend Rechnung. Denn: „Keine Demokratie ohne politische Öffentlichkeit."[802] Zumal es um eine Identifikation der Öffentlichkeit als Gemeinschaft geht – trotz bzw. gerade in

---

[802] Nida-Rümelin (2013), S. 211.

(pseudo-) marktparadigmatischen Zeiten. Nur in einer identifizierten, lebendigen Öffentlichkeit, die sich als Gemeinschaft versteht, kann ein gemeinsames Ethos (im Sinne eines kooperativen Bewusstseins) entstehen und verinnerlicht werden.[803] Erfahren von Partizipation ist dabei ganz entscheidend. Funktioniert die Öffentlichkeit wie von Dewey erhofft, nähert sie sich seinem Ideal einer Großen Gemeinschaft an.

Daher gilt es, den *öffentlichen Diskurs* im Sinne von öffentlichem Geben und Nehmen von Gründen wieder zu beleben und Fragestellungen in diesen zurückzugeben. So kann eine umfassende Perspektive im Sinne eines gemeinsamen Verständnisses für die aktuellen Problemsituationen und Ausgangslagen erlangt werden – hin zu normativen Kriterien zur Beurteilung einer legitimen Hochschulpolitik. Dann kann ausgehend von den indirekten Handlungsfolgen für alle Beteiligten auch gemeinsam Verantwortung übernommen werden. Denn:

> „Solange die Profitinteressen mächtig sind, und keine Öffentlichkeit sich selbst gefunden und erkannt hat, werden die Träger dieses Interesses ungehindert danach streben, die Triebfedern des politischen Handelns, in allem, was diese beeinflussen kann, zu manipulieren."[804]

Dabei ist es doch so entscheidend, auch die indirekt Betroffenen – gerade bei Themen der Gesamtentwicklung der Gesellschaft – mit in eine gewisse Verantwortung für dieses Wissen zu nehmen:

> „Es entspricht dem Ethos der Aufklärung, Wissen allgemein zugänglich zu machen und die Verantwortung für den richtigen Umgang mit diesem Wissen nicht in toto bei denen zu belassen, die dieses Wissen erarbeitet und zur Verfügung gestellt haben."[805]

Ohne eine lebendige Öffentlichkeit wird dem Paradigma der Zivilgesellschaft nicht ausreichend Rechnung getragen. Eine aktive Bürgerschaft ist vonnöten mit einer „Bereitschaft (...) sich politisch zu engagieren, Loyalitätsbindungen einzugehen und das Politische zum integralen Bestandteil der eigenen Lebensform zu machen (...)"[806]. Denn das Zivilgesellschaftsparadigma kennzeichnet sich eben genau als Kooperationsnetzwerk, charakterisiert durch Freiwilligkeit, Öffentlich-

---

803 Vgl. Nida-Rümelin (2005), S. 836 für ein Verständnis eines Ethos als „ein grundsätzlich empirisch zugängliches, normatives Gefüge aus Rollenerwartungen, Gratifikationen und Sanktionen, handlungsleitenden Überzeugungen, Einstellungen, Dispositionen und Regeln, die die Interaktionen der betreffenden Referenzgruppe, in der dieses Ethos wirksam ist, leiten."
804 Dewey (1996), S. 154.
805 Nida-Rümelin (2005), S. 850.
806 Nida-Rümelin (1999), S. 19.

keit und Gemeinschaftlichkeit sowie den damit einhergehenden Verpflichtungen.[807] Ohne eine identifizierte lebendige Öffentlichkeit gelingt das Entstehen und Verinnerlichen eines gemeinsamen Ethos – vgl. nächster Abschnitt – nicht. Die Hintergrundkultur als Kultur der Zivilgesellschaft muss hierfür unbedingt in den Blick genommen werden. Hier wird Dewey zur Anreicherung von Rawls, der in seiner politischen Konzeption nur die Grundstruktur fokussiert.

Gemeinsam akzeptierte Regeln können auf dieser Basis, getragen von einem Konsens über das zugrunde liegende Ethos, Gestaltungsprozesse und Entscheidungsverfahren in der Hochschulpolitik prägen
Grundsätzlich wäre es wünschenswert, kollektiven Entscheidungen in der Hochschulpolitik über allgemeine Zustimmbarkeit Legitimation zu verleihen. Die Akteure sollen sich in ihrem Handeln, ihren Verfahren und Entscheidungen durch den öffentlichen Vernunftgebrauch leiten lassen, so dass es allen am Diskurs Beteiligten beim Austausch von Gründen möglich ist, diese öffentlichen Begründungen nachzuvollziehen, sie sich zu Eigen zu machen und ihnen zuzustimmen. Dies gibt uns Rawls im Hinblick auf politische Legitimation mit. Gleichzeitig betont er, wie dargestellt, dass das eigentlich Legitime in *einvernehmlichen Regeln und Entscheidungsverfahren* liegt, gerade dann, wenn inhaltliche allgemeine Zustimmbarkeit nur schwer erreicht werden kann. Beispielsweise da das übersteigerte Konkurrenzdenken zwischen den einzelnen Hochschulen alles überlagert und eine sachliche Diskussion beinahe unmöglich macht. Gewisse „Kooperationsregeln"[808] bzw. „kooperations-konstitutive (...) Regeln"[809] werden notwendig. Dies sind Interaktionsregeln im Sinne von sogenannten *sekundären Regeln* (= Teil (1) einer strukturellen Konzeption kollektiver Rationalität) als Begriff, den Nida-Rümelin im Rückgriff auf Hart verwendet.[810] Auf diese Regeln müssen sich die Akteure einigen. Beachten wir hierzu die Überlegungen insbesondere von Rawls, so soll der Vorschlagende stets bedenken, dass er in der Situation der Anderen die von ihm vorgeschlagenen Regeln auch akzeptieren würde. Vernünftige Bürger sind bereit, wie Nida-Rümelin betont, „nur

---

807 Vgl. Özmen (2013), S. 111.
808 Nida-Rümelin / Özmen (2011), S. 55.
809 Nida-Rümelin (1999), S. 197.
810 Vgl. Nida-Rümelin (1999), S. 19, 93, 97, der unter Rückgriff auf Hart (1967) von den sogenannten sekundären Regeln als Festsetzung, durch welches Verfahren Legitimation erreicht werden kann, spricht.

solche Kooperationsregeln vorzuschlagen, von denen sie allgemeine Akzeptanz erwarten und die sie selbst zu berücksichtigen bereit sind."[811]

Dies impliziert als Basis die Forderung nach einem Minimalkonsens über das zugrunde liegende Ethos – bezogen auf die Akzeptanz sekundärer strukturbezogener Regeln.[812] Denn auch durch Interaktionsregeln in demokratischen Entscheidungsverfahren bleibt in der Regel ein inhaltlicher Dissens.[813] Sekundäre Regeln müssen sich in der Demokratie daher durch einen informellen normativen Konsens auszeichnen. Ein solcher ist vonnöten, um Stabilität zu ermöglichen[814] und zudem – dies betont Dewey ebenso wie Rawls – vor dem Hintergrund „einer möglicherweise gegebenen Überforderung der Praxis (Handlung) bzw. demokratisch betriebener Forschung"[815]. Denken wir an Rawls' überlappenden Konsens, so stellt der Minimalkonsens hier keinen inhaltlichen im Rawlsschen Sinne dar. Vielmehr soll Einigkeit auf einer allgemeinen Ebene erreicht werden – als Minimalkonsens, dem unter Gebrauch ihrer Vernunft alle Beteiligten zustimmen können.[816] Als „allgemeine[r] (...) Konsens höherer Ordnung"[817] bezieht er sich auf die Regeln, die Gestaltungsprozesse und Entscheidungsverfahren prägen. Das heißt, obwohl nicht alle die gleichen inhaltlichen Werte (zum Beispiel im Sinne ihrer umfassenden Lehre) teilen, soll ein normativer Minimalkonsens existieren bezogen auf die Regeln, die „einen zivilen Austrag von Interessenkonflikten und Kooperation (...) ermöglicht."[818] Dieser ist ein normativer Grundkonsens über strukturelle Merkmale der Entscheidungsfindung. Dabei ist das Kennzeichen eines solchen informellen Grundkonsenses der normative Charakter politischer Entscheidungsverfahren.[819] Es erfolgt eine vernünftige Einigung auf gewisse allgemein verbindliche strukturelle Merkmale der Entscheidungsfindung, auch wenn sie die eigene individuelle Optimierung einschränken.[820] Daher ist zusätzlich zu den strukturellen Regeln als Basis eben ein *normativer Konsens über das zugrunde liegende Ethos* notwendig (= Teil (2) einer strukturellen Konzeption kollektiver Rationalität). Dieses Ethos definiert normative Bedingungen, trägt die

---

811 Nida-Rümelin / Özmen (2011), S. 55.

812 Vgl. auch Nida-Rümelin (1999), S. 182–183.

813 Vgl. Nida-Rümelin (1999), S. 98.

814 Denn die Stabilität demokratischer Institutionen kann auf Dauer nur garantiert werden kann, wenn die Institutionen „von einem gemeinsamen Ethos der Kooperation getragen werden" (Nida-Rümelin (1999), S. 7).

815 Wernecke (2010), S. 34.

816 Vgl. Özmen (2013), S. 127.

817 Nida-Rümelin (1999), S. 98. Vgl. auch Nida-Rümelin / Özmen (2011), S. 53.

818 Nida-Rümelin (1999), S. 189.

819 Vgl. Nida-Rümelin (1999), S. 100.

820 Vgl. Nida-Rümelin (1999), S. 99 und Özmen (2013), S. 127.

demokratische Ordnung[821] und hilft, strukturelle Rationalität handlungswirksam zu etablieren.

Dabei soll dieses Ethos unbedingt vom normativen Ernstnehmen und einer Orientierung an Kooperation im Sinne von Kooperationsbereitschaft, Fairness und Respekt geprägt sein. Stehen diese als politische Normen auch in der Hochschulpolitik im Mittelpunkt, nehmen wir Rawls' zentrale Verpflichtung zu einem fairen System sozialer Kooperation ernst und betten dabei die für Dewey so zentrale demokratische Lebensform ein. *Kooperation* als eine „Kooperation höherer Ordnung"[822] – losgelöst vom isolierten Einzelfall, als Basis einer Praxis der Entscheidungsbegründung[823] – soll Teil des gemeinsamen Ethos sein und in den Akteuren wachsen, so dass sie ihr eigenes Handeln leichter am Anerkennen von Kooperationsprinzipien ausrichten können, indem sie diese gemeinsam akzeptierte moralische Regel verinnerlicht haben.[824] Dann sind faire Regeln der Kooperation leichter einzuhalten. Nida-Rümelin spricht vom „Ethos der Kooperation"[825], welches hier die vermittelnde Bedeutung für die deutsche Hochschulpolitik darstellt, die sowohl dem Staats- als auch dem Zivilgesellschaftsparadigma Rechnung tragen will – im Sinne einer „wechselseitigen Stützung institutioneller Strukturen und zivilgesellschaftlicher Praxis."[826] So kann Legitimation gestiftet werden. Es gilt hierfür, die Gewohnheit gelebter Kooperation als wissenschaftliche Mentalität zu verinnerlichen, auch in der Organisation zu verwirklichen, um Demokratie tatsächlich als humane Lebensform Realität werden zu lassen[827] und für den Einzelnen persönliches Wachstum zu ermöglichen.[828] An dieser Stelle ist Dewey eine treffende Anreicherung für Rawls. Ohne Kooperationsbereitschaft ist zivilgesellschaftliche Interaktion im Sinne des gerade für die Hochschulpolitik so relevanten Paradigmas der Zivilgesellschaft nicht möglich.[829] Kooperation kommt dabei genau dann zum Ausdruck, wenn Differenzen eben nicht eingeebnet werden, sondern lediglich die bestehenden Hand-

---

821 Vgl. Nida-Rümelin (1999), S. 98.

822 Nida-Rümelin (1999), S. 165.

823 Vgl. auch Nida-Rümelin (2013), S. 64–65.

824 Vgl. Nida-Rümelin (1999), S. 200: „Diese Regeln legen Verfahren der kollektiven Entscheidungsfindung fest, die bei allen Differenzen der Meinungen, Wertungen und Interessen politische Handlungsfähigkeit sicherstellen."

825 Nida-Rümelin (1999), S. 7.

826 Nida-Rümelin (1999), S. 7.

827 „Democracy is the belief that even when needs and ends or consequences are different for each individual, the habit of amicable cooperation – which may include, as in sport rivalry and competition – is itself a priceless addition to life" (Dewey (1998b), S. 342).

828 Sozusagen „inherent in the democratic personal way of life" (Dewey (1998b), S. 342).

829 Vgl. Nida-Rümelin (1999), S. 189.

lungsoptionen durch gemeinsam akzeptierte Regeln eingeschränkt werden.[830] Das heißt, Differenzen, die sich – wie im beispielhaften Politikfeld – aus einem immer stärker marktparadigmatisch geprägten Hochschulwesen mit Wettbewerb und Konkurrenz ergeben, sind nicht zu ignorieren, sondern vielmehr an- und als Teil eines demokratischen Ethos ernst zu nehmen. Differenzen, Meinungsverschiedenheiten und Konflikte bieten die Chance, gegenseitig voneinander zu lernen, indem Unterschiedlichkeiten offen gezeigt werden.[831] Zudem sollen *Fairness* und *Respekt* das gemeinsame Ethos prägen. Dies bedeutet, einerseits den Blick fair auf die anderen zu richten,[832] denn gerade das spezifisch Öffentliche blickt auf die Welt der anderen. Andererseits ist stets das Kriterium der Reziprozität im Sinne des gegenseitigen Respekts im Umgang miteinander zu erfüllen. Speziell in Zeiten ökonomischer Rationalität sollen alle Beteiligten ihr Gegenüber im Blick haben und sich ihrer Verantwortung bewusst sein. Wichtig ist: Reziprozität muss gelebt werden, sie entsteht nicht von allein. Doch ist dieser faire Blick auf den anderen im Austausch von Gründen und gegenseitigem Zugestehen dessen, was man selbst für sich beansprucht, ganz elementar für dieses Ethos.

Dass ein solches Ethos auf der Basis einer lebendigen Öffentlichkeit auch tatsächlich *entstehen* kann, dafür stimmt uns Rawls' Appell an das moralische Vermögen der Vernünftigkeit wie auch Deweys Vertrauen in die Menschen zuversichtlich. Allerdings gelingt dies nur durch eine *Praxis*, die diese Lebensform zum Ausdruck bringt:[833] Es gilt, Teilhabe und das kooperative Miteinander im Sinne der wissenschaftlichen Mentalität gemeinsam und kreativ im öffentlichen Diskurs kontinuierlich auszuprobieren und zu leben. Der Aspekt ‚kontinuierlich‘ ist wesentlich, um das Erleben und *Erfahren* von Kooperation, Fairness und Respekt auch tatsächlich zu verinnerlichen.[834] Gerade das Verinnerlichen ist wichtig mit Blick auf den Wissenschaftsbereich, der so stark von der intrinsischen Motivation der Beteiligten abhängig ist. Wiederholt erfahrene Erfolgserlebnisse in dieser gemeinsamen Praxis unterstützen es, Vertrauen entstehen zu lassen und die Einsicht zu stärken, dass ein Selbstverständnis im Setzen auf die politischen Normen Kooperation, Fairness und Respekt hilft, die gemeinsamen Ziele zu er-

---

830 Vgl. Nida-Rümelin (1999), S. 197.
831 Vgl. für diesen Gedanken Dewey (1998b), S. 342.
832 Auch Nida-Rümelin (1999), S. 116 betont, die subjektive Welt des anderen ernst zu nehmen.
833 Vgl. Nida-Rümelin (2013), S. 148. Vgl. auch Wernecke (2010), S. 33–34.
834 Denn Verhaltensformen müssen alltäglich eingeübt, gelebt, erfahren und verinnerlicht werden, obschon Dewey, was die hierfür notwendigen Bedingungen angeht, vage bleibt. Vgl. Hartmann (2003), S. 302.

reichen.[835] Rawls verbindet damit die Hoffnung, dass die Beteiligten offener sind, ihre Pflicht zur Bürgerlichkeit zu achten und eine Gesellschaft zu fördern, in der öffentlicher Vernunftgebrauch mit einer gelebten Reziprozität ein ständiger, selbstverständlicher Bestandteil ist und man sich nicht mit einem einmal erreichten Ergebnis zufrieden gibt.[836] Dabei öffnet sich der Blick für motivierende, lohnenswerte neue Perspektiven.[837] Auf diese Art und Weise kann ein solches gemeinsames Ethos entstehen, wesentlicher Bestandteil der eigenen Lebensform sein und die gemeinsam akzeptierten Regeln für Entscheidungsverfahren und Gestaltungsprozesse prägen.

Dabei nehmen in der Umsetzung *zur institutionellen Abstützung* des Kooperationsgefüges Organisation und Institutionen eine wichtige Rolle ein.[838] Sie brauchen einen normativen Grundkonsens bezogen auf Verfahren zur kollektiven Entscheidungsfindung. Sie brauchen Grundregeln zwischenmenschlicher Interaktionen genau wie ethische Prinzipien. Können sie sich hingegen nicht auf die geteilten normativen Überzeugungen stützen, entfalten sie nicht ihre kooperationsstützende Wirkung.[839] Daher können politische Institutionen als Teil eines umfassenden Normengefüges bezeichnet werden.[840] Das Gefüge der institutionellen Organisation von Verfahren und Prozessen muss sowohl die sekundären Regeln (1) im Einklang mit dem Kernethos epistemischer Rationalität verkörpern als auch die gerade beschriebene Komponente eines gemeinsamen Ethos (2) in einer lebendigen Öffentlichkeit. Nur so können die politischen Normen wirklich umgesetzt werden. Dewey fordert die notwendige Überführung in *Handlung* durch ein grundsätzlich „konkretes Handlungsprogramm"[841] als organisierte Planung zum Gelingen einer liberalen demokratischen Gemeinschaft. Politische Institutionen sind in einem weiten Sinne als „regelgeleitetes interaktives Verhalten"[842] zu sehen. Durch ihr Vorhandensein werden – wie es Nida-Rümelin ausdrückt – Regelsysteme der Kooperation moralisch bestimmt,[843] indem faire Kooperati-

---

835 Der Hintergrund ist für Dewey wie folgt zu sehen: Den Beteiligten muss klar sein, dass sie auf die Art und Weise des Prozesses der kooperativen Forschung alle gegenseitig davon profitieren, sich mit den gemeinsamen Problemen zu befassen. Vgl. Campbell (1998), S. 30.
836 Vgl. Rawls (2002), S. 190 – 191. „Vertrauen und Zuversicht werden stärker und umfassender, wenn erfolgreiche kooperative Arrangements über längere Zeit bestehen bleiben" (Rawls (1998), S. 166).
837 Vgl. Dewey (1974), S. 217.
838 Vgl. Nida-Rümelin (1999), S. 182.
839 Vgl. Nida-Rümelin (1999), S. 116.
840 Vgl. Nida-Rümelin (1999), S. 114.
841 Dewey (2010b), S. 206.
842 Nida-Rümelin (2009c), S. 196.
843 Vgl. Nida-Rümelin (1999), S. 198.

onsbedingungen gesichert werden. Das heißt, es ist gerade diese institutionelle Stütze, die Kooperation ermöglicht.[844] Auf diesem kooperativen Bewusstsein im Sinne eines Ethos der Kooperation aufbauend kann dann die Lösung von kollektiven Herausforderungen gelingen.[845]

Eine grundsätzliche Kontingenz und Weiterentwicklung institutioneller Organisation ermöglicht und erfordert zugleich, die wissenschaftliche Mentalität zu leben

Die Lösung von kollektiven Herausforderungen kann so gelingen, doch ist zum Ende ein Punkt noch ganz entscheidend: Prozesse und Verfahren sind auch als etablierte Institutionen nicht starr. Vielmehr sind sie charakterisiert von einer grundsätzlichen Kontingenz im Sinne von Veränderbarkeit und ständiger möglicher Weiterentwicklung. Dies erfordert es, mit Blick auf die gerade beschriebenen – von gemeinsamen Regeln geprägten – Prozesse und Verfahren in der Praxis eine wissenschaftliche Mentalität angelehnt an die Methode der kooperativen Intelligenz zu leben. Hochschulpolitik ist kein starrer Prozess, sondern muss immer wieder der lebensweltlichen Praxis ausgesetzt und experimentell festgelegt werden. So muss die institutionelle Organisation gleichsam beweglich sein und offen für eine mögliche *Weiterentwicklung* in der jeweiligen Situation.

Schon eine Konfliktlösung ist immer nur vorläufig, nie starr, sondern vielmehr ein dynamischer, kontinuierlicher Prozess,[846] der immer wieder von Neuem beginnt. Erfolg ist für Dewey immer „Erfolg *für* eine spezifische Anstrengung"[847]. Dies gilt ebenso für die institutionelle Organisation von Verfahren und Prozessen. Diese stehen nicht von vornherein fest, haben keinen fixen, sondern stets nur einen vorläufigen Status und müssen beweglich sein, um Schritt für Schritt Entwicklung und Fortschritt zu gewährleisten.[848] Institutionen, in welcher Form auch

---

844 Vgl. Nida-Rümelin (1999), S. 180: „(...) lebt das Kooperationsgefüge einer zivilen Gesellschaft von der Einhaltung einer Vielfalt von Regeln (...)". Vgl. auch Özmen (2013), S. 113, dass institutionelle Regelungen als Angebot von Kooperation stabilisierend wirken können.

845 Vgl. Honneth (1999), S. 60 – 61, der allerdings stark auf die Sphäre der Arbeitswelt abhebt, die arbeitsteilig und kooperativ organisiert sein muss, um subpolitisches Bewusstsein entstehen zu lassen: Wie bereits erläutert (vgl. FN 333), geht die Autorin hier über Honneth hinaus, ohne die Bedeutung des politischen Bewusstseins zu schmälern.

846 Vgl. Dewey (1996), S. 133. Vgl. Anderson (2012), S. 265, die Dynamik neben Vielfalt und Diskussion als konstitutive Eigenschaften der Demokratie bezeichnet, die Deweys Ansatz widerspiegeln.

847 Dewey (1974), S. 140.

848 Er fordert die „Erschaffung einer entsprechend beweglichen und leicht reagierenden politischen und juristischen Maschinerie" (Dewey (1996), S. 40).

immer, haben für Dewey „nichts Heiliges an sich"[849], sie sind vielmehr „Mittel zum Zweck"[850] und dabei kontingent.[851] Er bietet uns daher keine Institutionenlehre an[852] bzw. keine genauen Hinweise, wie er sich den experimentellen Prozess der Erzeugung von Institutionen konkret vorstellt.[853] Rawls gibt uns ebenso mit, dass sich politische Konzeptionen im Laufe der Zeit ändern können und müssen, da soziale Veränderungen neue Interessen mit sich bringen können.[854] Pluralität und Dynamik kennzeichnen die öffentliche Vernunft – und sind Chance zugleich in einem fairen System sozialer Kooperation.

Weiterentwicklung gelingt nur in einem Modus der *Offenheit*, sich stets der experimentellen Methode der kooperativen Intelligenz unterzuordnen, nicht von vornherein ein feststehendes Ergebnis erreichen zu wollen und die Urteilskraft anzuerkennen, im Verlangen den besseren Gründen zu folgen.[855] Es verlangt einen „Geist (...), der eines wissenschaftlichen Ausblickens und Forschens fähig ist."[856] Nur durch die unvoreingenommene Anwendung der experimentellen Methode und den kritischen Blick auf die Folgen lassen sich kreativ und dynamisch Struktur und Form der möglicherweise neu zu entdeckenden institutionellen Gestaltung finden und Legitimation erreichen.[857] Die Bereitschaft zur Korrektur ist gleichsam Chance zur Verbesserung.[858] In der Umsetzung bedeutet dies nach Dewey die Methode der kooperativen Intelligenz immer wieder auf den institutionellen Rahmen anzuwenden, um festzustellen, ob sie noch im Dienst der Idee oder in anderen Diensten stehen.[859] Man darf nicht an statischen institutionellen Regelungen festhalten oder sie nur aus Gewöhnung als unumstößlich sehen.[860] Wenngleich die Institutionen ihre Brauchbarkeit in der Praxis mit Blick

---

849 Dewey (1996), S. 126.

850 „Organisation als ein Mittel zum Zweck würde die Individualität stärken und sie befähigen, sorglos sie selbst zu sein, indem sie sie mit Ressourcen ausstattet, die ohne diese Unterstützung außerhalb ihrer Reichweite lägen" (Dewey (1996), S. 179).

851 Wie Dewey sagt, dass stets „die Kontingenz mit der Intelligenz (...) kooperiert (...)" (Dewey (2010c), S. 104).

852 Vgl. Noetzel (2002), S. 164.

853 Vgl. Jörke (2003), S. 210 und Hartmann (2003), S. 13.

854 Vgl. Rawls (1998), S. 51–52 und Rawls (2002), S. 178.

855 Vgl. Nida-Rümelin (2011), S. 306: „Urteilskraft verlangt, den besseren Gründen zu folgen, seine Überzeugungen – und geäußerten Urteile – nicht opportunistisch am eigenen Vorteil auszurichten."

856 Dewey (1974), S. 244.

857 Vgl. Dewey (1996), S. 41–42. „Beinahe sobald seine [= diejenige des Staats] Form stabilisiert ist, muß er erneuert werden" (Dewey (1996), S. 41).

858 Vgl. Özmen (2013), S. 130.

859 Vgl. Anderson (2012), S. 267, 269.

860 Vgl. Dewey (1996), S. 144.

auf die Folgen einmal unter Beweis gestellt haben, so ist dies keine absolute Errungenschaft, die auf ewig gilt.[861] Nichts ist gefährlicher als einmal etablierte Regeln für immer in Stein gemeißelt anzusehen, denn gerade diese können den Fortschritt mit Blick auf die Verwirklichung und Verbesserung des menschlichen Lebens behindern.[862] Legitimation könnte man ihnen dann nicht mehr zusprechen. Wie die in einem individuellen Charakter gebündelten Verhaltensformen so sind die Institutionen als kollektive Gewohnheiten dynamisch zu sehen.

Hierfür sind Handlungen vonnöten, die tatsächlichen Wandel und Weiterentwicklung in den Institutionen hervorrufen.[863] Kreative Wege werden daher notwendig für eine kreative Lösung von aktuellen Handlungsproblemen. Dazu müssen vor allem motivierende, kreative Triebe aktiviert werden, die Energie dafür entstehen lassen, dass *Handlungsoptionen* für positive Veränderungen ausgelotet und angetrieben werden. Verhaltensformen helfen als Prädispositionen. Dieser Zielsetzung muss durch entsprechende organisatorische Strukturen Rechnung getragen werden.[864] In diesem alltäglichen Handeln und Agieren sind *aktuelle Bedingungen* in den Rechtfertigungen im Sinne des öffentlichen Vernunftgebrauchs zu berücksichtigen. Dies bedeutet, die in der jeweiligen Situation vorherrschenden Bedingungen sind zu erkennen, in Verbindung mit den Erfahrungen von Folgen vergangener Entscheidungen und Handlungen zu bewerten und ernst zu nehmen. Denn der Blick ist auf die Folgen gerichtet, die von Situation zu Situation unterschiedlich ausfallen können. Dementsprechend angepasst muss die Lösungsfindung sein. Nur wenn man die vorhandenen „tatsächlichen Bedingungen in ihrer Wirkungsweise und ihren Folgen"[865] wirklich kennt, kann man von einer intelligenten Problemlösung sprechen.[866] Regeln sind nur dann wirksam, wenn sie im Denken und Handeln in konkreten Situationen verwirklicht werden.[867] Praxistauglichkeit muss sichergestellt werden: *Theorie und Praxis* sind nicht zu trennen, was heißt, normative Bedingungen im Sinne von Regeln dürfen nicht nur theoretisch definiert, sondern müssen auch in der Praxis gelebt und im Hinblick auf die Folgen eingeschätzt werden. Der allgemeinen Zustimmbarkeit der sekundären Regeln muss sich immer wieder rückversichert werden. Diesen immer

---

861 Würde man dies annehmen, beginge man für Dewey „*den* philosophischen Trugschluß" (Dewey (1974), S. 140) [Hervorhebung im Original].

862 Eine seiner größten Bedenken ist „die Erstarrung des Lebens in Institutionen" (Dewey (1964), S. 119).

863 Vgl. Dewey (2010b), S. 186–187.

864 Vgl. Dewey (2010b), S. 204–205.

865 Dewey (1996), S. 163.

866 Vgl. Dewey (1996), S. 164–165.

867 Vgl. auch Rawls (1975), S. 75 bereits in seiner TOJ.

wiederkehrenden prüfenden Reflexionsblick verlangt schon das Überlegungsgleichgewicht und es darf nicht vergessen werden: Die Idee [= das gemeinsame
Ethos der Kooperation, der Fairness und des Respekts] kommt vor den politischen
Instrumenten und Institutionen. Diese sind lediglich Mittel im Sinne von „Mechanismen, die einer Idee Kanäle für ihr effektvolles Wirken bereitstellen."[868] In
diesem Ethos kommt Deweys ethisches Ideal der Selbstverwirklichung des Menschen zum Ausdruck. An dieses Ideal ist die ständige Weiterentwicklung ge-
knüpft.

Um diesen rückversichernden Blick in die Praxis zu gewährleisten, muss die
institutionelle Organisation stets ausreichend Raum für den dafür notwendigen
öffentlichen Diskurs lassen. Amts- und Funktionsträger haben eine besondere
Verantwortung, diesen immer wieder aktiv anzustoßen. Denn – wie im ersten
Punkt dieser Zusammenfassung verdeutlicht –eine Öffentlichkeit muss stets zuerst die Chance haben, sich mit Blick auf die Folgen funktional zu ergeben. Die
kooperativen Interaktionsformen müssen sich auf die ganze Gesellschaft beziehen. Dann gelingt der Einbezug der Zivilgesellschaft glaubwürdig. Regeln werden
als fair erlebt, es herrscht eine positive Einstellung gegenüber Pluralität und einer
offenen Diskussionskultur – als Teil der öffentlichen Kultur.[869] Dies gilt es tag-
täglich immer wieder umzusetzen und Intelligenz in ihren Bestandteilen Kreativität und Kooperation[870] fortlaufend zu leben. *Kontinuität* ist notwendig, das heißt
ein ständiges Hinterfragen und Weiterentwickeln. So sind Vorschläge für die
Gesellschaft in Form von Politiken und Maßnahmen nicht als fixe, strenge Programme zu formulieren, sondern stets als Arbeitshypothesen. Dadurch, dass die
Folgen ihrer Umsetzung ständig beobachtet werden, können sie jederzeit flexibel
angepasst und revidiert werden.[871]

> „Öffentliche Meinung (...) ist intermittierend, wenn sie nicht das Ergebnis ständig ange-
> wandter Untersuchungs- und Aufzeichnungsmethoden ist. (...) Nur eine kontinuierliche
> Untersuchung (...) kann das Material für eine dauerhafte Meinung in öffentlichen Angele-
> genheiten liefern. (...)."[872]

---

868 Dewey (1996), S. 125.
869 Vgl. Anderson (2012), S. 267.
870 Vgl. Oelkers / Horlacher (2004), S. 254. „Intelligence as intelligence is inherently forward-
looking; only by ignoring its primary function does it become a mere means for an end already
given. (...) A pragmatic intelligence is a creative intelligence, not a routine mechanic" (Dewey
(1998e), S. 67).
871 Vgl. hierfür Dewey (1996), S. 169.
872 Dewey (1996), S. 151.

Allgemein gesprochen: das demokratische Erbe muss immer wieder erneuert und vertieft werden.[873]

Dieses Berücksichtigen von stets neuen und unterschiedlichen Perspektiven macht gerade das typisch Pragmatistische aus.[874] *Fortschritt* kann dabei nur erreicht werden, wenn stets die aktuellen Tätigkeiten (geprägt von Verhaltensformen und Trieben) und das damit verbundene Erleben als gegenwärtiger Ausgangspunkt genommen werden, den Blick in die Zukunft zu richten. Ein vollkommenes, vorher definiertes Ergebnis als Endstadium vor Augen zu haben, ist nicht in Deweys Sinne und nicht Aufgabe der Philosophie. Vielmehr ist es ihre Aufgabe, Methoden bereitzustellen, damit dieser Prozess weniger zufällig, sondern vielmehr systematisch und eben intelligent verläuft.[875] Dies bedeutet, einen fokussierten Blick auf die jeweils gegenwärtigen Umstände zu richten und das Handeln als lebendigen Prozess zu sehen[876] – hin zu einer „ethische[n] Konzeption"[877], als verinnerlichte Lebensform und ausgedrückt in einer geteilten Lebenspraxis in der Gemeinschaft. Als Kultur, die über Deliberation und öffentlichen Vernunftgebrauch hinaus geht und in der politische Legitimation sowohl staatsbürgerlicher Verantwortung als auch zivilgesellschaftlicher Praxis in der Demokratie gerecht wird.[878]

Diese Anregungen werden nun aufgegriffen und erörtert, wie darauf aufbauend politische Legitimation in der deutschen Hochschulpolitik wieder gestärkt werden kann.

---

873 Vgl. Dewey (1998b), S. 341.
874 Vgl. Hartmann (2012), S. 309.
875 Vgl. Dewey (1996), S. 42–43. Vgl. auch Dewey (1996), S. 127.
876 Vgl. Dewey (1974), S. 212–214.
877 Dewey (2010a), S. 19.
878 Vgl. auch Nida-Rümelin (2013), S. 211–235.

3 Praktische Implikationen für die Hochschulpolitik

Welche Schlussfolgerungen lassen sich aus den in Kapitel 2 dargestellten normativen Anforderungen für die praktische Umsetzung in der deutschen Hochschulpolitik ziehen? Die im Folgenden dargestellten praktischen Implikationen sind als Anregungen zu verstehen, wie die Kombination der Legitimationskonzepte von John Rawls und John Dewey für die Praxis fruchtbar gemacht werden könnte, um der verstärkten Anforderung nach politischer Legitimation in den im Laufe des Buchs geschilderten Rahmenbedingungen gerecht zu werden. Diese Ausführungen erheben keinen Anspruch auf Vollständigkeit, sondern sollen ganz in der Philosophie dieses Buchs als Anregungen Gedankenschärfe liefern und zum Nachdenken inspirieren. Eine lebendige Öffentlichkeit wird hierzu aufbauend auf Rawls und Dewey als weitgehende Selbststeuerung der Wissenschaft in parlamentarischer Verantwortung interpretiert. Dies führt zu Konzepten regionaler Kooperation. Hierfür wird ein Vorschlag institutioneller Organisation in Form von Wissenschaftsregionen der kritischen Reflexion hinsichtlich des in diesem Buch erläuterten Konzepts politischer Legitimation ausgesetzt und ein Resümee gezogen.

Selbststeuerung der Wissenschaft in parlamentarischer Verantwortung

Wie dargestellt bildet die Öffentlichkeit Basis und Schlüssel zu politischer Legitimation. Nur in einer lebendigen Öffentlichkeit kann sich ein gemeinsames Ethos von Kooperation, Fairness und Respekt ausbilden. Das zivilgesellschaftliche Paradigma wird ernst genommen, die Öffentlichkeit bildet sich als politische Gemeinschaft aus und übernimmt aktiv Verantwortung für die direkten und indirekten Folgen kollektiver Handlungen. Dies gilt auch für die Hochschulpolitik. Wie in Abschnitt 2.2.4 deutlich wurde, existiert eine solche Öffentlichkeit hinsichtlich Hochschulen und Wissenschaft aktuell noch nicht.

(I) Ein öffentlicher Verständigungsprozess in einer Kommunikationsgemeinschaft bildet die Grundlage für eine lebendige Öffentlichkeit. Die erste Frage ist daher, wie der öffentliche Diskurs angeregt und der Bürgerschaft als Öffentlichkeit ein positives Gefühl den Hochschulen gegenüber gegeben werden kann, verbunden mit einem inneren Antrieb, die indirekten Handlungsfolgen wahrnehmen und Verantwortung zur deren Kontrolle übernehmen zu wollen. Für einen solchen Diskurs sind auf Basis der bisherigen Ausführungen zwei Komponenten zu berücksichtigen, die dann in ihrer Kombination die Verbindung zu einer lebendigen Öffentlichkeit im Hinblick auf die Hochschulen ermöglichen.

https://doi.org/10.1515/9783110567458-004

Die *erste* besteht darin, sachlich orientiertes Denken und Handeln im Sinne kritischer Rationalität und *wissenschaftlicher Mentalität* in den Vordergrund zu rücken (I). Exzellente Forschung und Lehre stellen den Schlüssel zur Weiterentwicklung eines zukunftsfähigen Gemeinwesens dar. Dies muss auf einer sachlichen und gleichzeitig verständlichen Ebene den Bürgern vermittelt und im politischen Diskurs vorgelebt werden. Nicht Machtdemonstrationen wie im dargestellten Fall der Exzellenzstrategie, sondern eine Einigung auf einen Modus im Sinne von *allgemein zustimmbaren* und nachvollziehbaren Interaktionsregeln muss der Gesellschaft signalisiert werden. Die Art und Weise, auf die Entscheidungen zustande kommen, ist gerade in einem Politikfeld wichtig, das von unterschiedlichen Interessen und Profilierungsstrategien geprägt ist und in dem allgemeine Zustimmbarkeit bezogen auf die konkreten inhaltlichen Entscheidungen kaum realistisch ist. Wenn man ernst nimmt, was die Auseinandersetzung mit Rawls bezüglich allgemein zustimmbarer Regeln für das Hochschulwesen ergeben hat, muss man einen strukturbezogenen normativen *Grundkonsens* über strukturelle Merkmale der Entscheidungsfindung erreichen und sich an den Eigengesetzlichkeiten und Richtlinien orientieren, mit denen sich Hochschulen und Wissenschaft selbst identifizieren: dies impliziert *wissenschaftsgeleitete* Verfahren und weitgehende Selbststeuerung. Was die *wissenschaftsstrategische Ausrichtung* eines Instituts angeht, können folglich die ihr zugrunde liegenden wissenschaftlichen Ziele in Forschung, Lehre und Nachwuchsförderung[1] wissenschaftsadäquat nur vom Institut selbst und in Abstimmung innerhalb der Fakultät erarbeitet werden. Es wäre den Regeln der Wissenschaft und dem Kernethos epistemischer Rationalität nicht angemessen, auf dieser Ebene Detaileinfluss zu nehmen. Vielmehr gilt es hier, dem wissenschaftlichen Diskurs unter den betroffenen Wissenschaftlern ausreichend Raum zu geben und Spezifika der einzelnen Disziplinen und Fachrichtungen zu berücksichtigen. Für die geisteswissenschaftliche Fächerkultur ist beispielsweise eine reine Orientierung an der Forschungspraxis der Natur- und Lebenswissenschaften alles andere als angemessen, sondern vielmehr kontraproduktiv.[2] Genau das Gleiche ist ernst zu nehmen für die *Beurteilung wissenschaftlicher Leistung*, die Fachspezifika zu be-

---

1 Die folgenden Ausführungen beziehen sich immer auf Forschung, Lehre und Nachwuchsförderung.

2 Vgl. Nida-Rümelin (2015), S. 69. Nida-Rümelin verweist auf einen wichtigen Punkt mit Blick auf Geistes- und Kulturwissenschaften, nämlich die Angemessenheit von Rankings und Ratings internationaler wissenschaftlicher Journale und merkt an: „Kaum diskutiert wird jedoch, dass allein schon das Ranking von Zeitschriften unvereinbar ist mit der geisteswissenschaftlichen Forschungskultur. Die einzelnen Zeitschriften (...) repräsentieren ein bestimmtes fachliches Verständnis." Vgl. auch Abschnitt 2.1.4.

rücksichtigen hat.[3] Auch in Zeiten des Wettbewerbs kann eine Dominanz von Antragsformaten kaum als allgemein zustimmbare Regel gesehen werden, wie die kritischen Stimmen immer wieder verdeutlichen. Anstelle von Antrags- bzw. Ankündigungsexzellenz[4] erscheint es intuitiv naheliegender, das *wissenschaftlich Erreichte* im Sinne von Ex-Post-Evaluation als Maßstab heranzuziehen. Die Imboden-Kommission hatte mit einer ‚Exzellenzprämie ex-post' in diese Richtung argumentiert, doch wurde politisch nicht die nötige Offenheit aufgebracht, sich auf eine solche Veränderung einzulassen.[5] Dies wäre eine gute Gelegenheit gewesen, sich der Methode der kooperativen Intelligenz unterzuordnen und deren Urteilskraft im Vertrauen auf die besseren – wissenschaftsgeleiteten – Gründe anzuerkennen. Unterstützende Stimmen aus der Wissenschaft und von wissenschaftsnahen Politikern unterstreichen das:[6] „(...) eine stärker an vorher festgelegten Leistungskriterien ausgerichtete Förderung"[7], lautet die diesbezügliche Forderung von Rektoren. Kritisch betrachtet kann die gegenwärtige Lösung als Unterstützung des Matthäus-Effekts gesehen werden, obgleich die regelmäßige Evaluation als positiv zu werten ist. Jedoch ist Exzellenz in der jetzigen Exzellenzstrategie nicht, wie von der Imboden-Kommission gefordert,[8] unabhängig von der Größe der Einrichtung. Voraussetzung für den Status einer Exzellenzuniversität sind zwei eingeworbene Exzellenzcluster, was für mittlere Universitäten bereits eine hohe Hürde darstellt.[9] Es ist festzuhalten, dass als allgemein zustimmbar am ehesten das wissenschaftlich *Erreichte* als Beurteilung wissenschaftlicher Leistung gesehen werden kann. Gleichzeitig stellt sich die Frage, anhand welcher (notwendigerweise Fachspezifika berücksichtigender) Kriterien diese Beurteilung erfolgt.[10] Um allgemeine Zustimmbarkeit im Hinblick auf die

---

3 Vgl. Marettek / Holl (2012), S. 109.

4 Vgl. Abschnitt 1.3.

5 Jetzt gibt es in der neuen Exzellenzstrategie nur noch einen kleinen dynamischen Anteil mit Blick auf die Exzellenzuniversitäten. Sie können zwar dauerhaft gefördert werden, müssen sich aber alle sieben Jahre einer wissenschaftlichen Evaluation stellen und können dadurch aus der Förderung herausfallen und durch andere Einrichtungen ersetzt werden. Vgl. Gemeinsame Wissenschaftskonferenz (2016) § 6.

6 Auch die erfahrene Wissenschaftspolitikerin und Wissenschaftsministerin in Baden-Württemberg Bauer hatte bereits im Vorfeld einen ähnlichen Vorschlag gemacht.

7 Wiarda / Spiewak (2016), S. 66.

8 Vgl. IEKE (2016), S. 45.

9 Bei Verbünden sind es drei Exzellenzcluster. Vgl. Gemeinsame Wissenschaftskonferenz (2016) § 4.

10 Vgl. die Forderung des Wissenschaftsrats zum Forschungsrating für alle öffentlich geförderten Wissenschaftler in Deutschland in Wissenschaftsrat (2013a), die ebenfalls Fachspezifika berücksichtigt, allerdings mit einem hohen Aufwand mit Blick auf umfangreiche Analysen von Publikationen und Zitationen verbunden ist.

Regeln zu erreichen, sollte man sich nicht einseitig auf mengenmäßige Publikations- und Zitationsindices oder eingeworbene Drittmittel stützen. Stattdessen soll vor allem die Meinung von *unabhängigen Fachexperten* bezogen auf die tatsächliche wissenschaftliche Leistung im Sinne einer „Qualitätskontrolle der jeweiligen wissenschaftlichen Community"[11] berücksichtigt werden. Der Aufwand für die Fachexperten ist hoch. Doch wird intuitiv kein anderes Verfahren allgemein zustimmbar sein, als „(...) den dazu notwendigen Sachverstand aus der Wissenschaft selbst [zu] requirieren."[12] Ausgangspunkt müssten die von den Instituten erarbeiteten Ziele sein, auf deren Basis die unabhängigen Fachexperten ihre Einschätzung vornehmen und gemeinsam mit den Betroffenen im wissenschaftlichen Diskurs besprechen.[13] Der Rhythmus dieser Diskurse sollte aber auf keinen Fall zu kurz sein, um in der Zwischenzeit möglichst viel Freiraum für das eigentliche Forschen, Lehren und die Nachwuchsausbildung zu geben. Eine enge Taktung kann kaum als allgemein zustimmbare Regel angesehen werden – kreative Innovationen müssen möglich sein. Daher ist eine zeitliche Entzerrung notwendig – ganz im Sinne: „Man sollte Vertrauen in die einmal gefällten Urteile entwickeln und sie nicht permanent der Überprüfung anheimstellen."[14] Gelingt dies und merken die Wissenschaftler, dass sie nur so viel Zeit wie unbedingt nötig auf ‚administrative' Aufgaben verwenden müssen, kann möglicherweise der Prozess der wissenschaftlichen Strategiediskussion als etwas Wertvolles erfahren und gelebt werden. Dies bedeutet zusammengefasst: weitestgehende *Selbststeuerung* der Wissenschaft, Berücksichtigung von *Spezifika der Wissenschaftsdisziplinen* und davon abgeleitet eine Beurteilung wissenschaftlicher Leistung durch *Fachexperten* der jeweiligen Disziplin.

(II) Gleichzeitig müssen sich diese Mechanismen auch im politischen Prozess wiederfinden und Basis für die Mittelverteilung aus den öffentlichen Haushalten sein.[15] Mit Blick auf die Legitimation aus Sicht des Staatsparadigmas muss Transparenz für die Bürgerschaft als Steuerzahler nachvollziehbar vorhanden sein. Spielt sich ein solcher Prozess nach und nach ein und erfahren die Beteiligten als Wissenschaftler und Bürger die positiven Effekte, kann sich Vertrauen

---

11 Schneidewind (2014), S. N5.
12 Nida-Rümelin (2005), S. 845, der sich selbst kritisch insbesondere gegenüber Forschungsratings stellt, die notwendige Fachkenntnis zur Beurteilung allerdings auch nur *innerhalb* der Wissenschaft sieht. Vgl. Spiewak (2016), S. 31–32.
13 Vgl. für einen Vorschlag zur wissenschaftlichen Strategiebildung Marettek / Holl (2012), S. 106–107.
14 Zürn (2010), S. N5.
15 Vgl. Zabler (2010), S. 77–78, wo die befragten Parlamentarier eine gesamtkonzeptionelle Universitätssteuerung mit Bezug zur Mittelverteilung grundsätzlich klar befürworten.

und Loyalität gegenüber dieser Art der Hochschulsteuerung einstellen. Die Politik muss also als *zweite* Komponente in dieser wissenschaftsgeleiteten Herangehensweise *Verantwortung* übernehmen (II). Für die Mittelvergabe bedeutet dies, auf eine an die Rahmenbedingungen angemessene Balance von den wettbewerblich vergebenen Mittel zur *Grundfinanzierung* zu achten, die insbesondere für die Lehre und Sicherung der Infrastruktur elementar ist.[16] Die Amtsträger, die als gewählte Vertreter des Souveräns die Zuständigkeit für das Hochschulwesen innehaben, sind auch gerade deswegen einzubeziehen, weil sie in der Verantwortung stehen, den *öffentlichen Diskurs* zur Einbindung der Gesamtgesellschaft zu führen. Dies sind insbesondere die Landesparlamentarier und die ministeriellen Vertreter.[17] Sie haben Verantwortung und Möglichkeit zugleich, es durch parlamentarische Debatten und öffentlichen Diskurs der Bürgerschaft zu erleichtern, sich als Öffentlichkeit zu identifizieren. Dies gilt flächendeckend und systematisch, und nicht nur in Regionen mit in Exzellenzwettbewerben erfolgreichen Universitäten wie München oder in Wahlkampfzeiten, wenn es gilt, sich mit einer Fachhochschulgründung im Wahlkreis zu profilieren. Ist Hochschulpolitik in sachlicher Art und Weise Thema in Diskussionen im Landtag, geht es um die Leistungen in Lehre, Forschung, Nachwuchsförderung und gesellschaftlicher Verantwortung gleichermaßen und wird die strategische Bedeutung für die Weiterentwicklung des Gemeinwesens nachvollziehbar erörtert sowie sinnvoll in die Standortpolitik eingebettet, können die Handlungsfolgen, die Hochschulpolitik nach sich zieht, von den Bürgern leichter als bedeutsam wahrgenommen werden. Die Kunst der Kommunikation, die Dewey fordert, wird hier mehr denn je von den Politikern verlangt – gerade in den wiederholt dargestellten dynamischen und verkomplizierten Rahmenbedingungen. Auch Rückmeldungen, die in Diskussionen mit Wissenschaftlern und Bürgern entstehen, sind ernst zu nehmen. Insbesondere, wenn sie aus Reaktionen der Betroffenen mit Blick auf die Handlungsfolgen entstehen – dies ist auch eine Erfüllung ihrer Pflicht zur Bürgerlichkeit.

Es obliegt den politisch Verantwortlichen eine ausgewogene *strategische Gesamtplanung* für die Hochschulen koordinierend sicherzustellen und in die Mittelverteilung einzubeziehen. Dies bedeutet, in die Zukunft zu blicken und die Interessen auch der indirekt Betroffenen bei den Folgen hochschulpolitischer Maßnahmen zu berücksichtigen.[18] Die Verantwortlichen müssen im Sinne der intelligenten Methode agieren, von Dewey auch als „Methode zur sozialen Füh-

---

16 Schließlich ist gerade die nicht ausreichende Grundfinanzierung der Hochschulen das große Problem. Vgl. Wissenschaftsrat (2013b), S. 11.
17 Vgl. auch in Abschnitt 2.1.3 die Personen, die der öffentlichen Vernunft besonders verpflichtet sind.
18 Vgl. Dewey (1996), S. 111.

rung"[19] bezeichnet, was mit Blick auf die Hochschulpolitik bedeutet, individuelle Unterschiede zwischen Hochschularten, Hochschultypen, Hochschulen oder Aufgaben derselben nicht zu unterbinden, denn daran wachsen und davon profitieren alle. Dennoch haben sie als Amtsträger die Verantwortung, den Blick auf das politische Vernünftige insgesamt zu richten und in den öffentlichen Diskurs zu gehen. Illustrativ lohnt es sich zu fragen, ob die Folgen, die eine so ausgeprägte Fokussierung auf die für die internationale Sichtbarkeit wichtige Forschung für die direkt und indirekt Betroffenen durch eine systematische Vernachlässigung der Lehre mit sich bringt, dem entspricht, was die Idee dahinter war. Werden diese Folgen adäquat wahrgenommen und Verantwortung dafür getragen? Die Amtsträger sollen stets im Sinne des öffentlichen Vernunftgebrauchs handeln, so dass es allen Beteiligten unter Gebrauch ihrer Vernunft möglich sein kann, die Begründungen auf Basis geteilter politischer Normen nachzuvollziehen. Um dergestalt Macht legitim auszuüben und die Methode der kooperativen Intelligenz zu beherzigen, ist es von Vorteil, wenn diese Amtsträger als Parlamentarier und ministerielle Vertreter nah am wissenschaftlichen und wissenschaftsstrategischen Prozess sind. Gerade in Zeiten ohne staatliche Detailsteuerung brauchen sie hierzu vor allem Informationen und eingespielte Kommunikationswege.[20] Zu den Leitungen von Hochschulen sollten sie Gegengewicht und vertrauensvoller Partner zugleich sein. Auch hier ist Kommunikation ganz entscheidend, um bei den Hochschulleitungen nicht das Gefühl einer ‚politischen Übernahme' im Sinne der Rücknahme der Hochschulautonomie zu erwecken. Es geht vielmehr um eine Chance zur stärkeren Verankerung in der Öffentlichkeit. Und das mit einem Partner in der Politik, der sich für die Belange der Hochschulen einsetzt – und der dies auch kann, weil er informiert ist.

Um den Parlamentariern zu ermöglichen, näher an den Hochschulen zu sein, für die sie Verantwortung übernehmen sollen, sollte über eine *Reform der Hochschulräte* nachgedacht werden. Hochschulräte systematisch mit Landesparlamentariern zu besetzen, könnte sie zu einem aktiven Bindeglied zur Bürgerschaft werden lassen. Systematisch bedeutet an dieser Stelle, nicht nur vereinzelt Parlamentarier in den Hochschulräten zu haben, sondern dies flächendeckend umzusetzen und in den Landeshochschulgesetzen zu verankern. Die Parlamentarier könnten so näher an Lehre, Forschung, Nachwuchsförderung und gesellschaftlicher Verantwortung auf Hochschulebene sein. Sie könnten mit einem fachkundigeren, wissenschaftsnahen Auge im Parlament Wissenschaftspolitik

---

19 Dewey (2010b), S. 189.
20 Vgl. Zabler (2010), S. 74, wo vor allem bei den befragten Mitgliedern der Wissenschaftsausschüsse direkte Informationen von den Universitäten als besonders steuerungsrelevant angesehen werden.

aktiv voran treiben und den öffentlichen Diskurs verständlich für die Bürgerschaft gestalten, so dass diese eine bessere Chance hätte, sich als Öffentlichkeit mit Blick auf die Hochschulen zu identifizieren.

(I&II) Bisher konnte abgeleitet werden, dass die sachliche Diskussion in einem allgemein zustimmbaren Modus um die wissenschaftsstrategische Ausrichtung wieder in den Vordergrund gerückt werden muss (I). Gleichzeitig sollten die Landesparlamentarier als Vertreter des Souveräns Bürgerschaft eine Einbettung erfahren (II), indem sie in die Verantwortung genommen werden, den sachlichen und zudem für die Bürgerschaft verständlichen Diskurs zu führen. Diese beiden Komponenten können dabei nur in einem kooperativen Miteinander gesehen werden, im Sinne von: *'Ein vertrauensvolles Zusammenwirken von gestärkter wissenschaftlicher und politischer Verantwortung als Weg hin zu einer lebendigen Öffentlichkeit.'* Entscheidend ist dieses kooperative, vertrauensvolle Miteinander der beiden Komponenten wissenschaftlicher (I) und politischer (II) Verantwortung, gerade was positive Kommunikation im öffentlichen Diskurs anbelangt. Dies bedeutet, es bedarf einer Einigung auf einen Modus, wie er soeben als Idee anklang, geprägt durch Fairness und kooperatives Miteinander, um gemeinschaftlich zu kommunizieren und der Öffentlichkeit eine Chance zu geben, sich zu identifizieren. Dies geschähe ganz im Sinne einer Kommunikationsgemeinschaft in Deweys bzw. einer *neuen Diskussionskultur* in Rawls' Worten dadurch, dass der öffentliche Diskurs mit Blick auf Hochschulen und ihr Leitbild wiederbelebt wird. Gewisse Regeln, die Sicherheit geben – Mittelverteilungsregeln an vorderster Stelle – und an die sich alle beteiligten Seiten halten, sind zu institutionalisieren: zum Beispiel regelmäßige Feedback-Mechanismen und solche zur Verbesserung der Rechenschaftspflicht wie Turnus und Art und Weisen der Berichterstattung. Eine einvernehmliche Wissenschaftsstrategie lebt nur durch kontinuierliches Arbeiten in der Praxis – gemeinsam in wissenschaftlicher und politischer Verantwortung.

Ausdruck dieser gemeinsamen Verantwortung von Wissenschaft und Politik sind Partizipation und Teilhabe in einer Kommunikationsgemeinschaft über Hochschulen und ihre Bedeutung. Rawls betont, dass ohne informiertes Publikum Machtausübung in seinem Sinne nie legitim sein kann. Blicken wir hierzu auf das Thema *Wissenschaftskommunikation*, bedeutsam in der Darstellung des Ist-Zustands in Abschnitt 2.2.4.[21] Es ist angebracht, auf zwei relevante Aspekte hinzuweisen: Auf der *einen* Seite ist der wissenschaftliche Diskurs dem Verant-

---

21 Der Koalitionsvertrag der Großen Koalition 2013 setzt Wissenschaftskommunikation auf die politische Agenda und formuliert: „Wir wollen neue Formen (...) der Wissenschaftskommunikation entwickeln und in einem Gesamtkonzept zusammenführen" (CDU Deutschlands et al. (2013), S. 106).

wortungsethos entsprechend öffentlich zu führen und sind Forschungsergebnisse in einer Sprache zu veröffentlichen, die sich nicht hinter Grenzen der eigenen Fachdisziplin versteckt, sodass die Ergebnisse in die technische, ökonomische, soziale und kulturelle Praxis Eingang finden können. Bezeichnet als „public understanding of science" sollten die wissenschaftlichen Ergebnisse – dies ist Anforderung an Wissenschaftsjournalistik und einzelne Wissenschaftler zugleich – einer breiteren Öffentlichkeit nachvollziehbar dargestellt werden.[22] Grundsätzlich war dieser Aspekt schon immer vorhanden, wie Nida-Rümelin betont und eine Beteiligung an öffentlichen Diskursen über die Verwertung des generierten Wissens fordert. Diese soll dazu beitragen, ein öffentliches Bewusstsein zu schaffen[23] und „letztlich an einem kohärenten wissenschaftlichen Weltbild der Gesellschaft mitzuarbeiten."[24] Nun ist aber „Wissenschaft (...) zum entscheidenden Wertschöpfungsfaktor geworden (...) und insgesamt der entscheidende Faktor für die Zukunftsfähigkeit des Einzelnen und der Gesellschaft"[25], so dass die Folgen für die Bürgerschaft noch relevanter sind und werden. Ein *zweiter* Aspekt sind die hochschulpolitischen Verfahren und Prozesse, die nicht den wissenschaftlichen Erkenntnisprozess direkt betreffen, sondern Fragen der strategischen Gesamtplanung des Leistungsangebots samt Fächervielfalt und Mittelverteilungsverfahren. Auch hier müssen die Möglichkeiten genutzt werden, um das Verantwortungsgefühl als Öffentlichkeit bezüglich Wissenschaft zu stärken. Dies gelingt nur, wenn die Hochschulsteuerung bewusst nachvollziehbar ist und dabei die Mittelverwendung der Steuergelder (und soweit möglich auch der Drittmittel[26]) transparent dargestellt wird. Denn öffentliche Beratungen müssen unbedingt ermöglicht und „vom Fluch des Geldes befreit werden."[27] Beide Aspekte der Wissenschaftskommunikation sollten in einer Sprache geschehen, die den Bürgern Wissenschaft und Wissenschaftspolitik so

---

22 Vgl. ausführlich Fischer (2004): „Ein »public understanding of science« wird möglich, wenn Wissenschaft Teil der [sic!] offiziellen politischen Denkens geworden ist und man auf dieser Ebene mit ihr rechnet (...)" (Fischer (2004), S. 237). Vgl. auch Breithaupt (2016), S. 59 für seine Forderung nach einem Sprachstil der Wissenschaft in der Öffentlichkeit „jenseits der Komfortzone seines böhmischen Dörfleins", um wirklich wahrgenommen zu werden.

23 Vgl. Nida-Rümelin (2010b), S. 127.

24 Nida-Rümelin (2011), S. 300.

25 Zöllner (2015), S. 81.

26 Trotz notwendiger Drittmittel darf der Einfluss der Firmen auf freie, unabhängige Forschung nicht zu groß werden. Ansonsten könnten öffentliche Diskussionen und Beratungen verzerrt, wenn nicht unmöglich gemacht werden. Vgl. Rawls (1997a), S. 174. Das neugeregelte Hochschulgesetz in Baden-Württemberg weist Transparenz eine wichtige Rolle zu. Vgl. Ministerium für Wissenschaft, Forschung und Kunst Baden-Württemberg (2014).

27 Rawls (2002), S. 174.

vermittelt, dass geradezu Vorfreude entsteht, die Handlungen mitzubekommen, auf ihre Folgen hin zu überprüfen und sich im öffentlichen Diskurs einzubringen. Eine Idee von Zöllner geht dahin, dass zwar der Staat Fragestellungen für relevante Forschungsgegenstände anregen kann, doch dass vor allem die Bevölkerung stärker eingebunden werden muss, zum Beispiel im Sinne eines inhaltlichen crowd-fundings.[28] Soziale Medien sind als Plattformen des Austauschs zwischen Wissenschaft, Politik und Zivilgesellschaft auf jeden Fall hilfreich.[29] Und die Öffentlichkeit selbst ist dann lebendig, wenn sie den Austausch aktiv einfordert.

Regionale Kooperation

Die gerade ausgeführte Idee einer kombinierten Verantwortung von Wissenschaft und Politik hin zu einer Öffentlichkeit – umgesetzt in wissenschaftsadäquaten (Selbst-)Steuerungsmechanismen und Interaktionsregeln samt reformierten Hochschulräten – stößt jedoch an einer Stelle an ihre Grenzen, wenn sich wirklich eine lebendige Öffentlichkeit herausbilden soll. Bisher liegt der Fokus auf den einzelnen Hochschulen, die im Wettbewerb zueinander stehen. Insbesondere der Wettbewerb zwischen *benachbarten Einrichtungen*, der wie in Abschnitt 1.3 den Vorsitzenden des Wissenschaftsrats zitierend geradezu eine *Entfremdung* hervorgerufen hat, sowie ein Eindruck nicht systematischer Abstimmung zwischen Hochschulen und außeruniversitären Einrichtungen[30] ist mit Blick auf die Legitimation gegenüber der Bürgerschaft in der entsprechenden Umgebung aber als nicht adäquat und dysfunktional einzuschätzen. Obgleich parlamentarische Vertreter flächendeckend in den Hochschulräten der einzelnen Einrichtungen sitzen würden, ist anzunehmen, dass die Konkurrenz über kooperative Ansätze dominieren und es der Öffentlichkeit immer noch nicht ganz leicht machen würde, sich mit Blick auf Hochschulen tatsächlich als Öffentlichkeit zu identifizieren, wenn sich keine weiteren Rahmenbedingungen ändern. Dabei gelingt der Prozess der notwendigen gemeinsamen Verantwortlichkeit für die Handlungsfolgen für Dewey vor allem in nachbarschaftlichen Assoziationen als gestärkte *lokale* Gemeinschaften. In ihnen kann sich eher eine Öffentlichkeit herausbilden

---

28 Vgl. Zöllner (2015), S. 90 – 91.
29 Der Newsletter des Informationsdienstes Wissenschaft e. V. ist als Nachrichtenportal für Aktuelles aus Wissenschaft und Forschung ein gutes Beispiel. Als positive Beispiele für hochschulpolitische Kommunikation sind der Newsletter des Zeit Chancen Ressorts sowie der Blog des Wissenschaftsjournalisten Wiarda zu nennen, doch auch Kommunikationsabteilungen von Hochschulen, die verstärkt diesen Dialog aktiv über die sozialen Medien leben.
30 Insbesondere, wenn es um die Zurechnung von Forschungsleistungen, die Übernahme von Lehrverpflichtungen oder gemeinsame Berufungen geht. Vgl. Marettek (2016), S. 116.

und identifizieren, da von Angesicht zu Angesicht die indirekten Folgen kollektiven Handelns leichter nachzuvollziehen sind und sich ihnen gegenüber ein Verantwortungsgefühl ausbilden kann. Auch für die Hochschulpolitik trifft zu, dass einer der Gründe für die bisher schwach ausgeprägte Identifizierung mit Hochschulen seitens der Bürgerschaft in einer gefühlten Nicht-Betroffenheit und Ferne liegt. Dies bedeutet, es ist notwendig, über die bisher ausgeführte wissenschaftliche und politische Verantwortung hinaus zu gehen und den Blick auf *regionale Kooperation* zu legen.

Denken wir an die praktische Umsetzung, bedeutet dies zugleich, den Blick über die Hochschulen hinaus zu richten und die *außeruniversitären* Forschungseinrichtungen in einer Region einzubeziehen. Denn nachvollziehbarer für eine interessierte Öffentlichkeit kann Wissenschaft in ihren komplexen Handlungsfolgen dann werden, wenn nicht von vornherein die deutschlandspezifische ‚Versäulung‘ von Hochschulen und außeruniversitären Forschungseinrichtungen den Takt vorgibt und nicht nur eine Hochschul-, sondern vielmehr eine *Wissenschaftsstrategie* insgesamt *erkennbar* und kooperativ verfolgt wird. Es bietet sich die Chance, die Abschwächung genau dieser ‚Versäulung‘ zwischen Hochschulen und außeruniversitären Forschungseinrichtungen fortzusetzen. Im Sinne der indirekten Betroffenheit muss eine Wissenschaftsregion in den Kontext oftmals bereits existierender Regionalentwicklungs- und Wirtschaftsförderungsstrategien gestellt werden, da dort die indirekten Folgen des Handelns für die Menschen besser greifbar sind. Die offene Einbindung all dieser Akteure in einer Region wird als sehr wesentlich zur Ausbildung einer lokalen Öffentlichkeit angesehen, um ein kooperatives Verantwortungsgefühl für die Wissenschaftslandschaft einer Region entstehen zu lassen. Denn das Ziel liegt darin, ein Wir-Gefühl für den regionalen Standort, wo die Menschen in unmittelbarer Assoziation zusammen leben, mit einer immens wichtigen Bedeutung der Wissenschaft stärker im Bewusstsein zu verankern.[31] Dieses Bewusstsein muss natürlich wachsen, doch ist dies eben eine dynamische Entwicklung, die wachsen muss, aber die auch wachsen kann und die nach Dewey nie ganz abgeschlossen ist, sondern eine fortwährende Aufgabe darstellt.

Um auf die sachliche Diskussionsebene in einer Kommunikationsgemeinschaft zu kommen, muss dafür innerhalb der Region als erstes ein Klima vielmehr der Kooperation als primär der Konkurrenz zwischen den benachbarten Einrichtungen erreicht werden. Denn das Ethos der Kooperation, Fairness und des

---

[31] Vgl. die Ergebnisse einer aktuellen Studie: „ (...) Effekt großer Universitäten auf ihr regionales Umfeld nachweisbar: Die Anzahl humankapitalintensiver Arbeitsplätze – mit stimulierenden Auswirkungen auf die Produktivität – nimmt zu" (Bickenbach et al. (2016), S. 3).

Respekts muss die Basis für sekundäre Regeln sein. In der stark wettbewerblich geprägten Zeit ist Kooperation im Kleinen zu erlernen und *zur Gewohnheit* werden zu lassen. Nur dann ist es wirklich realistisch, dass sich eine Öffentlichkeit identifiziert. Das heißt, dass sie über die bisherigen „Beutegemeinschaften"[32], die zwischen verschiedenen Einrichtungen im Zuge der Exzellenzinitiative entstanden sind, hinaus geht. Dewey würde dies nämlich eher mit einer Diebesbande vergleichen, die zwar durchaus gewisse gemeinsame Interessen aufweist, aber nicht in dem Sinne wie Dewey sein erstes Kriterium formuliert, das notwendig ist für kontinuierliche Weiterentwicklung und Wachstum in einer Gemeinschaft: nämlich zahlreiche und mannigfaltige bewusst geteilte Interessen. Diese Interessen ergeben sich nicht von heute auf morgen. Hierfür sind ein *Wechselspiel* unter den Gruppenmitgliedern und ein ehrlicher Austausch auch über die jeweils dahinterliegenden Beweggründe im Rawlsschen Sinne eines weiten öffentlichen Vernunftgebrauchs essentiell. Kreative Ideen – sowohl kreativ mit Blick auf Zusammenarbeit als auch abgestimmte Ausdifferenzierung verschiedener Einrichtungen in der Region – können in diesen Austauschprozessen entstehen. Es geht darum, in der Art des Umgangs gegenseitiges *Vertrauen* aufzubauen: Vertrauen, das im Erfahren des gemeinsamen Miteinanders entsteht und gleichzeitig die Basis für weitergehende Zusammenarbeit mit *gemeinsamen strategischen Zielen* darstellt.[33] Es zählt schließlich der „Willen und die Kreativität, gemeinschaftliche Ziele zu entwickeln, die nicht nur die kurzfristigen Interessen der jeweils agierenden Einzelnen betreffen (...)"[34]. An dieser Stelle ist die wichtige und bei konkurrierenden Einrichtungen zugleich herausfordernde Reziprozität im Sinne von gegenseitigem Respekt idealiter umgesetzt: Wir handeln nach der öffentlichen Vernunft und zwar genau deswegen, weil wir darauf vertrauen und bereits die Erfahrung gemacht haben, dass die anderen dies ebenso tun. Erleben die Mitglieder der verschiedenen Einrichtungen in einer Region nun, dass es sich lohnt, kooperativ zusammenzuarbeiten, dann könnte man sich vorstellen, dass sie die Motivation, die sie vormals für das alleinige Positionieren ihrer Einrichtung aufgewendet haben, nun offen für das gemeinschaftliche Ganze in der Region fruchtbar werden lassen. Dies impliziert natürlich durchaus einen Bewusstseinswandel und zwar nicht nur bezogen auf Forschung, sondern genauso auf Lehre, Nachwuchsförderung, Wissenstransfer, Innovation und gesellschaftliche

---

32 IEKE (2016), S. 41.
33 Forst (2007), S. 258 spricht von „Verantwortungsgemeinschaft", die Vertrauen entstehen lässt. Er geht davon aus, dass alle Mitglieder der Gemeinschaft darauf vertrauen, dass auch die anderen Verantwortung übernehmen und die sozialen Institutionen funktionieren, durchaus auf Basis ständiger Selbstreflexion.
34 Hampe (2016), S. 44.

Verantwortung. Gerade der Unterschied der verschiedenen Einrichtungen und die Herausforderung der Annäherung ist das, was die Intelligenz nach Dewey zur Entfaltung bringt. Wenn es darum geht, gemeinsame Einsicht in die gesellschaftspolitische Relevanz mit Blick auf Folgen zu erreichen, und eine Situation stark von Konkurrenz geprägt ist, gilt es, wie Dewey uns mitgibt, bestehende Konflikte unbedingt offen darzulegen, um sie diskutieren, bewerten und wissenschaftlich abwägen zu können. Ansonsten findet öffentliches Interesse nicht wirklich Berücksichtigung. Deweys zweites Kriterium ermahnt, eine einzelne Gruppe nie isoliert zu sehen. Denn im freien Austausch mit anderen Gruppen kann durch gegenseitiges Lernen voneinander und Erweitern des Horizonts wirklich Fortschritt erreicht werden. Hochschulen haben in diesem Sinne die Verpflichtung, sich nicht der zivilgesellschaftlichen Praxis ihrer *Umgebung* zu verschließen, sondern sie bewusst ernst zu nehmen, gerade weil sie wie im Falle des regionalwirtschaftlichen Umfelds wechselseitig davon profitieren. An dieser Stelle tritt das Thema ‚dritte Mission' als Aufgabe der Hochschulen für die Gesellschaft in Erscheinung. Haben wir im Blick, wie sich eine Öffentlichkeit herausbildet, dann plädiert dieses Buch dafür, vor allem die gemeinsame wissenschaftliche und politische Verantwortung (I&II) in der Region ernst zu nehmen. Dies gilt es vorzuleben und nach außen zu transportieren, so dass die Bürgerschaft der ‚Black Box' Wissenschaft näherkommen kann, ohne nur technokratisch anmutende Reformen zu sehen. Der öffentliche Diskurs im gegenseitigen Austausch ist wichtig. Dann kann sich ein verantwortliches Denken als regionale Öffentlichkeit entwickeln, die wachsam ist bezüglich der Auswirkungen getroffener Entscheidungen. Sie soll die Verantwortlichen in die Pflicht nehmen, im Sinne der öffentlichen Vernunft zu handeln und Transparenz einzufordern. Dann erfüllen die Bürger ihrerseits ihre Pflicht zur Bürgerlichkeit bzw. realisieren Deweys ethisches Ideal einer Demokratie. In einer lebendigen Öffentlichkeit wollen die Bürger dies von sich aus tun.

Idee-, Wissens- und Technologietransfer möchte die erwähnte Bund-Länder-Initiative *Innovative Hochschule* stärken. Das dahinterstehende Ziel, die Rolle von Hochschulen und Hochschulverbünden im regionalen Innovationssystem zu fördern, ist grundlegend zu unterstützen. Dennoch muss die Frage erlaubt sein, ob es sich nicht vielmehr um den Versuch einer Kompensation für die Hochschulen handelt, die in der Exzellenzstrategie keine oder nur wenig Chancen haben. Ohne dies zum jetzigen Zeitpunkt beantworten zu können: Lediglich als weiteres Wettbewerbs- und Profilierungsinstrument würde es allein wenig zu einer lebendigen regionalen Öffentlichkeit beitragen. Die verantwortlichen Politiker sowie Hochschulleitungen und Wissenschaftler haben in Kommunikation, Führung und Anregung des öffentlichen Diskurses eine wichtige Rolle. Dies schließt ein, die Diskussion nicht nur auf bestimmte Fächergruppen zu beschränken.

Dieses Ernstnehmen verschiedener Fächerkulturen im Sinne der Wissenschaftsfreiheit ist regional gesehen ebenso elementar wie unter (I) für allgemein zustimmbare Regeln abgeleitet. Ein Plädoyer für Forschung im Verbund darf Phasen der in sich gekehrten Reflexion in Isolation nicht benachteiligen, die gerade für Geisteswissenschaftler essentiell sind. Genauso wenig dürfen Austausch und Einbindung der Gesellschaft ‚verordnet' werden. Die Problemstellungen sollten das Format vorgeben, wenngleich für manche Herausforderungen interdisziplinäre Zusammenarbeit notwendig sein wird. Der Staat hat im Sinne politischer Legitimation gegenüber der Bürgerschaft die Verantwortung einer übergreifenden Wissenschaftsstrategie einzulösen. Aber Vorschriften, wie wissenschaftliche Erkenntnis zustande kommt, darf er nicht machen. Bredekamp vom Exzellenzcluster „Bild-Wissen-Gestaltung" der Humboldt-Universität zu Berlin drückt dies wie folgt aus:

> „Die beste Zusammenarbeit geschieht aus klaren wissenschaftlichen Problemstellungen heraus, nicht aus institutionellen Überlegungen. Falls es aber wissenschaftspolitisch geboten erscheint, kann auch ein Verbund organisiert werden."[35]

Diese wissenschaftliche Freiheit und der Respekt den Disziplinen gegenüber müssen sich auch in den Förderformaten widerspiegeln.[36] Denn wichtig für die institutionelle Abstützung eines kooperativen Miteinanders in einer Region ist: Allgemeine Zustimmbarkeit impliziert ein unbedingtes Respektieren und Ernstnehmen des Kernethos epistemischer Rationalität. Eigengesetzlichkeiten wissenschaftlichen Agierens sind anzuerkennen und das Prinzip zu bewahren, dass sich der Staat in die Inhalts- und Zielbestimmung nicht einmischt, sondern lediglich im Sinne einer übergreifenden Koordinierung eine Plattform bietet zur gemeinsamen Abstimmung von Wissenschaftsstrategien im wissenschaftlichen Diskurs. Selbststeuerung der Wissenschaft muss das oberste Prinzip bleiben. Und so bedeutet dies im Speziellen, dass disziplinspezifische Eigenheiten zu berücksichtigen sind und Experten im Sinne Deweys bzw. Amtsträger im Sinne Rawls' grundsätzlich nah an der Wissenschaft sind.

Wie kann die notwendige *institutionelle Abstützung regionaler Kooperation* nun konkret aussehen? Blickt man auf die Wissenschaftslandschaft, so existieren Verbünde im Sinne von projektbezogenen Forschungsverbünden (zum Beispiel im Rahmen der Förderung durch die Deutsche Forschungsgemeinschaft oder das Bundesministerium für Bildung und Forschung) und gemeinsamen Exzellenzclustern aus den verschiedenen Förderungen heraus. In diesen findet Kooperation

---

35 Kühne (2016), S. 16.
36 Auch hier sollten die Mittel der dahinterstehenden Idee folgen. Vgl. Schmitt (2016), S. N4.

zwischen benachbarten Einrichtungen statt. Doch sind diese in der Regel ge-
trieben von der in Aussicht stehenden gemeinsamen Förderung. Die Frage, „inwieweit Formen der wissenschaftlichen Kooperation zwischen Universitäten und
AUF [= außeruniversitären Forschungseinrichtungen] über die Verfügbarkeit eines gemeinsamen Fördertopfes hinaus *nachhaltig* sind"[37], findet sich auch im
Bericht der Imboden-Kommission. In manchen Bereichen konnte ein engeres
Zusammenwachsen und verstärkte Kooperation erreicht werden.[38] Dies verdeutlichen auch die mittlerweile zahlreichen *regionalen Verbundkonzepte*. Sie exis-
tieren in verschiedenen Arten. Rheinland-Pfalz ist ein Beispiel, wo das Thema
Kooperation von Hochschulen mit anderen Wissenschaftseinrichtungen sowie
Wirtschaft, kulturellen Einrichtungen, Kommunen und Kammern innerhalb einer
Region im Rahmen von regionalen Wissens- und Innovationsallianzen und gemeinsamen Strategien verbindlicher gestaltet werden soll, um innovative Lösungen für anstehende Herausforderungen zu erarbeiten.[39] In Berlin ist die
Einstein Stiftung erwähnenswert, die 2009 vom Land Berlin selbst mit dem
Zweck, Wissenschaft und Forschung auf internationalem Spitzenniveau zu fördern und das Land dauerhaft als attraktiven Wissenschaftsstandort zu etablieren,
gegründet wurde. In der Umsetzung entsteht nachhaltig der Eindruck, dass Kooperation und die notwendigen institutionellen Kooperationsformen ernst genommen werden und nun auch eine gemeinsame Bewerbung der Universitäten in
der Exzellenzstrategie angestrebt wird.[40] Ein Erfolg könnte sich möglicherweise
als gemeinsam geteilte Erfahrung positiv hin zu einer kooperativen Lebensform
entwickeln. Das immer wieder genannte Beispiel des DRESDEN-concepts ist ein
fachlich und institutionell breit gefasster regionaler Verbund. Wie die Verantwortlichen aus Universität und Helmholtz-Zentrum betonen, machen gemeinsame Zielsetzungen den „Ankerpunkt"[41] aus. Kurze Wege und eine kooperative,

---

37 IEKE (2016), S. 30 [Hervorhebung durch die Autorin].

38 Vgl. Berthold et al. (2016), S. 35 für das Beispiel der beiden Münchner Universitäten. Berthold
et al. (2016) ziehen einen exemplarischen Vergleich von fünf Metropolregionen und ihrer Entwicklung insbesondere in den letzten fünf Jahren.

39 Vgl. Ministerium für Wissenschaft, Weiterbildung und Kultur Rheinland-Pfalz (2016).

40 Im August 2016 wurden hierzu mit Blick auf die gemeinsame Bewerbung als Verbund in der
Exzellenzstrategie drei neue Einstein-Zentren bewilligt, darunter auch ein geisteswissenschaft-
liches Zentrum als Kooperation von Freier Universität Berlin und Humboldt-Universität zu Berlin,
gemeinsam mit der Berlin-Brandenburgischen Akademie der Wissenschaften, dem Deutschen
Archäologischen Institut, dem Max-Planck-Institut für Wissenschaftsgeschichte und der Stiftung
Preußischer Kulturbesitz. Vgl. Einstein Stiftung Berlin (2016).

41 Müller-Steinhagen / Sauerbrey (2015), S. 72. Auch Prenzel (2014), S. 8 – 9 weist auf DRESDEN-
concept neben der Universitätsallianz Metropole Ruhr und dem BioRN Lifescience Network
Rhein-Neckar hin.

vertrauensvolle Zusammenarbeit mit allen Akteuren unter besonderem Einsatz der Wissenschaftssenatorin sind mit Blick auf Bremen hervorzuheben. Die Tatsache, dass zwanzig Prozent der Professuren der Universität Bremen gemeinsam mit außeruniversitären Einrichtungen gestaltet sind und vom zuständigen Rektor die Kooperation so deutlich als Mehrwert für Forschung *und* Lehre verdeutlicht wird, ist hervorzuheben.[42] Die herausfordernde Balance zwischen Wettbewerb und Kooperation gilt es hierbei zu finden. Wenn der Weg der Universitätsallianz Metropole Ruhr – beschrieben als bottom-up gewachsen aus Fächern und Fakultäten heraus, um alle mitzunehmen und eine Begeisterung für die Allianz zu schaffen – tatsächlich so gelebt wird, scheint dies die erarbeitete Selbststeuerung der Wissenschaft ernst zu nehmen.[43] Wenn dabei sogar eine „Kultur der Zusammenarbeit"[44] entsteht, ist das für ein gemeinsames Ethos als Basis ganz entscheidend.

Inwieweit bei den *einzelnen*, hier beispielhaft angeführten Konzepten eine gemeinsame regionale Strategiebildung auch wirklich umgesetzt wird, kann an dieser Stelle nicht abschließend beantwortet werden. Im internationalen Vergleich scheint klar, dass vor allem im ‚Modell Silicon Valley' in kleinen agilen Gruppen, die trotz aller digitaler Medien eine örtliche Basis haben, Innovation und Fortschritt gelingen kann. Es sollte im Interesse der Bürgerschaft sein, dass diese Innovationen passieren und dass dafür die notwendigen Rahmenbedingungen geschaffen werden. Denn dies wird immer wichtiger und daher ist die Legitimation gerade mit Blick auf regionale Kooperation so relevant. Zweifellos bedeutet dies, einen Schritt weiter zu gehen als die bisherigen Beispiele. Deshalb „(...) bedarf es (...) – neben einem neuen Problembewusstsein – eines Planungsansatzes von Ländern, Hochschulen und außeruniversitären Forschungseinrichtungen, der gleichsam zwischen Autonomie und wissenschaftspolitisch reflektierter Lenkung angesiedelt ist."[45] Das heißt, die Bundesländer müssen Strategien entwickeln und den Wissenschaftseinrichtungen darin eingebettet die benötigte Autonomie gewähren. So wurde in Deutschland neben diesen einzelnen regionalen Konzepten das Thema in den letzten Jahren auch verstärkt *übergreifend* in den Blick genommen. Der Wissenschaftsrat forderte 2013:

> *„Themenorientierte und lokale bzw. regionale strategische Verbünde* sollten stärker als bislang für langfristige Zusammenarbeit zwischen Einrichtungen genutzt werden. Gerade strategisch ausgerichtete institutionelle Verbünde sollten auch die in der Exzellenzinitiative angesto-

---

42 Vgl. Scholz-Reiter (2015), S. 31–37.
43 Vgl. Radtke (2015), S. 56.
44 Radtke (2015), S. 60.
45 Prenzel (2015a), S. 28.

ßenen Strategieprozesse, die genau eine solche Kooperation im Zentrum haben, fortführen können. Der Wissenschaftsrat empfiehlt Bund und Ländern, Fördermöglichkeiten für strategische institutionelle Verbünde auf lokaler oder regionaler Ebene zu prüfen bzw. auszubauen und Maßnahmen und Programme zur Förderung thematischer Verbünde weiter zu entwickeln."[46]

Insbesondere der Vorsitzende propagierte in seiner Antrittsrede regionale strategische Verbünde als wissenschaftspolitische Perspektive auf freiwilliger Basis.[47] In der Diskussion um die Fortführung der Exzellenzinitiative wurden regionale Ansätze durchaus thematisiert, die jedoch leider den öffentlichen, für den Bürger wahrnehmbaren Diskurs nicht wirklich erreicht haben.[48] So spricht Zöllner in seinem Masterplan Wissenschaft 2020, aufbauend auf Empfehlungen des Wissenschaftsrats vom 12. Juli 2013,[49] konkret von Exzellenzregionen für vier oder fünf Standorte, die in mehreren Wissenschaftsbereichen international wettbewerbsfähig sein können. Er bezieht sich dabei auf das Berliner Institut für Gesundheitsforschung als erstes Beispiel für ein mögliches Modell und betont klar, dass Förderung und Evaluation nur wissenschaftsgeleitet gelingen können.[50] Und auch die Internationale Expertenkommission zur Evaluation der Exzellenzinitiative hatte in ihrem Bericht einen Vorschlag integriert, der auf Regionen eingeht. Auch wenn sie herausstellt, dass regionale Zusammenarbeit „allein aus wissenschaftlicher Sicht besondere Vorteile bieten"[51] muss, betont sie als erstes Ziel für eine Nachfolgelösung die

> „Bildung von *Spitzenforschungsbereichen* durch Schaffung von optimalen Bedingungen für die Entfaltung des kreativen Potenzials der Forschenden, Differenzierung und Zusammenarbeit innerhalb der Universität, Netzwerkbildung mit den besten regionalen und/oder überregionalen Partnern an anderen Universitäten und/oder außeruniversitären Forschungsinstitutionen sowie mit geeigneten Wirtschaftspartnern."

Mit Blick auf die institutionelle Abstützung hebt sie hervor,

> „(...) dass das System der deutschen Wissenschaftsinstitutionen mittelfristig von einer wesentlich stärkeren Integration – inklusive gemeinsamer Governance – von Universitäten und

---

46 Wissenschaftsrat (2013b), S. 15 [Hervorhebung im Original].
47 Vgl. Prenzel (2014).
48 Vgl. für einen Überblick Marettek (2016), S. 119 – 121.
49 Wissenschaftsrat (2013b).
50 Vgl. Zöllner (2013), S. 31.
51 IEKE (2016), S. 4.

AUF sehr profitieren würde, ebenso wie von einer Angleichung der Unterschiede in den Forschungsbedingungen zwischen Universitäten und AUF."[52]

In der von Bund und Ländern im Juni 2016 verabschiedeten Exzellenzstrategie ist die enthaltene Komponente zur Förderung von Regionen vergleichsweise gering ausgeprägt. Zwar haben verschiedene Universitäten die Möglichkeit, sich „in einer kooperativen Struktur" als Verbund zu bewerben und „weitere Kooperationspartner wie außeruniversitäre Forschungseinrichtungen, Wirtschaft und andere gesellschaftliche Akteure ein[zu]beziehen" mit der Verpflichtung eine „institutionell nachhaltige strategische Zusammenarbeit" verbindlich festzuschreiben.[53] Doch kann zum jetzigen Zeitpunkt, wo die Förderbedingungen noch nicht vorliegen, nur spekuliert werden, ob die Anreize zur Bewerbung als Verbund deutlich genug gesetzt wurden. Im Hinblick darauf, eine gemeinsam ausgerichtete regionale Strategiebildung unter Einbeziehung aller relevanten Akteure wirklich anzugehen, darf dies eher bezweifelt werden.

Ein Gestaltungsvorschlag – und der Blick aus Sicht politischer Legitimation
Im Folgenden soll daher der Blick auf einen Gestaltungsvorschlag geworfen werden, der die Idee regionaler Kooperation in institutioneller Abstützung anhand von Wissenschaftsregionen konkretisiert. Dieser entstand in einem mehrjährigen Forschungsprojekt und wurde unter anderem auf der Basis von Gesprächen mit 17 Rektoraten bzw. Präsidien großer deutscher Universitäten entwickelt.[54] Nachstehender Abschnitt skizziert diesen Vorschlag und reflektiert dabei, inwieweit er die im Laufe dieses Buchs entstandene Konzeption politischer Legitimation für die Hochschulpolitik abdeckt sowie welche Aspekte darüber hinaus zu bedenken sind.
Der Vorschlag sieht Folgendes vor:[55]
– Wissenschaftsregionen als öffentliche Körperschaften
– Aufteilung des Bundesgebiets in etwa 12–15 Wissenschaftsregionen
– pro Region folgende Bausteine: eine Metropolregion als regionalwirtschaftlicher und technologiepolitisch wirksamer Anker, mindestens eine Technische Universität, mindestens ein Großforschungszentrum der Helmholtz-Gemeinschaft, mindestens eine medizinische Fakultät bzw. ein Universitätsklinikum

---

52 IEKE (2016), S. 31.
53 Vgl. Gemeinsame Wissenschaftskonferenz (2016).
54 Vgl. Marettek (2016), S. 17 und Nida-Rümelin (2014), S. 9–10.
55 Vgl. Marettek (2016), S. 63, 74–78.

- Basis: regionale Strukturkommissionen als ständiges Beratungsorgan unter Vorsitz des jeweiligen Landes und unter kontinuierlicher Beteiligung eines Vertreters des Bundesministeriums für Wissenschaft und Forschung
- Aufsichtsrat aus Mitgliedern der jeweiligen Wissenschaftsausschüsse der Landtage und Vertretern der Landes- und Bundesministerien (interpretiert als Hochschulrat für die Region)[56]
- Fortschreibung der Wissenschaftsstrategien aller hochschulischen und außerhochschulischen Einrichtungen einer Region auf Basis autonom festgelegter wissenschaftlicher Ziele, wissenschaftlicher Diskurs unter Hinzuziehung von Peers (von außerhalb) in zu bildenden Evaluationsausschüssen mit Blick auf Forschung, Lehre und Nachwuchsförderung
- eine wissenschaftspolitisch erfahrene Führungskraft (zum Beispiel ehemalige Rektoren aus einer anderen Region) als hauptamtlicher Koordinator
- in etwa gleichrangige Ausgangssituation (39 Milliarden Euro auf 13 Wissenschaftsregionen aufgeteilt).

Blicken wir auf den oben genannten Punkt (I) allgemein zustimmbarer Regeln, die im Rückgriff auf die intuitiv-vertraute Grundidee im Kernethos epistemischer Rationalität wissenschaftsadäquat sein sollen, so zeigt sich, dass eine kontinuierliche Wissenschaftsstrategie im fachbezogenen Dialog unter den Wissenschaftlern einer Region erreicht werden soll. Die dazu notwendige Beurteilung erfolgt durch Fachexperten der jeweiligen Disziplin. Das Ziel ist eine „direkte, regional ausgerichtete und ausgewogene Selbststeuerung der Wissenschaft"[57]. Positiv ist mit Blick auf allgemeine Zustimmbarkeit an dieser Stelle *erstens* die vorgesehene Belebung der wissenschaftlichen Diskurse durch die Wissenschaftler in den *Fächergruppen* hervorzuheben. Die jeweiligen Spezifika sind zwingend ernst zu nehmen und der gemeinsame Austausch fair und offen unter unbedingter Wertschätzung des Unterschieds, mannigfaltiger Interessen und unterschiedlicher Herangehensweisen zu führen: Rawls motiviert uns hierzu mit seiner einschließenden Sichtweise des öffentlichen Vernunftgebrauchs. Konkret sieht der Vorschlag vor, wissenschaftliche Zielsetzungen in den Instituten selbst zu erarbeiten und in die sogenannten *Evaluationsausschüsse* zur übergreifenden Abstimmung mit den Fachkollegen einzubringen.[58] *Zweitens* sollen bei der Einschätzung der *erbrachten* wissenschaftlichen Leistungen unabhängige *Peers* aus

---

56 Was etwas an den in Abschnitt 1.3 erwähnten Landeshochschulrat in Brandenburg erinnert.
57 Marettek (2016), S. 68.
58 Vgl. Marettek (2016), S. 75–76.

der jeweiligen Disziplin einbezogen werden.[59] Nach Selbstberichten aus den jeweiligen Einrichtungen – vorgeschlagen als „bundesweit einheitlich strukturierte Selbstberichte über den Entwicklungsstand von Lehre, Forschung und Nachwuchsförderung"[60] – zu den wissenschaftsstrategischen Zielen und ihrem eingeschätzten Erreichen im Vergleich zum letzten Zyklus werden die Fachexperten in diesen Ausschüssen gemeinsam mit den Wissenschaftlern ihre Einschätzungen in Form mündlicher Diskurse einbringen. Mit diesem wissenschaftsgeleiteten mündlichen Verhandlungsverfahren wird der Forderung nach dynamischen, beweglichen und kontingenten Regeln Rechnung getragen. Der Vorschlag zieht den Vergleich zum Forschungsrating des Wissenschaftsrats und stellt heraus, dass dem wissenschaftlichen Diskurs im Vergleich zu den vom Wissenschaftsrat herangezogenen bibliometrischen Daten „eine vorrangige Bedeutung beigemessen"[61] werden sollte, um überhaupt Wissenschaft zusammen mit den Betroffenen koordinieren zu können.[62] Die vorgesehene zeitliche Taktung im Sinne einer Entzerrung dieser Abstimmungs- und Evaluationsrunden auf alle fünf bis sieben Jahre pro Fach kann als allgemein zustimmbar und den Eigenheiten des Politikfelds angemessen eingeschätzt werden, ebenso das Ansinnen, das wissenschaftlich Erreichte zu belohnen. Hier besteht die Chance, dass durch die Selbststeuerung auf Ebene der Wissenschaftler in den Disziplinen eine positivere kooperative Grundstimmung insbesondere zwischen den Hochschulen einer Region unter Einbezug der außeruniversitären Forschungseinrichtungen auf Fachebene entstehen kann. Darin besteht auch ein entscheidender Unterschied zur jetzigen Situation: Die Diskussion wird wieder auf die Fachebene und in den ehrlichen Diskurs zu Stand und Exzellenz von Forschung, Lehre und Nachwuchsförderung zurückgeholt und nicht von der Konkurrenz zwischen benachbarten Institutionen überschattet.

Dieser ehrliche Diskurs ist nicht nur in den Evaluationsausschüssen in wissenschaftlicher Verantwortung (I), sondern ebenso in der angeregten regionalen *Strukturkommission* unter Vorsitz des Landes zu führen. Genauso muss er im vorgesehenen *Aufsichtsrat* aus Mitgliedern der jeweiligen Wissenschaftsausschüsse der Landtage und Vertretern der Landes- und Bundesministerien in po-

---

59 Vgl. Marettek (2016), S. 13 mit Hinweis darauf, dass diese wenn möglich aus einer anderen Region stammen sollten.
60 Marettek (2016), S. 66.
61 Marettek (2016), S. 68.
62 Es erfolgt zum Teil eine Orientierung an den Vorschlägen des Wissenschaftsrats zur Zukunft des Forschungsratings. Gerade was die Betonung des wissenschaftlichen Diskurses angeht, gibt es aber andere Akzentsetzungen. Auf diese soll an dieser Stelle nicht im Detail weiter eingegangen werden. Vgl. hierzu Wissenschaftsrat (2013a) und Marettek (2016), S. 65–68.

litischer Verantwortung (II) geführt werden, um ihn dann in Ausschuss- und Parlamentsdebatten fortzusetzen. Der Austausch von Gründen durch einen gelebten öffentlichen Vernunftgebrauch muss im Mittelpunkt stehen, um eine abgestimmte Wissenschaftsstrategie für die Region im Sinne politischer Legitimation zu erreichen. Ob der Aufsichtsrat wie angedacht „an die Stelle der Hochschulräte treten"[63] könnte, sollte nochmals diskutiert werden. Auf jeden Fall müssen die Landesparlamentarier über die für sie notwendigen Informationen verfügen. Die oben erörterte Einbindung in die Hochschulräte der einzelnen Einrichtungen erscheint weiterhin sinnvoll, um diesen Diskurs nah an den wissenschaftlichen Belangen in ihrer Region zu führen. Die Empfehlungen der regionalen Strukturkommissionen – unterstützend koordiniert durch den Rektor der Wissenschaftsregion – müssten sich im nächsten Schritt in der *Mittelverteilung* widerspiegeln. Hier bedarf die institutionelle Ausgestaltung noch einer genaueren Ausarbeitung, insbesondere um tatsächlich wissenschaftliche Leistung und nicht das Ankündigen derselben in Form von dauernden Anträgen zu belohnen. In jedem Fall ist den kooperativen Verfahren eine *institutionelle Abstützung* zu geben, denn in der Mittelverteilung wird doch deutlich, wie ernsthaft das Thema Wissenschaftspolitik – und zwar in all ihren Facetten und Fachdisziplinen – Eingang findet.[64]

Zur institutionellen Ausgestaltung wird im Vorschlag der als Koordinator vorgesehene hauptamtliche *Rektor einer Wissenschaftsregion* beschrieben.[65] Nach den Vorstellungen dieses Buchs muss dies eine Persönlichkeit sein, die vor allem verstehen muss, wie Wissenschaft ‚tickt', um in regionaler Kooperation und Einbindung eine legitime, intelligente ‚Machtausübung' wahrzunehmen, wobei der Aspekt der Koordinierung dominiert. Zur sachgerechten Koordinierung wird eine wissenschaftserfahrene Persönlichkeit benötigt, die dies nicht um der Macht willen übernimmt, sondern die eine echte Weiterentwicklung der Qualität von Forschung und Lehre in der jeweiligen Region in glaubwürdiger Art und Weise zu ihrer Sache macht. Ansonsten könnte die Komponente (I) nicht erfüllt werden. Das heißt, hinsichtlich des notwendigen Dialogs mit der Politik muss sie Akzente setzen und die Interessen der Wissenschaft in einer Region glaubhaft in den politischen Diskurs einspielen können. Dazu muss dieser Koordinator Experte dahingehend sein, dass er die Einrichtungen in seiner Wissenschaftsregion mit

---

63 Marettek (2016), S. 76.

64 Passend hierzu ein aktueller Aufruf von Schmoll an die Wissenschaftler, sich gerade der Technokratisierung seitens der Europäischen Union zu widersetzen. Vgl. Schmoll (2016), S. 11.

65 Vgl. Marettek (2016), S. 75–76, der von einer „wissenschaftsstrategisch kompetente[n] Führungskraft (z. B. ehemaliger Rektor, Dekan oder Staatssekretär)" spricht mit administrativer Unterstützung durch die notwendige Expertise in Form von zwei weiteren Personen.

Stärken und Schwächen gut kennt und Vertrauensbeziehungen zu den Wissenschaftlern und auch den Hochschulleitungen aufgebaut hat, so dass basierend auf den Zielen der einzelnen Einrichtungen eine wirklich fair empfundene Gesamtplanung für die Region erreicht werden kann. Ein Ethos von Kooperation, Fairness und Respekt muss er unbedingt vorleben. Gerade der Aspekt der Fairness ist wichtig. Auch wenn der Koordinator in einer Disziplin und in einer Region beheimatet ist, muss er sich davon lösen und das Beste für diese Region *aus Sicht der Wissenschaft* in den Vordergrund stellen. Dies bedeutet einen Unterschied zum oben angesprochenen Beispiel aus Rheinland-Pfalz, wo der Koordinator genau eine erfahrene Persönlichkeit aus der Region ist und sein privates Netzwerk zu Stärkung des Wissenstransfers zwischen Wissenschaft und Wirtschaft nutzen soll.[66] Hier erscheint es angemessen, dass der Rektor aus einer anderen Region stammt, um unvoreingenommen und nicht aus Partikularinteressen heraus, sondern auf Basis öffentlicher Gründe fair seine Erfahrung einzubringen. Im Sinne der Selbststeuerung muss er gleichzeitig Vertrauen und ein Gespür haben, dass auf Wunsch zum Beispiel auch ein Dekan die koordinierende Rolle im Evaluationsausschuss oder auch in der Strukturkommission dem Land gegenüber übernehmen könnte. Dazu bedarf es einer intelligenten Verhaltensform und eines emotionalen Einfühlungsvermögens. Aus Sicht politischer Legitimation in politischer Verantwortung ist in der *regionalen Strukturkommission* und auch im sogenannten Aufsichtsrat eine noch wesentlichere institutionelle Stütze zu sehen (II). Vorgesehen als Unterbau der Gemeinsamen Wissenschaftskonferenz könnte eine Kooperation zwischen Bund und Land praktisch möglich sein. Dadurch, dass ein Vertreter des Bundeswissenschaftsministeriums in den Sitzungen der regionalen Strukturkommissionen anwesend ist und somit über die Wissenschaftslandschaft Informationen hat, können darauf aufbauend auch die Förderinstrumente unter Beteiligung des Bundes wie die Exzellenzstrategie ausgerichtet und abgestimmt werden. Die verantwortlichen Amtsträger müssen auf jeden Fall Deweys kooperative Methode der Intelligenz und Rawls' legitime Machtausübung durch den öffentlichen Vernunftgebrauch in ihrer Steuerung beherzigen und dabei das Bindeglied zur regionalen Öffentlichkeit und zur politischen Diskussion mit anderen Politikfeldern – siehe Mittelverteilung oben – darstellen. Der öffentlichen Interessen müssen sich die Mitglieder der Strukturkommission und des Aufsichtsrats immer wieder rückversichern. Denn, wie Dewey sagt, ist zur Bestimmung, wie gut eine Organisation ist, der „Grad [zu sehen], in welchem die Amtspersonen so eingesetzt sind, daß sie ihre Funktion der Obhut über die öf-

---

66 Denn das ist dort die Hauptaufgabe der Wissenstransferbotschafter. Vgl. Ministerium für Wissenschaft, Weiterbildung und Kultur Rheinland-Pfalz (2016).

fentlichen Interessen ausüben."[67] Auch in diesem Vorschlag sind wissenschaftliche und politische Verantwortung unbedingt gemeinsam zu sehen (I&II). Dazu müssen beide Seiten mit den in der Region vorherrschenden Bedingungen vertraut sein und sich den Blick und das Einlassen auf die jeweiligen Situationen und Umstände, die sich im Wandel befinden (zum Beispiel neuer Studiengang, neuer Rektor an einer Hochschule), in einem Modus der Offenheit und Kontingenz auf Dauer wahren. Beide, Wissenschaft und Politik, brauchen einen Sinn für Legitimität[68] bezogen auf das Ganze, einen „sozio-kulturellen Gemeinsinn"[69] bzw. das „Bewußtsein eines gemeinschaftlichen Lebens"[70]. So kann ein hinreichendes Zugehörigkeitsgefühl, ein Gefühl für Kooperation in der Region mit der Wissenschaft im Zentrum entstehen, wenn sie immer wieder dafür werben und so wiederum zu Stabilität beitragen. Bringen sie in gemeinsamer wissenschaftlicher und politischer Verantwortung diesen *Spirit* zum Ausdruck, dann trägt es dazu bei, eine der wichtigsten Voraussetzung zu erfüllen, nämlich, dass unter den direkt Betroffenen (Wissenschaftler sowie Verantwortliche in den Einrichtungen) die Einsicht in Notwendigkeit und Mehrwert einer solchen Kooperation unter Verantwortung der regionalen Strukturkommission vorherrscht,[71] und sie dies wiederum glaubhaft an die *indirekt* Betroffenen als regionale Öffentlichkeit vermitteln können.

Erfolgsfaktoren und Resümee

Als Basis soll sich ein informeller *normativer Konsens* über das zugrunde liegende *Ethos* ausbilden, nämlich eines, das geprägt ist von Kooperation, Fairness, Respekt und Miteinander in dem und für das Gemeinwohl der jeweiligen Region. Dies ist herausfordernd und gleichzeitig notwendig. Wir müssen uns auf eine Art des Miteinanders im Sinne eines Konsenses höherer Ordnung einigen, der unsere Entscheidungsfindungsprozesse – hier: insbesondere Miteinander zu einem strategischen Wissenschaftsentwicklungsplan für eine Region – prägen soll. *Fairness* und *Kooperation* zeigen sich darin. Wissenschaftliche und politische Verantwortung sind zwei Komponenten, die nur in einem kooperativen Miteinander gesehen werden können, im Sinne von: ‚*Ein vertrauensvolles Zusammen-*

---

67 Dewey (1996), S. 42.
68 Vgl. Weithman (2013b), S. 316, der von einem Sinn für Legitimität spricht: „develop what we might call ‚a sense of legitimacy' – a motivationally effective sense of which considerations provide good reasons for exercising power and of what exercises of power are legitimate."
69 Forst (2007), S. 231.
70 Dewey (1996), S. 129.
71 Vgl. Dewey (1996), S. 110.

wirken von gestärkter wissenschaftlicher und politischer Verantwortung als Weg hin zu einer lebendigen Öffentlichkeit.' Respekt impliziert, alle einzelnen Beteiligten ernst zu nehmen, die sich mit ihren eigenen Hintergründen in den politischen Diskurs um die Zukunft des Hochschulwesens einbringen. Man muss diese Hintergründe annehmen und bereit sein, sie zu respektieren und zu verstehen, wie wir es im Sinne der Reziprozität von unserem Gegenüber auch erwarten würden. Wie das in Abschnitt 2.1.4 gezeigte Beispiel des Abteilungsleiters mit dem Universitätspräsidenten verdeutlicht hat, kann die einschließende Sichtweise des öffentlichen Vernunftgebrauchs helfen.

In welcher *Institutionalisierung* auch immer: Ein solcher Konsens über gewisse Regeln muss geachtet, beherzigt und insbesondere von den Verantwortlichen gelebt werden. Institutionelle Entscheidungsverfahren müssen Kooperation sichern.[72] Dies schafft Vertrauen und Loyalität. Vertrauen auch dahingehend, nicht alles von vornherein standardisiert institutionell zu regeln, sondern ‚auch mal entstehen zu lassen'. In der Umsetzung verlangen die Rahmenbedingungen der einen Wissenschaftsregion möglicherweise eine ganz andere Intensität oder Art der Regeln als die einer anderen. Das bedeutet, ein solcher Konsens muss in einer gemeinsamen Praxis gelebt werden, die sich in geteilten Überzeugungen zeigt und eine *„epistemische Einheit"*[73] entstehen lässt. Dies ist ein dynamischer Prozess, der sich einspielen muss. Nur durch gemeinsames Handeln und Erfahren, dass ein kooperatives Miteinander in der Region wirklich lohnenswert ist – hin zu einer Wissenschaftsentwicklungsplanung inmitten einer lebendigen Öffentlichkeit – kann dies als geteiltes Ethos Eingang in die Lebenspraxis und Lebensform der Beteiligten finden. So kann das Erfahren von Erfolgserlebnissen im fairen fachlichen Miteinander in den Regionen – zum Beispiel durch eine positive und als fair empfundene Berücksichtigung in der Mittelverteilung – mit motivierender und zugleich zusammenschweißender Wirkung die weiteren Prozesse und Verfahren beeinflussen. Derartiges legitimes Handeln im Sinne des öffentlichen Vernunftgebrauchs wird so immer mehr verinnerlicht und damit zur Selbstverständlichkeit und eine regionale *Gemeinschaft* kann entstehen.

Auch gilt es, in der institutionellen Organisation Schritt für Schritt vorzugehen und wissenschaftliche Mentalität mit Blick auf Praxistauglichkeit und allgemeine Zustimmbarkeit walten zu lassen. Im Sinne parlamentarischer Verantwortung könnte beispielsweise die systematische Integration von Landesparlamentariern in die Hochschulräte der einzelnen Einrichtungen einen ersten Schritt darstellen. Blickt man darauf, wie stark das Konkurrenzdenken

---

72 Vgl. Abschnitt 2.3.
73 Nida-Rümelin (2009 f), S. 234 [Hervorhebung im Original].

aktuell in manchen Regionen ausgeprägt ist, ist allein die Einigung auf einen regionalen Koordinator eine anspruchsvolle Aufgabe. Aber dies ist eben ein *kontinuierlicher Lernprozess* hin zu einer Gemeinschaft des Handelns, gerade wenn sich Verhaltensformen des Wettbewerbs und des übersteigerten Konkurrenzdenkens schon so fest etabliert haben – schließlich sind diese sozialen Gewohnheiten nicht zu unterschätzen. Auch ein bundesweit einheitliches fächergruppenspezifisches Berichtswesen zu entwickeln und abzustimmen, braucht Zeit und vor allem einen grundsätzlichen Konsens vorab. Experimentierfreude und Mut helfen dabei, institutionelle Regelungen als nichts ‚Heiliges' oder Starres zu sehen, sondern Reformen anzugehen. Auch eine Neuordnung von Regionen kann angebracht sein, wenn sich zeigt, dass eine Kooperation mit der anderen Nachbarregion viel intensiver ist.

Veränderbarkeit und Weiterentwicklung ist als *Chance* zu sehen. Wenn uns die Idee der Öffentlichkeit für Hochschulen dies nahe legt, müssen ebendieser Mut und neue Antriebe helfen, in den fest etablierten Föderalismus frische Ideen einzubringen, um so der Öffentlichkeit mit Blick auf Wissenschaft wirklich eine Chance zu geben, sich zu identifizieren. Dewey ermutigt uns, die wissenschaftliche Mentalität zu beherzigen: Wie bewähren sich die Maßnahmen in der Praxis? Und vor allem: Ist der zugrunde liegende öffentliche Diskurs ausreichend geführt? Nehmen wir politische Legitimation aufbauend auf Rawls und Dewey ernst, ist dies eben keine Expertokratie, sondern stehen Partizipation und Kommunikation im Zentrum, dies bedarf immer wieder experimenteller Überprüfung. Diese ist von allen Beteiligten gefordert, und zwar dahingehend, ob die Verfahren immer noch im Geist der Idee eines *geteilten Ethos* von Kooperation, Fairness und gegenseitigem Respekt stehen. Eine vitale Öffentlichkeit lebt dies im Sinne ihrer Pflicht zur Bürgerlichkeit, indem sie sich nicht auf Komplexität und Unverständlichkeit der Arbeit von Hochschulen und Wissenschaft zurückzieht, sondern sich immer wieder bewusst als Öffentlichkeit gewahr wird und Verantwortung übernehmen will. Dies ist dann wahrscheinlicher, wenn sie das große Ganze erkennt und sich als Bürgerschaft ausreichend eingebunden fühlt. Für diese Einbindung könnte der Ansatz von Wissenschaftsregionen die *Bedingungen* schaffen, unter denen dies leichter gelingt. Wenn man auf diesem Ansatz aufbaut, scheint es durchaus vorstellbar, dem hier zugrunde liegenden Legitimationserfordernis einer einvernehmlichen Koordinierung und strategischen Gesamtplanung sowie der Einbindung der Gesamtgesellschaft im Sinne kooperativer Verantwortung gerecht werden zu können.

Abschließend gilt es, nochmals den Blick aufs große Ganze zu richten. Denn der Versuch könnte sich lohnen, aus den verschiedenen Initiativen – aufbauend auf dem normativen Grundkonsens – eine *Gesamtlösung* zu entwickeln. Durch die Rahmenbedingungen, die mit dem neuen Art. 91b GG nun dauerhafte Kooperationen zwischen Bund und Ländern erlauben, könnte kooperatives Miteinander wirklich ernst genommen und über Wissenschaftsregionen glaubhaft gelebt werden. Die Festlegungen, die durch die diversen Initiativen bereits getroffen sind, müssten integriert werden. Doch vielleicht bietet ja gerade das Auslaufen von Qualitätspaket Lehre, Pakt für Forschung und Innovation sowie Hochschulpakt dazu eine Gelegenheit – denn die Notwendigkeit einer gesicherten Anschlussfinanzierung ist im Bereich Lehre offensichtlich. Lehre und Bildung in den Mittelpunkt einer neuen Gesamtlösung zu stellen, könnte dabei durchaus ein Signal sein und die Öffentlichkeit für die dahinterstehende Idee von Bildung und Wissenschaft und die dafür notwendige institutionelle Stützung sensibilisieren. Dies wird nicht von heute auf morgen geschehen, ist es doch eingebettet in die politische Kultur eines ganzen Landes. Aber könnten Wissenschaftsregionen nicht als Stütze dienen, um eine Identifikation als lebendige Öffentlichkeit in einer Großen Gemeinschaft Schritt für Schritt wahrscheinlicher zu machen?

Kritisch reflektiert: Ist dieser Ansatz zu optimistisch? Kann es gar nicht gelingen, dass sich eine Gemeinschaft, was Hochschulen anbelangt, als Öffentlichkeit entdeckt? So ist gerade Deweys Optimismus und Idealismus durchaus Ansatzpunkt für Kritik, die Praxis sei damit überfordert und die Vorstellung von Gemeinschaft idealisierend.[74] Am Ende soll hier jedoch ein Plädoyer stehen, dass es geradezu dringend notwendig ist, den Blick in diese diskursive öffentliche Richtung zu schärfen, um insgesamt die *politische Kultur* – gerade in so grundlegenden und wichtigen Fragen – lebendig zu halten.[75] Sollte an dieser Stelle nicht auch bildungsphilosophisch die Frage nach der dahinterstehenden *kulturellen Leitidee* im Mittelpunkt des öffentlichen Diskurses stehen? Nida-Rümelin plädiert in seiner Philosophie einer humanen Bildung für eine Erneuerung des Humanismus als Grundlage von Bildungspraxis und Bildungspolitik mit einer normativen und diskursiven Anthropologie im Zentrum.[76] Müsste nicht gerade in Anbetracht der gestiegenen Ansprüche und Notwendigkeiten in Form von Bildung, Forschung, akademischer Nachwuchsförderung und gesellschaftlicher Verantwortung die Frage nach ebensolchen kulturellen Leitideen für das *Bildungs- und Wissenschaftssystem insgesamt* und dann für die einzelnen Einrich-

---

74 Vgl. Wernecke (2010), S. 34 und Neubert (1998), S. 326.
75 Schließlich verlangt die Demokratie gerade nach einer demokratieverträglichen humanen politischen Kultur und die Bildung hat die Aufgabe, dazu beizutragen. Vgl. Nida-Rümelin (2013), S. 218–220.
76 Vgl. Nida-Rümelin (2013), S. 14.

tungen gestellt und aktiv in den öffentlichen Diskurs gegeben werden?[77] Erst aufbauend auf den dahinterstehenden Ideen kann die institutionelle Abstützung eruiert werden, welche Institution – unter Integration des dualen Systems beruflicher Bildung – welche Aufgaben übernehmen sollte, um zu *differenzierten* allgemein zustimmbaren Regeln und Strukturen zu kommen. Möglicherweise könnte so bei der unabdingbaren Betrachtung des großen Ganzen diese zweite Richtung – neben der indirekten Betroffenheit in der Region – helfen, eine Große Gemeinschaft mit Blick auf Wissenschaft als lebendige Öffentlichkeit entstehen zu lassen. Die Philosophie sollte auch hier ihre systematisierende und aufrüttelnde Funktion wahrnehmen.

---

77 Die Tatsache, dass es ein Artikel mit der Unterüberschrift „Hochschulen in Deutschland haben sich verändert wie noch nie. Jetzt brauchen sie ein neues Leitbild" auf die erste Seite der Wochenzeitung *Die Zeit* geschafft hat, ist ein Schritt in die richtige Richtung. Vgl. Hartung (2016).

Literaturverzeichnis

Anrich, Ernst (1960): Die Idee der deutschen Universität und die Reform der deutschen Universitäten. Darmstadt: Wissenschaftliche Buchgesellschaft.

Anderson, Elizabeth (2012): Die Epistemologie der Demokratie. In: Hartmann, Martin / Willaschek, Marcus / Liptow, Jasper (Hg.): *Die Gegenwart des Pragmatismus.* Berlin: Suhrkamp Verlag, S. 255–279.

Barber, Benjamin R. (1994): Starke Demokratie. Über die Teilhabe am Politischen. Hamburg: Rotbuch Verlag.

Becker, Michael / Schmidt, Johannes / Zintl, Reinhard (2009): Politische Philosophie. 2. Aufl. Paderborn, München, u. a.: Schöningh.

Bernstein, Richard J. (2010): Dewey's vision of radical democracy. In: Cochran, Molly (Hg.): *The Cambridge Companion to Dewey.* Cambridge, u. a.: Cambridge University Press, S. 288–308.

Bieletzki, Nadja (2012): ‚Möglichst keine Konflikte in der Universität' – Qualitative Studien zu Reformprojekten aus der Sicht von Universitätspräsidenten. In: Wilkesmann, Uwe / Schmid, Christian (Hg.): *Hochschule als Organisation.* Wiesbaden: VS Verlag für Sozialwissenschaften, S. 155–164.

Biesta, Gert (2007): Towards the knowledge democracy? Knowledge production and the civic role of the university. In: *Studies in Philosophy and Education* 26 (5), S. 467–479.

Bogumil, Jörg / Burgi, Martin / Heinze, Rolf G. / Gerber, Sascha et al. (2013): Modernisierung der Universitäten. Umsetzungsstand und Wirkungen neuer Steuerungsinstrumente. Berlin: edition sigma.

Bogumil, Jörg / Grohs, Stephan (2009): Von Äpfeln, Birnen und Neuer Steuerung. Gemeinsamkeiten und Unterschiede von Reformprojekten in Hochschulen und Kommunalverwaltungen. In: Bogumil, Jörg / Heinze, Rolf G. (Hg.): *Neue Steuerung von Hochschulen. Eine Zwischenbilanz.* Berlin: edition sigma, S. 139–149.

Braun, Dietmar / Merrien, François-Xavier (1999): Governance of Universities and Modernisation of the State. Analytical Aspects. In: Braun, Dietmar / Merrien, François-Xavier (Hg.): *Towards a New Model of Governance for Universities? A comparative view.* London, Philadelphia: Jessica Kingsley Publishers, S. 9–33.

Brighouse, Harry (2000): School Choice and Social Justice. Oxford, u. a.: Oxford University Press.

Brinckmann, Hans (2000): Autonomie ohne Handlungsspielraum? In: Kißler, Leo / Kersting, Norbert / Lange, Hans-Jürgen (Hg.): *Politische Steuerung und Reform der Landesverwaltung.* Baden-Baden: Nomos Verlag, S. 53–69.

Brix, Emil (2002): Menschenbildung und Karrierebaukasten. Wie zivil ist die Universität? In: Brix, Emil / Nautz, Jürgen (Hg.): *Universitäten in der Zivilgesellschaft.* Wien: Passagen Verlag, S. 21–29.

Brunkhorst, Hauke (2004): Die Universität der Demokratie. In: Kimmich, Dorothee / Thumfart, Alexander (Hg.): *Universität ohne Zukunft?* Frankfurt am Main: Suhrkamp Verlag, S. 80–96.

Buchanan, James M. / Devletoglou, Nicos E. (1970): Academia in Anarchy. An Economic Diagnosis. New York, u. a.: Basic Books.

Bultmann, Torsten (1999): Hochschule in der Ökonomie. Zwischen Humboldt und Standort Deutschland. Marburg: BdWi-Verlag.

https://doi.org/10.1515/9783110567458-005

Bultmann, Torsten (2011): Hochschule und Demokratie – ein Dauerkonflikt. In: Sandoval, Marisol / Sevignani, Sebastian / Rehbogen, Alexander / Allmer, Thomas et al. (Hg.): *Bildung MACHT Gesellschaft*. Münster: Verlag Westfälisches Dampfboot, S. 154–162.

Calhoun, Craig (2006): The University and the Public Good. In: *Thesis Eleven* 84 (1), S. 7-43.

Callan, Eamonn (1996): Political Liberalism and Political Education. In: *The Review of Politics* 58 (1), S. 5–33.

Campbell, James (1993): Democracy as Cooperative Inquiry. In: Stuhr, John J. (Hg.): *Philosophy and the Reconstruction of Culture. Pragmatic Essays after Dewey*. Albany: State University of New York Press, S. 17–35.

Campbell, James (1998): Dewey's Conception of Community. In: Hickman, Larry A. (Hg.): *Reading Dewey. Interpretations for a Postmodern Generation*. Bloomington, Indianapolis: Indiana University Press, S. 23–42.

Ceva, Emanuela / Rossi, Enzo (2012): Introduction: Justice, Legitimacy and Diversity. In: *Critical Review of International Social and Political Philosophy* 15 (2), S. 101–108.

Clark, Burton R. (1983): The Higher Education System. Academic Organization in Cross-National Perspective. Berkeley, u. a.: University of California Press.

Cohen, Joshua (1998): Democracy and Liberty. In: Elster, Jon (Hg.): *Deliberative Democracy*. Cambridge, u. a.: Cambridge University Press, S. 185–231.

Cohen, Joshua (2006): Deliberation and Democratic Legitimacy. In: Goodin, Robert E. / Pettit, Philip (Hg.): *Contemporary Political Philosophy. An Anthology*. 2. Aufl. Malden: Blackwell Publishing, S. 159–170.

Copp, David (1999): The Idea of a Legitimate State. In: *Philosophy and Public Affairs* 28 (1), S. 3–45.

Correll, Werner (1974): Zur Einführung. In: Dewey, John: *Psychologische Grundfragen der Erziehung. Der Mensch und sein Verhalten. Erfahrung und Erziehung*. Hg. v. Correll, Werner. München, Basel: Ernst Reinhardt Verlag, S. 9–22.

Dewey, John (1964): Demokratie und Erziehung. Eine Einleitung in die philosophische Pädagogik. 3. Aufl. Braunschweig, München, u. a.: Westermann.

Dewey, John (1974): Psychologische Grundfragen der Erziehung. Der Mensch und sein Verhalten. Erfahrung und Erziehung. Hg. v. Correll, Werner. München, Basel: Ernst Reinhardt Verlag.

Dewey, John (1976): Essays on Pragmatism and Truth. 1907–1909. In: Dewey, John: *The Middle Works. 1899–1924, Bd. 4*. Hg. v. Boydston, Jo Ann. Carbondale, u. a.: Southern Illinois University Press.

Dewey, John (1991): Means and Ends: Their Interdependence, and Leon Trotsky's Essay on 'Their Morals and Ours'. In: Dewey, John: *The Later Works. 1925–1953, Bd. 13*. Hg. v. Boydston, Jo Ann. Carbondale, u. a.: Southern Illinois University Press, S. 349–354.

Dewey, John (1995): Erfahrung und Natur. Übersetzt von Martin Suhr. Frankfurt am Main: Suhrkamp Verlag.

Dewey, John (1996): Die Öffentlichkeit und ihre Probleme. Aus dem Amerikanischen von Wolf-Dietrich Junghanns. Hg. v. Krüger, Hans-Peter. Bodenheim: Philo.

Dewey, John (1998a): A Critique of American Civilization (1928). In: Hickman, Larry A. / Alexander, Thomas M. (Hg.): *The Essential Dewey. Pragmatism, Education, Democracy. Vol. 1*. Bloomington, Indianapolis, u. a.: Indiana University Press, S. 316–322.

Dewey, John (1998b): Creative Democracy – The Task Before Us (1939). In: Hickman, Larry A. / Alexander, Thomas M. (Hg.): *The Essential Dewey. Pragmatism, Education, Democracy. Vol. 1.* Bloomington, Indianapolis, u. a.: Indiana University Press, S. 340–343.

Dewey, John (1998c): The Development of American Pragmatism (1925). In: Hickman, Larry A. / Alexander, Thomas M. (Hg.): *The Essential Dewey. Pragmatism, Education, Democracy. Vol. 1.* Bloomington, Indianapolis, u. a.: Indiana University Press, S. 3–13.

Dewey, John (1998d): The Inclusive Philosophic Idea (1928). In: Hickman, Larry A. / Alexander, Thomas M. (Hg.): *The Essential Dewey. Pragmatism, Education, Democracy. Vol. 1.* Bloomington, Indianapolis, u. a.: Indiana University Press, S. 308–315.

Dewey, John (1998e): The Need for a Recovery of Philosophy (1917). In: Hickman, Larry A. / Alexander, Thomas M. (Hg.): *The Essential Dewey. Pragmatism, Education, Democracy. Vol. 1.* Bloomington, Indianapolis, u. a.: Indiana University Press, S. 46–70.

Dewey, John (2003): Freiheit und Kultur. Hg. v. Horlacher, Rebekka / Oelkers, Jürgen. Zürich: Verlag Pestalozzianum.

Dewey, John (2004): Die menschliche Natur. Ihr Wesen und ihr Verhalten. Hg. v. Horlacher, Rebekka / Oelkers, Jürgen. Zürich: Verlag Pestalozzianum.

Dewey, John (2008a): Experience and Nature. In: Dewey, John: *The Later Works. 1925–1953,* Bd. 1. Hg. v. Boydston, Jo Ann / Baysinger, Patricia / Levine, Barbara / Ratner, Joseph. Carbondale: Southern Illinois University Press.

Dewey, John (2008b): Logik. Die Theorie der Forschung. Aus dem Amerikanischen von Martin Suhr. Frankfurt am Main: Suhrkamp Verlag.

Dewey, John (2010a): Die Ethik der Demokratie. In: Dewey, John: *Liberalismus und gesellschaftliches Handeln. Gesammelte Aufsätze 1888 bis 1937. Herausgegeben und übersetzt von Achim und Nora Eschbach.* Tübingen: Mohr Siebeck, S. 7–27.

Dewey, John (2010b): Liberalismus und gesellschaftliches Handeln. In: Dewey, John: *Liberalismus und gesellschaftliches Handeln. Gesammelte Aufsätze 1888 bis 1937. Herausgegeben und übersetzt von Achim und Nora Eschbach.* Tübingen: Mohr Siebeck, S. 149–207.

Dewey, John (2010c): Philosophie und Demokratie. In: Dewey, John: *Liberalismus und gesellschaftliches Handeln. Gesammelte Aufsätze 1888 bis 1937. Herausgegeben und übersetzt von Achim und Nora Eschbach.* Tübingen: Mohr Siebeck, S. 94–106.

Dewey, John / Tufts, James Hayden (1914): Ethics. Nachdruck von 1908. New York: Henry Holt.

Dreben, Burton (2006): On Rawls and Political Liberalism. In: Freeman, Samuel Richard (Hg.): *The Cambridge Companion to Rawls.* Cambridge: Cambridge University Press, S. 316–346.

Ebers, Mark / Gotsch, Wilfried (2006): Institutionenökonomische Theorien der Organisation. In: Kieser, Alfred / Ebers, Mark (Hg.): *Organisationstheorien.* 6. Aufl. Stuttgart: Kohlhammer Verlag, S. 247–308.

Eschbach, Achim / Eschbach, Nora (2010): Vorwort der Herausgeber. In: Dewey, John: *Liberalismus und gesellschaftliches Handeln. Gesammelte Aufsätze 1888 bis 1937. Herausgegeben und übersetzt von Achim und Nora Eschbach.* Tübingen: Mohr Siebeck, S. VII-XI.

Estlund, David (1996): Debate. The Survival of Egalitarian Justice in John Rawls's Political Liberalism. In: *The Journal of Political Philosophy* 4 (1), S. 68–78.

Ferrara, Alessandro (2002): Öffentliche Vernunft und die Normativität des Vernünftigen. In: *Deutsche Zeitschrift für Philosophie* 50 (6), S. 925–943.

Festenstein, Matthew (2014): Dewey's Political Philosophy. Hg. v. Zalta, Edward N. Stanford Encyclopedia of Philosophy. Stanford. Online verfügbar unter http://plato.stanford.edu/ entries/dewey-political/, zuletzt geprüft am 06.05.2014.

Fischer, Ernst Peter (2004): Verständnis für Wissenschaft durch Gestaltung von Wissenschaft. Zur Verbesserung des »public understanding of science« in Deutschland. In: Kimmich, Dorothee / Thumfart, Alexander (Hg.): *Universität ohne Zukunft?* Frankfurt am Main: Suhrkamp Verlag, S. 225 – 238.

Forst, Rainer (1999): Die Rechtfertigung der Gerechtigkeit. Rawls' Politischer Liberalismus und Habermas' Diskurstheorie in der Diskussion. In: Brunkhorst, Hauke (Hg.): *Das Recht der Republik.* Frankfurt am Main: Suhrkamp Verlag, S. 105 – 168.

Forst, Rainer (2007): Das Recht auf Rechtfertigung. Elemente einer konstruktivistischen Theorie der Gerechtigkeit. Frankfurt am Main: Suhrkamp Verlag.

Friedman, Milton (1962): The Role of Government in Education. In: Friedman, Milton (Hg.): *Capitalism and Freedom.* Chicago: University of Chicago Press, S. 85 – 107.

Gatzemeier, Matthias / Villers, Jürgen (2007): Philosophie als Theorie der Rationalität. Analysen und Rekonstruktionen. Bd. 2: Reflektierte Praxis; Normentheorie und Anwendungsethik. Würzburg: Verlag Königshausen & Neumann.

Gaus, Gerald F. (1996): Justificatory Liberalism. An Essay on Epistemology and Political Theory. New York, u.a.: Oxford University Press.

Gaus, Gerald F. (1997): Reason, Justification, and Consensus: Why Democracy Can't Have It All. In: Bohman, James / Rehg, William (Hg.): *Deliberative democracy. Essays on reason and politics.* Cambridge, u.a.: MIT Press, S. 205 – 242.

Gaus, Gerald F. (2011): The Order of Public Reason. A Theory of Freedom and Morality in a Diverse and Bounded World. Cambridge, u.a.: Cambridge University Press.

Gerber, Sascha / Bogumil, Jörg / Heinze, Rolf G. / Grohs, Stephan (2009): Hochschulräte als neues Steuerungsinstrument. In: Bogumil, Jörg / Heinze, Rolf G. (Hg.): *Neue Steuerung von Hochschulen. Eine Zwischenbilanz.* Berlin: edition sigma, S. 93 – 122.

Gumbrecht, Hans Ulrich (2006): Facelifting als Dauertherapie. Historische Thesen zur deutschen Universität. In: *Merkur. Deutsche Zeitschrift für europäisches Denken.* 60 (9 – 10), S. 917 – 929.

Haberecht, Christian (2009): Hochschulen zwischen Demokratie und Wettbewerb. In: Neundorf, Anja / Zado, Julian / Zeller, Joela (Hg.): *Hochschulen im Wettbewerb. Innenansichten über die Herausforderungen des deutschen Hochschulsystems.* Bonn: Verlag J. H. W. Dietz Nachf., S. 31 – 43.

Habermas, Jürgen (1969): Protestbewegung und Hochschulreform. Mit einer Nachbemerkung von Alexander Kluge. Frankfurt am Main: Suhrkamp Verlag.

Habermas, Jürgen (1976): Legitimationsprobleme im modernen Staat. In: Kielmansegg, Peter (Hg.): *Legitimationsprobleme politischer Systeme. Tagung der Deutschen Vereinigung für Politische Wissenschaft in Duisburg. Herbst 1975.* Opladen: Westdeutscher Verlag, S. 39 – 61.

Habermas, Jürgen (1997): Versöhnung durch öffentlichen Vernunftgebrauch. In: Hinsch, Wilfried (Hg.): *Zur Idee des politischen Liberalismus. John Rawls in der Diskussion.* Frankfurt am Main: Suhrkamp Verlag, S. 169 – 195.

Hahn, Susanne (2000): Überlegungsgleichgewicht(e). Prüfung einer Rechtfertigungsmetapher. Freiburg, München: Verlag Karl Alber.

Hart, Herbert L.A (1967): The Concept of Law. Nachdruck von 1961. Oxford: Clarendon Press.

Hartmann, Martin (2003): Die Kreativität der Gewohnheit. Grundzüge einer pragmatistischen Demokratietheorie. Frankfurt am Main, u. a.: Campus Verlag.

Hartmann, Martin (2012): Kann und sollte Demokratie epistemisch gerechtfertigt werden? In: Hartmann, Martin / Willaschek, Marcus / Liptow, Jasper (Hg.): *Die Gegenwart des Pragmatismus*. Berlin: Suhrkamp Verlag, S. 280–310.

Hartmann, Michel (2006): Die Exzellenzinitiative – ein Paradigmenwechsel in der deutschen Hochschulpolitik. In: *Leviathan* 34 (4), S. 447–465.

Hartmann, Michel (2010): Die Exzellenzinitiative und ihre Folgen. In: *Leviathan* 38 (3), S. 369–387.

Haverhals, Barbara (2007): The normative foundations of research-based education: Philosophical notes on the transformation of the modern university idea. In: *Studies in Philosophy and Education* 26 (5), S. 419–432.

Hayek, Friedrich August von (1960): The Constitution of Liberty. London: Routledge.

Hickman, Larry A. (1998a): Dewey's Theory of Inquiry. In: Hickman, Larry A. (Hg.): *Reading Dewey. Interpretations for a Postmodern Generation*. Bloomington, Indianapolis: Indiana University Press, S. 166–186.

Hickman, Larry A. (Hg.) (1998b): Reading Dewey. Interpretations for a Postmodern Generation. Bloomington, Indianapolis: Indiana University Press.

Hickman, Larry A. / Alexander, Thomas M. (1998): Introduction. Pragmatism, Education, Democracy. In: Hickman, Larry A. / Alexander, Thomas M. (Hg.): *The Essential Dewey. Pragmatism, Education, Democracy. Vol. 1*. Bloomington, Indianapolis, u. a.: Indiana University Press, S. IX-XIII.

Hickman, Larry A. / Neubert, Stefan / Reich, Kersten (Hg.) (2004): John Dewey. Zwischen Pragmatismus und Konstruktivismus. Münster, München, u. a.: Waxmann Verlag.

Hinsch, Wilfried (1997): Politischer Konsens in einer streitbaren Welt. In: Hinsch, Wilfried (Hg.): *Zur Idee des politischen Liberalismus. John Rawls in der Diskussion*. Frankfurt am Main: Suhrkamp Verlag, S. 9–38.

Höffe, Otfried (2003): Zum Tod von John Rawls. In: *Zeitschrift für philosophische Forschung* 57 (1), S. 111–115.

Honneth, Axel (1999): Demokratie als reflexive Kooperation. John Dewey und die Demokratietheorie der Gegenwart. In: Brunkhorst, Hauke (Hg.): *Das Recht der Republik*. Frankfurt am Main: Suhrkamp Verlag, S. 37–65.

Humboldt, Wilhelm von (1956): Über die innere und äußere Organisation der höheren wissenschaftlichen Anstalten zu Berlin. Unvollendete Denkschrift, geschrieben 1810 (vielleicht 1809). In: Anrich, Ernst (Hg.): *Die Idee der deutschen Universität. Die fünf Grundschriften aus der Zeit ihrer Neubegründung durch klassischen Idealismus und romantischen Realismus*. Darmstadt: Hermann Gentner Verlag, S. 377–386.

Hylla, Erich (1964): Vorwort zur 3. Auflage der deutschen Ausgabe. In: Dewey, John: *Demokratie und Erziehung. Eine Einleitung in die philosophische Pädagogik. 3. Aufl.* Braunschweig, München, u. a.: Westermann, S. 6–10.

James, Aaron (2013): Contractualism and Political Liberalism. In: Gaus, Gerald F. (Hg.): *The Routledge Companion to Social and Political Philosophy*. London, u. a.: Routledge, S. 317–329.

Jansen, Dorothea (2010): Von der Steuerung zur Governance: Wandel der Staatlichkeit? In: Simon, Dagmar / Knie, Andreas / Hornborstel, Stefan (Hg.): *Handbuch Wissenschaftspolitik*. Wiesbaden: VS Verlag für Sozialwissenschaften, S. 39–50.

Jaspers, Karl (1980): Die Idee der Universität. Nachdruck von 1946. Berlin: Springer.

Joas, Hans (1987): Die politische Idee des amerikanischen Pragmatismus. In: Fetscher, Iring / Münkler, Herfried (Hg.): *Pipers Handbuch der politischen Ideen. Bd. 5.* München, u. a.: Piper Verlag, S. 611–620.

Joas, Hans (1992): Amerikanischer Pragmatismus und deutsches Denken. Zur Geschichte eines Mißverständnisses. In: Joas, Hans (Hg.): *Pragmatismus und Gesellschaftstheorie.* Frankfurt am Main: Suhrkamp Verlag, S. 114–145.

Joas, Hans (2000): Einleitung: John Dewey – der Philosoph der Demokratie. In: Joas, Hans (Hg.): *Philosophie der Demokratie. Beiträge zum Werk von John Dewey.* Frankfurt am Main: Suhrkamp Verlag.

Johnston, James Scott (2012): Schools as Ethical or Schools as Political? Habermas Between Dewey and Rawls. In: *Studies in Philosophy and Education* 31 (2), S. 109–122.

Jörke, Dirk (2003): Demokratie als Erfahrung. John Dewey und die politische Philosophie der Gegenwart. Wiesbaden: Westdeutscher Verlag.

Kapfinger, Emanuel / Sablowski, Thomas (2010): Bildung und Wissenschaft im Kapitalismus. In: Horst, Johanna-Charlotte (Hg.): *Was passiert? Stellungnahmen zur Lage der Universität.* Zürich: diaphanes, S. 249–278.

Kersting, Wolfgang (2001): John Rawls zur Einführung. Hamburg: Junius Verlag.

Kloppenberg, James T. (2000): Demokratie und Entzauberung der Welt: Von Weber und Dewey zu Habermas und Rorty. In: Joas, Hans (Hg.): *Philosophie der Demokratie. Beiträge zum Werk von John Dewey.* Frankfurt am Main: Suhrkamp Verlag, S. 44–80.

Knauff, Matthias (2005): Die Präsidialverfassung nach dem nordrhein-westfälischen Hochschulgesetz: ein Alternativmodell? In: *Wissenschaftsrecht* 38 (3), S. 219–238.

Knie, Andreas / Simon, Dagmar (2010): Stabilität und Wandel des deutschen Wissenschaftssystems. In: Simon, Dagmar / Knie, Andreas / Hornborstel, Stefan (Hg.): *Handbuch Wissenschaftspolitik.* Wiesbaden: VS Verlag für Sozialwissenschaften, S. 26–38.

Krausnick, Daniel (2012): Staat und Hochschule im Gewährleistungsstaat. Tübingen: Mohr Siebeck.

Kreckel, Reinhard (2003): Zum neuen Verhältnis von Hochschulen und staatlicher Wissenschaftsverwaltung in Deutschland. In: *Das Hochschulwesen* 51 (3), S. 90–95.

Kreckel, Reinhard (2004): Vielfalt als Stärke. Anstöße zur Hochschulpolitik und Hochschulforschung. Bonn: Lemmens Verlag.

Küchler, Tilman (1998): Unruhiger Zwischenraum. Zur neuen Identität von Hochschulen. In: *Forschung und Lehre* (5), S. 240–242.

Kuhlmann, Sabine (2006): Hat das »Neue Steuerungsmodell« versagt? Lehren aus der »Ökonomisierung« von Politik und Verwaltung. In: *Verwaltung und Management* 12 (3), S. 149–152.

Kuhn, Thomas S. (1976): Die Struktur wissenschaftlicher Revolutionen. 2. Aufl. Frankfurt am Main: Suhrkamp Verlag.

Künzel, Rainer (1999): Politische Kontrolle und Finanzierung – Die Zukunft staatlicher Steuerung. In: Ash, Mitchell G. (Hg.): *Mythos Humboldt. Vergangenheit und Zukunft der deutschen Universitäten.* Wien, u. a.: Böhlau Verlag, S. 181–199.

Kutscha, Martin / Winkel, Olaf (2006): Vermarktung des Geistes. Anmerkungen zur Hochschulreform. In: *Blätter für deutsche und internationale Politik* 51 (11), S. 1351–1362.

Lanzendorf, Ute / Pasternack, Peer (2008): Landeshochschulpolitiken. In: Hildebrandt, Achim / Wolf, Frieder (Hg.): *Die Politik der Bundesländer. Staatstätigkeit im Vergleich.* Wiesbaden: VS Verlag für Sozialwissenschaften, S. 43–66.

Larmore, Charles (2006): Public Reason. In: Freeman, Samuel Richard (Hg.): *The Cambridge Companion to Rawls.* Cambridge: Cambridge University Press, S. 368–393.

Levi, Isaac (2010): Dewey's logic of inquiry. In: Cochran, Molly (Hg.): *The Cambridge Companion to Dewey.* Cambridge, u.a.: Cambridge University Press, S. 80–100.

Lorenz, Chris (2012): If You're So Smart, Why Are You under Surveillance? Universities, Neoliberalism, and New Public Management. In: *Critical Inquiry* 38 (3), S. 599–629.

Lösch, Bettina (2008): Die neoliberale Hegemonie als Gefahr für die Demokratie. In: Butterwegge, Christoph / Lösch, Bettina / Ptak, Ralf (Hg.): *Kritik des Neoliberalismus.* 2. Aufl. Wiesbaden: VS Verlag für Sozialwissenschaften, S. 221–283.

Maffettone, Sebastiano (2012): Rawls: 40 years later (1971–2011). In: *Philosophy and Social Criticism* 38 (9), S. 901–915.

Mallmann, Walter / Strauch, Hans-Joachim (1970): Die Verfassungsgarantie der freien Wissenschaft als Schranke der Gestaltungsfreiheit des Hochschulgesetzgebers. Rechtsgutachten für die WRK. Bonn-Bad Godesberg: Dokumentationsabteilung der Westdeutschen Rektorenkonferenz.

Mann, Thomas (2011): Die Akkreditierung von Studiengängen – Ein Drahtseilakt zwischen Wissenschaftsfreiheit und demokratischer Legitimation. In: Heinig, Hans Michael / Langenfeld, Christine / Mann, Thomas / Möllers, Christoph (Hg.): *Aktuelle Probleme des Wissenschaftsrechts. Arbeitstagung anlässlich der Eröffnung des Instituts für Öffentliches Recht an der Juristischen Fakultät der Georg-August-Universität Göttingen.* Göttingen: Universitätsverlag Göttingen, S. 69–91.

Marettek, Christian (2016): Steuerungsprobleme großer Universitäten in Zeiten der Exzellenzinitiative. Frankfurt am Main: Fachverlag Moderne Wirtschaft.

Marettek, Christian / Holl, Verena (2012): Hochschulsteuerung aus Sicht der Länder. Entwicklungsplanungen der 16 Länder im Vergleich. Mit der bundesweiten Umfrage unter den Mitgliedern der Haushalts- und Wissenschaftsausschüsse. Frankfurt am Main: Fachverlag Moderne Wirtschaft.

Marginson, Simon (2006): Putting 'Public' Back into the Public University. In: *Thesis Eleven* 84 (1), S. 44–59.

Marginson, Simon (2009): Hayekian Neo-Liberalism and Academic Freedom. In: *Contemporary Readings in Law and Social Justice* 1 (1), S. 86–114.

Mármol, José (2005): The Sources of Legitimacy of Political Decisions: Between Procedure and Substance. In: Wintgens, Luc J. / Thion, Philippe / Carly, Melanie (Hg.): *The Theory and Practice of Legislation. Essays in Legisprudence.* Aldershot, u.a.: Ashgate Publishing Limited, S. 259–281.

Martin, Christopher (2011): Philosophy of Education in the Public Sphere: The Case of „Relevance". In: *Studies in Philosophy and Education* 30 (6), S. 615–629.

May, Simon Cabulea (2009): Religious Democracy and the Liberal Principle of Legitimacy. In: *Philosophy and Public Affairs* 37 (2), S. 136–170.

Merton, Robert King (1957): Social Theory and Social Structure. 2. Aufl. Glencoe: Free Press.

Merton, Robert King (Hg.) (1985): Entwicklung und Wandel von Forschungsinteressen. Aufsätze zur Wissenschaftssoziologie. Frankfurt am Main: Suhrkamp Verlag.

Mittelstraß, Jürgen (2011): Humboldts Licht und Bolognas Schatten auf der Wissensgesellschaft. In: Sandoval, Marisol / Sevignani, Sebastian / Rehbogen, Alexander / Allmer, Thomas et al. (Hg.): *Bildung MACHT Gesellschaft.* Münster: Verlag Westfälisches Dampfboot, S. 51–65.

Möllers, Christoph (2009): Kein Grundrecht auf Exzellenzschutz. In: Kaube, Jürgen (Hg.): *Die Illusion der Exzellenz. Lebenslügen der Wissenschaftspolitik.* Berlin: Verlag Klaus Wagenbach, S. 56–64.

Moon, Donald J. (2015): Legitimacy. In: Mandle, Jon / Reidy, David A. (Hg.): *The Cambridge Rawls Lexicon.* Cambridge, u. a.: Cambridge University Press, S. 422–427.

Müller-Böling, Detlef (2000): Die entfesselte Hochschule. Gütersloh: Verlag Bertelsmann Stiftung.

Münch, Richard (2011): Akademischer Kapitalismus. Zur Politischen Ökonomie der Hochschulreform. Berlin: Suhrkamp Verlag.

Neidhardt, Friedhelm (2010): Exzellenzinitiative – Einschätzungen und Nachfragen. In: Leibfried, Stephan (Hg.): *Die Exzellenzinitiative. Zwischenbilanz und Perspektiven.* Frankfurt am Main, u. a.: Campus Verlag, S. 53–80.

Neubert, Stefan (1998): Erkenntnis, Verhalten und Kommunikation. John Deweys Philosophie des »experience« in interaktionistisch-konstruktivistischer Interpretation. Münster, München, u. a.: Waxmann Verlag.

Neubert, Stefan (2004): Pragmatismus – thematische Vielfalt in Deweys Philosophie und in ihrer heutigen Rezeption. In: Hickman, Larry A. / Neubert, Stefan / Reich, Kersten (Hg.): *John Dewey. Zwischen Pragmatismus und Konstruktivismus.* Münster, München, u. a.: Waxmann Verlag, S. 13–27.

Nida-Rümelin, Julian (1999): Demokratie als Kooperation. Frankfurt am Main: Suhrkamp Verlag.

Nida-Rümelin, Julian (2005): Wissenschaftsethik. In: Nida-Rümelin, Julian (Hg.): *Angewandte Ethik. Die Bereichsethiken und ihre theoretische Fundierung. Ein Handbuch.* 2. Aufl. Stuttgart: Alfred Kröner Verlag, S. 834–860.

Nida-Rümelin, Julian (2009a): Bildung und Universität. In: Nida-Rümelin, Julian: *Philosophie und Lebensform.* Frankfurt am Main: Suhrkamp Verlag, S. 345–359.

Nida-Rümelin, Julian (2009b): Die normativen Bedingungen der Macht. In: Nida-Rümelin, Julian: *Philosophie und Lebensform.* Frankfurt am Main: Suhrkamp Verlag, S. 293–313.

Nida-Rümelin, Julian (2009c): Ethische Begründung. In: Nida-Rümelin, Julian: *Philosophie und Lebensform.* Frankfurt am Main: Suhrkamp Verlag, S. 194–221.

Nida-Rümelin, Julian (2009d): Grice, Gründe und Bedeutung. In: Nida-Rümelin, Julian: *Philosophie und Lebensform.* Frankfurt am Main: Suhrkamp Verlag, S. 135–154.

Nida-Rümelin, Julian (2009e): Philosophie und Lebensform. Frankfurt am Main: Suhrkamp Verlag.

Nida-Rümelin, Julian (2009f): Politische Philosophie der Gegenwart. Rationalität und politische Ordnung. Stuttgart: UTB GmbH.

Nida-Rümelin, Julian (2009g): Zur Logik ökonomischen und politischen Handelns. In: Nida-Rümelin, Julian: *Philosophie und Lebensform.* Frankfurt am Main: Suhrkamp Verlag, S. 261–279.

Nida-Rümelin, Julian (2010a): Politische Theorie in der Demokratie. In: Gerhardt, Volker / Mehring, Reinhard / Ottmann, Henning / Thompson, Martyn P. et al. (Hg.): *Politisches Denken. Jahrbuch 2010.* Berlin: Duncker & Humblot, S. 21–29.

Nida-Rümelin, Julian (2010b): Zur Aktualität der humanistischen Universitätsidee. In: Horst, Johanna-Charlotte (Hg.): *Was passiert? Stellungnahmen zur Lage der Universität.* Zürich: diaphanes, S. 121–140.

Nida-Rümelin, Julian (2011): Die Optimierungsfalle. Philosophie einer humanen Ökonomie. München: Irisiana Verlag.

Nida-Rümelin, Julian (2013): Philosophie einer humanen Bildung. Hamburg: Edition Körber-Stiftung.

Nida-Rümelin, Julian (2014): Der Akademisierungswahn. Zur Krise beruflicher und akademischer Bildung. Hamburg: Edition Körber-Stiftung.

Nida-Rümelin, Julian / Özmen, Elif (2011): Zur Normativität des Politischen in der säkularen, liberalen und sozialen Demokratie. In: Byrd, B. Sharon / Joerden, Jan C. (Hg.): *Jahrbuch für Recht und Ethik.* Berlin: Duncker & Humblot, S. 51–63.

Nitsch, Wolfgang / Gerhardt, Uta / Offe, Claus / Preuß, Ulrich K. (1965): Hochschule in der Demokratie. Kritische Beiträge zur Erbschaft und Reform der deutschen Universität. Hg. v. Heckel, Hans / Seipp, Paul. Berlin, u. a.: Luchterhand Verlag.

Noetzel, Thomas (2002): Die politische Theorie des Pragmatismus: John Dewey. In: Brodocz, André / Schaal, Gary S. (Hg.): *Politische Theorien der Gegenwart. Eine Einführung.* Opladen, Toronto: Verlag Leske + Budrich, S. 149–175.

Nozick, Robert (1976): Anarchie, Staat und Utopia. München: Moderne Verlagsgesellschaft.

Nussbaum, Martha C. (2011): Perfectionist Liberalism and Political Liberalism. In: *Philosophy and Public Affairs* 39 (1), S. 9–45.

Oelkers, Jürgen / Horlacher, Rebekka (2004): Nachwort zur Neuausgabe der deutschen Übersetzung von «Human Nature and Conduct». In: Dewey, John: *Die menschliche Natur. Ihr Wesen und ihr Verhalten.* Hg. v. Horlacher, Rebekka / Oelkers, Jürgen. Zürich: Verlag Pestalozzianum, S. 239–266.

Özmen, Elif (2013): Politische Philosophie zur Einführung. Hamburg: Junius Verlag.

Pedersen, Jørgen (2012): Justification and Application: The Revival of the Rawls-Habermas Debate. In: *Philosophy of the Social Sciences* 42 (3), S. 399–432.

Peter, Fabienne (2009): Democratic Legitimacy. New York, u. a.: Routledge.

Peter, Fabienne (2010): Political Legitimacy. Standford Encyclopedia of Philosophy. Stanford. Online verfügbar unter http://plato.stanford.edu/entries/legitimacy/, zuletzt geprüft am 18. 02. 2014.

Peter, Fabienne (2013): Authority and Legitimacy. In: Gaus, Gerald F. (Hg.): *The Routledge Companion to Social and Political Philosophy.* London, u. a.: Routledge, S. 596–607.

Platon (2004): Der Staat (Politeia). Übersetzt und herausgegeben von Karl Vretska. Bibliographisch ergänzte Ausgabe 2000. Stuttgart: Reclam Verlag.

Pogge, Thomas Winfried Menko (1994): John Rawls. München: Verlag C. H. Beck.

Putnam, Hilary (1997): Für eine Erneuerung der Philosophie. Stuttgart: Reclam Verlag.

Quong, Jonathan (2011): Liberalism without Perfection. Oxford, u. a.: Oxford University Press.

Rawls, John (1974): The Independence of Moral Theory. In: *Proceedings and Addresses of the American Philosophical Association* 48, S. 5–22.

Rawls, John (1975): Eine Theorie der Gerechtigkeit. Übersetzt von Hermann Vetter. Frankfurt am Main: Suhrkamp Verlag.

Rawls, John (1994a): Gerechtigkeit als Fairneß: politisch und nicht metaphysisch. In: Rawls, John (Hg.): *Die Idee des politischen Liberalismus. Aufsätze 1978–1989.* Frankfurt am Main: Suhrkamp Verlag, S. 255–292.

Rawls, John (1994b): Kantischer Konstruktivismus in der Moraltheorie. In: Rawls, John (Hg.): *Die Idee des politischen Liberalismus. Aufsätze 1978–1989*. Frankfurt am Main: Suhrkamp Verlag, S. 80–158.

Rawls, John (1997a): Das Ideal des öffentlichen Vernunftgebrauchs. In: Hinsch, Wilfried (Hg.): *Zur Idee des politischen Liberalismus. John Rawls in der Diskussion*. Frankfurt am Main: Suhrkamp Verlag, S. 116–141.

Rawls, John (1997b): Erwiderung auf Habermas. In: Hinsch, Wilfried (Hg.): *Zur Idee des politischen Liberalismus. John Rawls in der Diskussion*. Frankfurt am Main: Suhrkamp Verlag, S. 196–262.

Rawls, John (1998): Politischer Liberalismus. Übersetzt von Wilfried Hinsch. Frankfurt am Main: Suhrkamp Verlag.

Rawls, John (2002): Das Recht der Völker. Enthält: Nochmals: die Idee der öffentlichen Vernunft. Übersetzt von Wilfried Hinsch. Berlin, u. a.: De Gruyter Verlag.

Rawls, John (2003): Gerechtigkeit als Fairneß. Ein Neuentwurf. Aus dem Amerikanischen von Joachim Schulte. Hg. v. Kelly, Erin. Frankfurt am Main: Suhrkamp Verlag.

Rechenauer, Martin (2003): Politische Philosophie: Legitime Autorität und Gerechtigkeit. In: Fischer, Eugen / Vossenkuhl, Wilhelm (Hg.): *Die Fragen der Philosophie. Eine Einführung in Disziplinen und Epochen*. München: Verlag C. H. Beck, S. 38–54.

Reich, Kersten (2005): Demokratie und Erziehung nach John Dewey aus praktisch-philosophischer und pädagogischer Sicht. In: Burckhart, Holger / Sikora, Jürgen (Hg.): *Praktische Philosophie – philosophische Praxis*. Darmstadt: Wissenschaftliche Buchgesellschaft, S. 51–64.

Reidy, David A. (2007): Reciprocity and Reasonable Disagreement: From Liberal to Democratic Legitimacy. In: *Philosophical Studies* 132 (2), S. 243–291.

Richter, Rudolf / Furubotn, Eirik G. / Streissler, Monika (2003): Neue Institutionenökonomik. Eine Einführung und kritische Würdigung. 3. Aufl. Tübingen: Mohr Siebeck.

Rousseau, Jean-Jacques (2010): Émile oder über die Erziehung [1762]. Aus dem Französischen von Hermann Denhardt. Köln: Anaconda Verlag.

Savage, Daniel M. (2002): John Dewey's Liberalism. Individual, Community, and Self-Development. Carbondale, u. a.: Southern Illinois University Press.

Scanlon, T. M. (2006): Rawls on Justification. In: Freeman, Samuel Richard (Hg.): *The Cambridge Companion to Rawls*. Cambridge: Cambridge University Press, S. 139–167.

Scanlon, T. M. (2012): Justification and legitimation: Comments on Sebastiano Maffettone's Rawls: An Introduction. In: *Philosophy and Social Criticism* 38 (9), S. 887–892.

Schaub, Jörg (2009): Gerechtigkeit als Versöhnung. John Rawls' politischer Liberalismus. Frankfurt am Main, u. a.: Campus Verlag.

Schimank, Uwe / Lange, Stefan (2009): The German University System: A Late-Comer in New Public Management. In: Paradeise, Catherine / Bleiklie, Ivar / Ferlie, Ewan / Reale, Emanuela (Hg.): *University Governance. Western European Comparative Perspectives*. Dordrecht: Springer Netherlands, S. 51–75.

Scholz, Rupert (2013): Art. 5 Abs. 3. In: Maunz, Theodor / Dürig, Günter / Herzog, Roman: *Grundgesetz. Kommentar*. München: Verlag C. H. Beck, Rn. 1–204.

Schubert, Torben / Schmoch, Ulrich (2010): Finanzierung der Hochschulforschung. In: Simon, Dagmar / Knie, Andreas / Hornbostel, Stefan (Hg.): *Handbuch Wissenschaftspolitik*. Wiesbaden: VS Verlag für Sozialwissenschaften, S. 244–261.

Schwan, Gesine (2011): Bildung: Ware oder öffentliches Gut? Berlin: vorwärts buch Verlag.

Seckelmann, Margrit (2010): Rechtliche Grundlagen und Rahmensetzungen. In: Simon, Dagmar / Knie, Andreas / Hornborstel, Stefan (Hg.): *Handbuch Wissenschaftspolitik.* Wiesbaden: VS Verlag für Sozialwissenschaften, S. 227–243.

Simmons, A. John (2001): Justification and Legitimacy. Essays on Rights and Obligations. Cambridge, u. a.: Cambridge University Press.

Sozialistischer Deutscher Studentenverbund (SDS) (1961): Hochschule in der Demokratie. Denkschrift des Sozialistischen Deutschen Studentenbundes. Frankfurt am Main.

Speiser, Guido (2016): Die Rolle des Bundes in der Hochschulfinanzierung. In: *Beiträge zur Hochschulforschung* 38 (3), S. 8–25.

Stuhr, John J. (1998): Dewey's Social and Political Philosophy. In: Hickman, Larry A. (Hg.): *Reading Dewey. Interpretations for a Postmodern Generation.* Bloomington, Indianapolis: Indiana University Press, S. 82–99.

Szondi, Peter (1973): Über eine »Freie (d. h. freie) Universität«. Stellungnahmen eines Philologen. Frankfurt am Main: Suhrkamp Verlag.

Turner, George (2001): Hochschule zwischen Vorstellung und Wirklichkeit. Zur Geschichte der Hochschulreform im letzten Drittel des 20. Jahrhunderts. Berlin: Duncker & Humblot.

Weber, Eric Thomas (2008): Dewey and Rawls on Education. In: *Human Studies* 31 (4), S. 361–382.

Weber, Max (1947): The Theory of Social and Economic Organization. Glencoe: Free Press.

Weithman, Paul J. (2013a): Legitimacy and the Project of Rawls's Political Liberalism. Department of Philosophy, University of Notre Dame. Online verfügbar unter https://philosophy.nd.edu/assets/74988/legitimacyandtheprojectofrawlsspoliticalliberalism.pdf, zuletzt geprüft am 17. 09. 2016.

Weithman, Paul J. (2013b): Why Political Liberalism? On John Rawls's Political Turn. New York, Oxford: Oxford University Press.

Wernecke, Jörg (2010): Klassischer Pragmatismus und Demokratie. Eine handlungstheoretische Perspektive auf John Deweys Demokratie- und Pädagogikverständnis. In: *Synthesis Philosophica* 49 (1), S. 19–36.

Westbrook, Robert (2000): John Dewey und die Logik der Demokratie. In: Joas, Hans (Hg.): *Philosophie der Demokratie. Beiträge zum Werk von John Dewey.* Frankfurt am Main: Suhrkamp Verlag, S. 341–361.

Westbrook, Robert (2010): The making of a democratic philosopher: the intellectual development of John Dewey. In: Cochran, Molly (Hg.): *The Cambridge Companion to Dewey.* Cambridge, u. a.: Cambridge University Press, S. 13–33.

Williams, Bernard (2005): In the Beginning Was the Deed. Realism and Moralism in Political Argument. Selected, edited, and with an introduction by Geoffrey Hawthorn. Princeton: Princeton University Press.

Wolf, Ursula (1997): Übergreifender Konsens und öffentliche Vernunft. In: Hinsch, Wilfried (Hg.): *Zur Idee des politischen Liberalismus. John Rawls in der Diskussion.* Frankfurt am Main: Suhrkamp Verlag, S. 52–66.

Zabler, Verena (2010): Informationsgrundlagen zur Ausübung des parlamentarischen Budgetrechts – eine empirische Untersuchung im Politikfeld Hochschulpolitik. Hausarbeit zum Erlangen des akademischen Grades Magister Artium (M.A.). Ludwig-Maximilians-Universität München. Geschwister-Scholl-Institut für Politikwissenschaft.

Zechlin, Lothar (2002): Die Universität zwischen Staat, Markt und Zivilgesellschaft. In: Brix,
    Emil / Nautz, Jürgen (Hg.): *Universitäten in der Zivilgesellschaft*. Wien: Passagen Verlag,
    S. 31–46.
Zeuner, Bodo (2006): Zum Wandel der normativen Grundlagen der Wissenschafts-, Hochschul-
    und Bildungspolitik. In: Buchstein, Hubertus / Schmalz-Bruns, Rainer (Hg.): *Politik der
    Integration*. Baden-Baden: Nomos Verlag, S. 137–155.
Zurn, Christopher E. (2005): Recognition, Redistribution, and Democracy: Dilemmas of
    Honneth's Critical Social Theory. In: *European Journal of Philosophy* 13 (1), S. 89–126.

Sonstige Quellen:

Alt, Peter-André (2010): Paradoxien der Hochschulsteuerung. In: *Frankfurter Allgemeine
    Zeitung*, 21.07.2010, S. N5.
Arnold, Werner / Assmann, Jan / Borchmeyer, Dieter / Bulang, Tobias et al. (2016):
    Heidelberger Aufruf gegen die Akkreditierung. In: *Frankfurter Allgemeine Zeitung*,
    11.05.2016, S. N4.
Baldauf, Christian (2009): Der standardisierte Student als passgenauer Werktätiger. In:
    Frankfurter Allgemeine Zeitung, 18.12.2009, S. 10.
Berthold, Christian / Hener, York / Herdin, Gunvald / Lah, Wencke et al. (2016): Erfolgsfaktoren
    wissenschaftlicher Metropolregionen 2015. Stiftung Mercator GmbH. Essen.
Bickenbach, Frank / Dohse, Dirk Christian / Gold, Rpbert / Liu, Wan-Hsin (2016):
    Wirtschaftliche Bedeutung universitärer Spitzenforschung. Sekundäranalytische Studie im
    Auftrag der Konrad-Adenauer-Stiftung. Konrad-Adenauer-Stiftung e.V. Sankt Augustin,
    Berlin.
Borgwardt, Angela (2013): Zur Einordnung von Hochschulräten. In: Borgwardt, Angela (Hg.):
    Hochschulräte und Hochschulsteuerung. Zwischen Beratung und Kontrolle.
    Friedrich-Ebert-Stiftung. Berlin, S. 7–13.
Breithaupt, Fritz (2016): Mut zu steilen Thesen. In: *Die Zeit*, 20.08.2016, S. 59.
Bundesministerium für Bildung und Forschung (2014): Hochschulpakt 2020. Online verfügbar
    unter https://www.bmbf.de/de/hochschulpakt-2020-506.html, zuletzt geprüft am
    22.08.2016.
Bundesministerium für Bildung und Forschung (2015a): Kooperation von Bund und Ländern in
    Wissenschaft und Bildung. Online verfügbar unter https://www.bmbf.de/de/kooperation-
    von-bund-und-laendern-in-wissenschaft-und-bildung-77.html, zuletzt geprüft am
    27.08.2016.
Bundesministerium für Bildung und Forschung (2015b): Qualitätspakt Lehre. Online verfügbar
    unter https://www.bmbf.de/de/qualitaetspakt-lehre-524.html, zuletzt geprüft am
    22.08.2016.
Bundesministerium für Bildung und Forschung (2016a): Gesamtpaket für Hochschulen
    beschlossen. Online verfügbar unter https://www.bmbf.de/de/gesamtpaket-fuer-die-
    hochschulen-beschlossen-3017.html, zuletzt geprüft am 22.08.2016.
Bundesministerium für Bildung und Forschung (2016b): Grunddaten zum Bildungswesen
    (Bildungsbeteiligung). Online verfügbar unter http://www.datenportal.bmbf.de/portal/de/
    Tabelle-1.9.6.html, zuletzt geprüft am 10.09.2016.

Bundesministerium für Bildung und Forschung (Hg.) (2016c): Pakt für Forschung und Innovation. Online verfügbar unter https://www.bmbf.de/de/pakt-fuer-forschung-und-innovation-546.html, zuletzt geprüft am 22.08.2016.

Bunia, Remigius (2016): Der Sonderweg des Ordinariats. In: *Frankfurter Allgemeine Zeitung*, 18.05.2016, S. N4.

Burchard, Amory (2014): Hochschulrektorenkonferenz. Die Rektoren raufen sich zusammen. In: *Der Tagesspiegel*, 09.05.2014. Online verfügbar unter http://www.tagesspiegel.de/wissen/hochschulrektorenkonferenz-die-rektoren-raufen-sich-zusammen/9865658.html, zuletzt geprüft am 11.09.2016.

BVerfG (1995): Urteil vom 24.05.1995. In: *BVerfGE* 93, 37, S. 66 f.

BVerfG (2016): Wesentliche Entscheidungen zur Akkreditierung von Studiengängen muss der Gesetzgeber selbst treffen. Pressemitteilung Nr. 15/2016 vom 18. März 2016. Online verfügbar unter http://www.bundesverfassungsgericht.de/SharedDocs/Pressemitteilungen/DE/2016/bvg16-015.html, zuletzt geprüft am 10.09.2016.

CDU Deutschlands / CSU-Landesleitung / SPD (2013): Deutschlands Zukunft gestalten. Koalitionsvertrag zwischen CDU, CSU und SPD. 18. Legislaturperiode. Online verfügbar unter https://www.cdu.de/sites/default/files/media/dokumente/koalitionsvertrag.pdf, zuletzt geprüft am 12.09.2016.

Deutsche Forschungsgemeinschaft e.V. (2016): Exzellenzinitiative des Bundes und der Länder. Deutsche Forschungsgemeinschaft e.V. Bonn. Online verfügbar unter http://www.dfg.de/foerderung/programme/exzellenzinitiative/index.html, zuletzt geprüft am 22.08.2016.

Dohmen, Dieter / Krempkow, René (2015): Hochschulautonomie im Ländervergleich. Bestandsaufnahme und Ausblick auf künftige Entwicklungen. Konrad-Adenauer-Stiftung e.V. Sankt Augustin, Berlin.

Einstein Stiftung Berlin (2016). Online verfügbar unter http://www.einsteinfoundation.de, zuletzt geprüft am 08.09.2016.

Erhardt, Manfred / Meyer-Guckel, Volker / Winde, Mathias (Hg.) (2008): Leitlinien für die deregulierte Hochschule. Kodex guter Führung. Stifterverband für die Deutsche Wissenschaft, Heinz Nixdorf Stiftung. Essen.

Expertenkommission Forschung und Innovation (EFI) (2014): Gutachten zu Forschung, Innovation und technologischer Leistungsfähigkeit Deutschlands. Berlin. Online verfügbar unter http://www.e-fi.de/fileadmin/Gutachten_2014/EFI_Gutachten_2014.pdf, zuletzt geprüft am 09.09.2016.

Freistaat Thüringen (2016): Zur Zukunft der Hochschulfinanzierung in Deutschland. Zehn Punkte. Online verfügbar unter http://www.thueringen.de/mam/th6/aktuelles/10_punkte_hs_pakt.pdf, zuletzt geprüft am 09.09.2016.

Gemeinsame Kommission von DFG und Wissenschaftsrat (2008): Bericht der Gemeinsamen Kommission zur Exzellenzinitiative an die Gemeinsame Wissenschaftskonferenz. Bonn. Online verfügbar unter http://www.wissenschaftsrat.de/download/archiv/exini_GWK-Bericht-[1].pdf, zuletzt geprüft am 24.04.2014.

Gemeinsame Wissenschaftskonferenz (2005): Bund-Länder-Vereinbarung gemäß Artikel 91 b des Grundgesetzes (Forschungsförderung) über die Exzellenzinitiative des Bundes und der Länder zur Förderung von Wissenschaft und Forschung an deutschen Hochschulen – Exzellenzvereinbarung (ExV) – vom 18. Juli 2005. BAnz S. 13347.

Gemeinsame Wissenschaftskonferenz (2009): Verwaltungsvereinbarung zwischen Bund und Ländern gemäß Artikel 91 b Abs. 1 Nr. 2 des Grundgesetzes über die Fortsetzung der

Exzellenzinitiative des Bundes und der Länder zur Förderung von Wissenschaft und Forschung an deutschen Hochschulen – Exzellenzvereinbarung II (ExV II) – vom 24. Juni 2009. BAnz Nr. 103 v. 16.07.09, S. 2416.

Gemeinsame Wissenschaftskonferenz (2016): Verwaltungsvereinbarung zwischen Bund und Ländern gemäß Artikel 91b Absatz 1 des Grundgesetzes zur Förderung von Spitzenforschung an Universitäten – „Exzellenzstrategie" – vom 16. Juni 2016. Online verfügbar unter http://www.gwk-bonn.de/fileadmin/Papers/Verwaltungsvereinbarung-Exzellenzstrategie-2016.pdf, zuletzt geprüft am 12.09.2016.

Grabitz, Ileana (2011): Was ist der Doktorhut noch wert? In: *Die Welt*, 14.05.2011, S. 10.

Hampe, Michael (2016): Warum lügen und betrügen Wissenschaftler. In: *Die Zeit*, 04.05.2016, S. 44.

Hartung, Manuel J. (2016): Die dritte Mission. Hochschulen in Deutschland haben sich verändert wie noch nie. Jetzt brauchen sie ein neues Leitbild. In: *Die Zeit*, 28.04.2016, S. 1.

Heinze, Rolf G. (2013): Hochschulräte als neues Steuerungsinstrument an Hochschulen. In: Borgwardt, Angela (Hg.): *Hochschulräte und Hochschulsteuerung. Zwischen Beratung und Kontrolle*. Friedrich-Ebert-Stiftung. Berlin, S. 15–27.

Hellermann, Johannes (2013): Synoptischer Ländervergleich: Kompetenzen und Zusammensetzung von Hochschulräten. In: Borgwardt, Angela (Hg.): *Hochschulräte und Hochschulsteuerung. Zwischen Beratung und Kontrolle*. Friedrich-Ebert-Stiftung. Berlin, S. 29–38.

Hessisches Ministerium für Wissenschaft und Kunst (2016): Bundesweit einmaliges Promotionsrecht für Hochschulen für Angewandte Wissenschaften startet in Hessen. Online verfügbar unter https://wissenschaft.hessen.de/presse/pressemitteilung/bundesweit-einmaliges-promotionsrecht-fuer-hochschulen-fuer-angewandte, zuletzt geprüft am 07.09.2016.

Hinsch, Wilfried (2016): Die Freiheit der Wissenschaft. In: *Frankfurter Allgemeine Zeitung*, 11.05.2016, S. N4.

Hirschi, Caspar (2011): Die Ineffizienz des deutschen Wissenschaftssystems. In: *Frankfurter Allgemeine Zeitung*, 09.03.2011, S. N5.

Humboldt-Universität zu Berlin (2002): Leitbild der Humboldt-Universität zu Berlin. Berlin. Online verfügbar unter https://www.hu-berlin.de/de/pr/medien/publikationen/pdf/hu_leitbild_dt.pdf/download, zuletzt geprüft am 26.09.2015.

IEKE (2016): Internationale Expertenkommission zur Evaluation der Exzellenzinitiative. Endbericht. Januar 2016. Online verfügbar unter http://www.gwk-bonn.de/fileadmin/Papers/Imboden-Bericht-2016.pdf, zuletzt geprüft am 12.09.2016.

Irle, Katja (2015): Einführung: Die aktuelle Debatte in den Bundesländern. In: Bungarten, Pia / John-Ohnesorg, Marei (Hg.): *Hochschulgovernance in Deutschland*. Friedrich-Ebert-Stiftung. Berlin, S. 7–16.

Kaube, Jürgen (2014): Pferd, Schwanz, aufzäumen – da war doch was? Am Ende der Bologna-Reformen ruft der Wissenschaftsrat nach mehr Forschung über Hochschulen. In: *Frankfurter Allgemeine Zeitung*, 16.04.2014, S. N4.

Kerstan, Thomas (2015): Geld her! Wir müssen noch einmal neu über Studiengebühren reden. Ein Plädoyer. In: *Die Zeit*, 08.10.2015, S. 77.

KGSt (1993): Das Neue Steuerungsmodell. Begründung, Konturen, Umsetzung. Bericht Nr. 5/1993. Köln.

Kielmansegg, Peter (2010): Die Kunst der Ankündigung als Kernstück wissenschaftlicher Arbeit. In: *Frankfurter Allgemeine Zeitung*, 25.11.2010, S. 8.

Kühne, Anja (2016): Fortsetzung der Exzellenzinitiative. Exzellente Universität Berlin. In: *Der Tagesspiegel*, 09.05.2016, S. 16.

Lange, Stefan (2010): Neuer gesellschaftlicher Legitimierungsbedarf der Wissenschaft in Deutschland – Veränderungen in der Wissenschafts-Governance am Beispiel der Universitäten. In: Böhlke, Effi / Laborier, Pascale / Knie, Andreas / Simon, Dagmar (Hg.): *Exzellenz durch Steuerung? Neue Herausforderungen für das deutsche und das französische Wissenschaftssystem*. Wissenschaftszentrum Berlin für Sozialforschung gGmbH. Berlin, S. 70 – 96. Online verfügbar unter http://nbn-resolving.de/urn:nbn: de:0168-ssoar-238176, zuletzt geprüft am 12.09.2016.

Ministerium für Wissenschaft, Forschung und Kunst Baden-Württemberg (2014): Freiheit und Verantwortung: Landeshochschulgesetz für Baden-Württemberg. Online verfügbar unter http://mwk.baden-wuerttemberg.de/de/hochschulen-studium/landeshochschulgesetz/, zuletzt geprüft am 16.09.2016.

Ministerium für Wissenschaft, Weiterbildung und Kultur Rheinland-Pfalz (2016): Wissens- und Technologietransfer. Land verstärkt Austausch zwischen Wissenschaft und Wirtschaft. Online verfügbar unter https://mwwk.rlp.de/de/service/pressemitteilungen/detail/news/ detail/News/land-verstaerkt-austausch-zwischen-wissenschaft-und-wirtschaft/, zuletzt geprüft am 24.08.2016.

Müller-Steinhagen, Hans / Sauerbrey, Roland (2015): Dresden-Concept – Zusammenarbeit in der Wissenschaftsregion Dresden. In: Borgwardt, Angela (Hg.): *Wissenschaftsregionen*. *Regional verankert, global sichtbar*. Friedrich-Ebert-Stiftung. Berlin, S. 71 – 75.

Musharbash, Yassin / Kohlenberg, Kerstin (2013): Die gekaufte Wissenschaft. In: *Die Zeit*, 01.08.2013, S. 13 – 15.

Nida-Rümelin, Julian (2015): Studieren ohne Substanz. Die Verschulung des Geistes. In: *Die Zeit*, 16.04.2015, S. 69.

Pasternack, Peer / Wissel, Carsten von (2010): Programmatische Konzepte der Hochschulentwicklung in Deutschland seit 1945. Hans-Böckler-Stiftung. Düsseldorf (Arbeitspapier Demokratische und Soziale Hochschule, 204).

Pörksen, Bernhard (2015): Wo seid ihr, Professoren? Das Wissenschaftssystem drängt seine besten Denker ins Abseits. Ihre Stimmen fehlen in den gesellschaftlichen Debatten. Das ist fatal. In: *Die Zeit*, 30.07.2015, S. 57 – 58.

Prenzel, Manfred (2014): Der regionale Verbund als hochschulpolitische Perspektive. Bericht des Vorsitzenden zu aktuellen Tendenzen im Wissenschaftssystem. Wissenschaftsrat. Dresden. Online verfügbar unter http://www.wissenschaftsrat.de/download/archiv/VS_ Bericht_Juli_2014.pdf, zuletzt geprüft am 19.12.2015.

Prenzel, Manfred (2015a): Erfolgsvoraussetzungen von Wissenschaftsregionen. In: Borgwardt, Angela (Hg.): *Wissenschaftsregionen. Regional verankert, global sichtbar*. Friedrich-Ebert-Stiftung. Berlin, S. 23 – 30.

Prenzel, Manfred (2015b): Institutionelle Strategien zur Verbesserung der Lehre an Hochschulen: Ein Beispiel. Bericht des Vorsitzenden zu aktuellen Tendenzen im Wissenschaftssystem. Bielefeld. Online verfügbar unter http://www.wissenschaftsrat.de/ download/archiv/VS_Bericht_Okt_2015.pdf, zuletzt geprüft am 09.09.2016.

Radtke, Ulrich (2013): Die selbsterklärten Auserwählten. Wie Clubs und Kartelle der deutschen Hochschullandschaft schaden. Offener Brief an die Universitätsrektorinnen und -rektoren

sowie Universitätspräsidentinnen und -präsidenten in der HRK. Online verfügbar unter
https://www.uni-due.de/imperia/md/content/webredaktion/2013/clubs_und_kartelle.pdf,
zuletzt geprüft am 18.06.2016.

Radtke, Ulrich (2015): Wissenschaftsregion Ruhr I. In: Borgwardt, Angela (Hg.):
Wissenschaftsregionen. Regional verankert, global sichtbar. Friedrich-Ebert-Stiftung.
Berlin, S. 55 – 61.

Roessler, Isabel / Duong, Sindy / Hachmeister, Cort-Denis (2015): Welche Missionen haben
Hochschulen? Third Mission als Leitung der Fachhochschulen für die und mit der
Gesellschaft. CHE gemeinnütziges Centrum für Hochschulentwicklung. Gütersloh
(Arbeitspapier Nr. 182).

Schimank, Uwe (2014): Hochschulfinanzierung in der Bund-Länder-Konstellation: Grundmuster,
Spielräume und Effekte auf die Forschung. Berlin-Brandenburgische Akademie der
Wissenschaften (BBAW). Berlin (Wissenschaftspolitik im Dialog, 11/2014).

Schmitt, Tassilo (2013): Promotionsrecht für Fachhochschulen? Die dreifache Dummheit eines
wissenschaftspolitischen Arguments. In: *Frankfurter Allgemeine Zeitung*, 11.12.2013,
S. N5.

Schmitt, Tassilo (2016): Drittmittelstarke Denker, exzellent vernetzt. In: *Frankfurter Allgemeine
Zeitung*, 03.08.2016, S. N4.

Schmoll, Heike (2016): Unterwegs zur Lügenwissenschaft. In: *Frankfurter Allgemeine Zeitung*,
22.08.2016, S. 11.

Schneidewind, Uwe (2014): Vorsicht vor der Autonomiefalle. In: *Frankfurter Allgemeine Zeitung*,
22.01.2014, S. N5.

Scholz-Reiter, Bernd (2015): Kooperation in der Wissenschaftsregion Bremen. In: Borgwardt,
Angela (Hg.): *Wissenschaftsregionen. Regional verankert, global sichtbar.*
Friedrich-Ebert-Stiftung. Berlin, S. 31 – 37.

Schulze, Svenja (2013): Brief an Prof. Hippler, Präsident der Hochschulrektorenkonferenz.
20.11.2013. Online verfügbar unter http://www.wissenschaft.nrw.de/fileadmin/Medien/
Dokumente/Hochschule/Gesetze/Anschreiben_MIN_Prof__Hippler.pdf, zuletzt geprüft am
09.09.2016.

Seibold, Heinz (2014): Nicht nur gedopt, sondern auch plagiiert? In: *Stuttgarter Zeitung*,
28.10.2014, S. 5.

Spiewak, Martin (2016): Nichts als Gutachten im Kopf. In: *Die Zeit*, 28.07.2016, S. 31 – 32.

Statistisches Bundesamt (2016a): Hochschulen insgesamt. Wiesbaden. Online verfügbar unter
https://www.destatis.de/DE/ZahlenFakten/GesellschaftStaat/BildungForschungKultur/
Hochschulen/Tabellen/HochschulenHochschularten.html, zuletzt geprüft am 07.09.2016.

Statistisches Bundesamt (2016b): Private Hochschulen insgesamt. Online verfügbar unter
https://www.destatis.de/DE/ZahlenFakten/GesellschaftStaat/BildungForschungKultur/
Hochschulen/Tabellen/PrivateHochschulenHochschularten.html, zuletzt geprüft am
07.09.2016.

Statistisches Bundesamt (2016c): Studierende. Online verfügbar unter https://www.destatis.
de/DE/ZahlenFakten/Indikatoren/LangeReihen/Bildung/lrbil01.ht, zuletzt geprüft am
09.09.2016.

Steinfeld, Thomas (2006): Die neue Wissenschaft. Der Exzellenz-Wettbewerb politisiert die
Universitäten. In: *Süddeutsche Zeitung*, 19.10.2006, S. 11.

Technische Universität München (2015): Das Leitbild der Technischen Universität München. Wir investieren in Talente. Erkenntnis ist unser Gewinn. Online verfügbar unter http://www. tum.de/die-tum/die-universitaet/leitbild/, zuletzt geprüft am 26.09.2015.

Thiel, Thomas (2016): Einstieg in die Bundesliga. Elite als Dauerprojekt: Das Programm der nächsten Exzellenzinitiative bleibt auf halber Strecke stehen. In: *Frankfurter Allgemeine Zeitung*, 27.04.2016, S. N4.

Universität Heidelberg (2011): Leitbild und Grundsätze. Online verfügbar unter https://www. uni-heidelberg.de/md/zentral/universitaet/leitbild_uni_2011.pdf, zuletzt geprüft am 26.09.2015.

Wiarda, Jan-Martin (2007): Elite-Unis: Der Proporz hat gesiegt. In: *Zeit Online*, 19.10.2007. Online verfügbar unter http://www.zeit.de/campus/online/2007/43/elite-kommentar/ komplettansicht, zuletzt geprüft am 23.04.2014.

Wiarda, Jan-Martin (2016): Da ist sie wieder. Die Debatte um Bachelor und Master ist nicht totzukriegen. Wie kam es zum neuen Streit um Bologna? In: *Die Zeit*, 16.06.2016, S. 61.

Wiarda, Jan-Martin / Spiewak, Martin (2016): Forschung, Lehre? Reicht noch nicht. Bund und Länder wollen weitere Förderprogramme finanzieren. In: *Die Zeit*, 10.03.2016, S. 66.

Wissenschaftsrat (Hg.) (1985): Empfehlungen zum Wettbewerb im deutschen Hochschulsystem. Wissenschaftsrat. Köln (Drs. 6736/85).

Wissenschaftsrat (Hg.) (1993): 10 Thesen zur Hochschulpolitik. Wissenschaftsrat. Bonn (Drs. 1001/93).

Wissenschaftsrat (Hg.) (2000): Thesen zur künftigen Entwicklung des Wissenschaftssystems in Deutschland. Wissenschaftsrat. Berlin (Drs. 4594/00).

Wissenschaftsrat (Hg.) (2013a): Empfehlungen zur Zukunft des Forschungsratings. Wissenschaftsrat. Mainz (Drs. 3409–13).

Wissenschaftsrat (Hg.) (2013b): Perspektiven des deutschen Wissenschaftssystems. Wissenschaftsrat. Braunschweig (Drs. 3228–13).

Wissenschaftsrat (Hg.) (2014a): Empfehlungen zu Karrierezielen und -wegen an Universitäten. Dresden (Drs. 4009–14).

Wissenschaftsrat (Hg.) (2014b): Institutionelle Perspektiven der empirischen Wissenschafts- und Hochschulforschung in Deutschland. Positionspapier. Darmstadt (Drs. 3821–14).

Zöllner, Jürgen E. (2013): Masterplan Wissenschaft 2020. Berlin-Brandenburgische Akademie der Wissenschaften (BBAW). Berlin (Wissenschaftspolitik im Dialog, 8/2013).

Zöllner, Jürgen E. (2015): Gesellschaftliche Relevanz von Wissenschaft. In: Bungarten, Pia / John-Ohnesorg, Marei (Hg.): *Hochschulgovernance in Deutschland*. Friedrich-Ebert-Stiftung. Berlin, S. 79–91.

Zürn, Michael (2010): Exzellentes Antragsfieber 2011. In: *Frankfurter Allgemeine Zeitung*, 29.12.2010, S. N5.